미래와 통하는 책

동양북스 외국어 베스트 도서

700만 독자의 선택!

새로운 도서, 다양한 자료
동양북스 홈페이지에서 만나보세요!

www.dongyangbooks.com
m.dongyangbooks.com

※ 학습자료 및 MP3 제공 여부는 도서마다 상이하므로 확인 후 이용 바랍니다.

홈페이지 도서 자료실에서 학습자료 및 MP3 무료 다운로드

PC

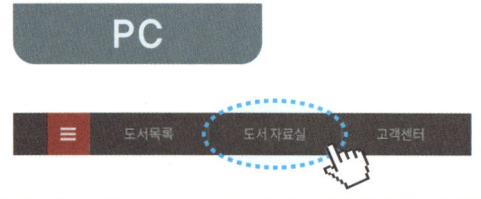

❶ 홈페이지 접속 후 도서 자료실 클릭
❷ 하단 검색 창에 검색어 입력
❸ MP3, 정답과 해설, 부가자료 등 첨부파일 다운로드

* 원하는 자료가 없는 경우 '요청하기' 클릭!

MOBILE

* 반드시 '인터넷, Safari, Chrome' App을 이용하여 홈페이지에 접속해주세요. (네이버, 다음 App 이용 시 첨부파일의 확장자명이 변경되어 저장되는 오류가 발생할 수 있습니다.)

❶ 홈페이지 접속 후 ☰ 터치

❷ 도서 자료실 터치

❸ 하단 검색창에 검색어 입력
❹ MP3, 정답과 해설, 부가자료 등 첨부파일 다운로드

* 압축 해제 방법은 '다운로드 Tip' 참고

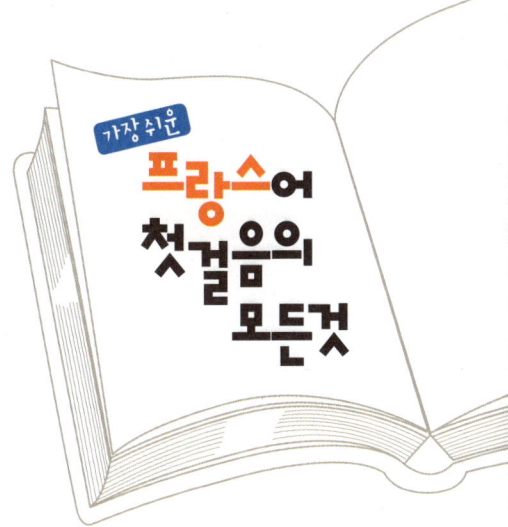

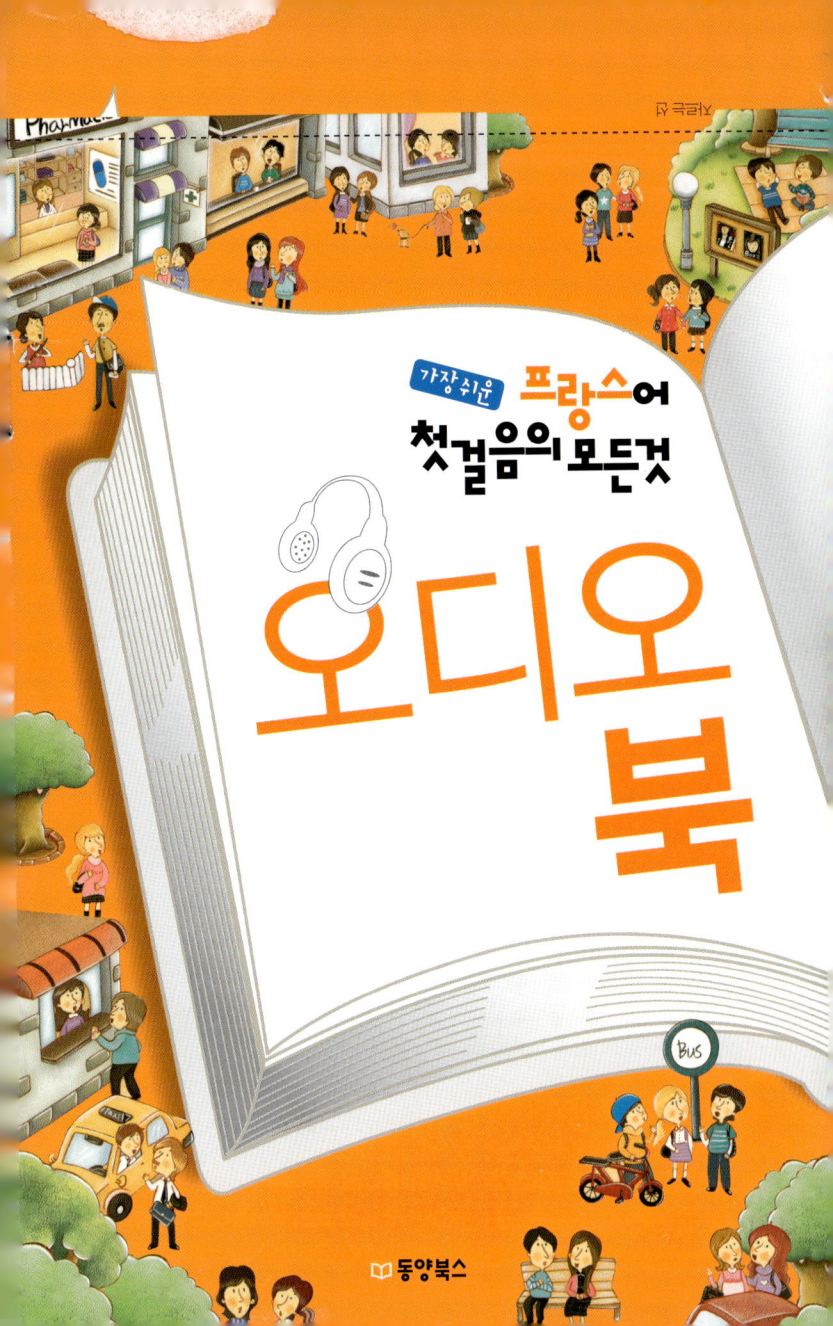

오디오북

〈오디오북〉은 등하교 및 출퇴근의 이동 시간을 이용하여 공부하는 분들을 위해 만들어진 '작은 책'입니다. 본문의 상황별 기본 회화와 실전 회화를 그대로 옮겨 놓았습니다. CD를 듣고 따라할 때 이 책을 활용하세요.

Leçon

01 ▸▸ Bonjour ! 안녕하세요

1

A : Bonjour, Sophie !
봉쥬흐,   쏘피!

B : Bonjour, Nicolas !
봉쥬흐,   니꼴라!

A : 안녕하세요, 소피!

B : 안녕하세요, 니콜라!

2

A : Salut !
쌀뤼 !

B : Salut !
쌀뤼 !

A : Ça va ?
싸바 ?

B : Oui, ça va, merci !
위,   싸바, 메흐씨 !

A : 안녕!

B : 안녕!

A : 잘 지내?

B : 응, 잘 지내, 고마워!

3

A : Bonsoir, Alain !
봉쑤아흐,   알랑 !

B : Bonsoir, Isabelle !
봉쑤아흐,   이자벨 !

A : Comment allez-vous ?
꼬멍   딸레   부 ?

B : Très bien, merci.
트헤 비앙,   메흐씨.

A : 안녕하세요, 알랭!

B : 안녕하세요, 이자벨!

A : 어떻게 지내세요?

B : 아주 좋아요. 고맙습니다.

단어

1 **bonjour** : (낮 인사) 안녕하세요, 안녕
2 **salut** : 안녕
Ça va? : 잘 지내 ?
→ ça (주어) + va (동사)

oui : 응, 예
merci : 고마워, 고맙습니다, 감사합니다
3 **bonsoir** : (저녁 인사) 안녕하세요, 안녕
Très bien. : 아주 좋습니다.

Leçon

01 ▸▸ Bonjour ! 안녕하세요

4

A : Comment vous appelez-vous ?
꼬멍 부 자쁠레 부 ?

B : Je m'appelle Noémie, et vous ?
쥬 마뻴 노에미, 에 부 ?

A : Je m'appelle David. Enchanté !
쥬 마뻴 다빗. 엉셩떼 !

A : 성함이 어떻게 되세요?
B : 제 이름은 노에미입니다. 당신은요?
A : 제 이름은 다비드입니다. 반갑습니다!

5

A : Salut, tu t'appelles comment ?
쌀뤼, 뛰 따뻴 꼬멍 ?

B : Moi ? Je m'appelle Madeleine. Et toi ?
모아 ? 쥬 마뻴 마들렌. 에 뚜아 ?

Comment tu t'appelles ?
꼬멍 뛰 따뻴 ?

A : Je m'appelle Louis.
쥬 마뻴 루이.

B : Enchantée, Louis !
엉셩떼, 루이!

A : Oui, enchanté, moi aussi.
위, 엉셩떼, 모아 오씨.

A : 안녕, 네 이름이 뭐니?
B : 나? 나는 마들렌이라고 해. 너는? 이름이 뭐야?
A : 내 이름은 루이야.
B : 반가워, 루이!
A : 응, 나도 반가워.

6

A : Merci, au revoir, bonne journée !
메흐씨, 오 흐부아흐, 본 주흐네!

B : Merci, bonne journée, au revoir !
메흐씨, 본 주흐네, 오흐부아흐!

A : 감사합니다. 안녕히 계세요. 좋은 하루 되세요!
B : 감사합니다. 좋은 하루 되세요. 안녕히 계세요!

단어

4 vous : 당신
et : 그리고

5 moi : 나(강세형)
toi : 너(강세형)

6 Au revoir ! : 안녕히 계세요!
Bonne journée ! : 좋은 하루 되세요!

Leçon 01 ▸▸ Dialogue

A : Bonjour, comment allez-vous ?
   봉주흐, 꼬멍   딸레 부?

B : Ça va très bien, merci. Et vous ? Comment allez-vous ?
   싸 바 트헤 비앙, 메흐씨. 에 부?   꼬멍   딸레 부?

A : Je vais très bien, merci.
   쥬 베 트헤 비앙, 메흐씨.

B : Comment vous appelez-vous ?
   꼬멍   부   자쁠레 부?

A : Je m'appelle Marie, et vous ?
   쥬 마뻴 마히, 에 부?

B : Je m'appelle Jean, enchanté !
   쥬 마뻴 장, 엉셩떼!

A : Enchantée !
   엉셩떼!

A : 안녕하세요. 어떻게 지내세요?
B : 아주 잘 지냅니다. 감사합니다. 당신은요? 어떻게 지내세요?
A : 아주 좋아요. 감사합니다.
B : 성함이 어떻게 되세요?
A : 제 이름은 마리에요. 당신은요?
B : 제 이름은 장입니다. 반갑습니다!
A : 반가워요!

Leçon 02 ›› Nationalité et profession 국적과 직업

1

A : Salut, tu es français ?
쌀뤼, 뛰 에 프헝쎄?

B : Oui, je suis français. Tu es française ?
위, 쥬 쒸이 프헝쎄. 뛰 에 프헝쎄즈?

A : Oui, je suis française.
위, 쥬 쒸이 프헝쎄즈.

A : 안녕, 너는 프랑스 사람(남성)이니?
B : 응, 나는 프랑스 사람(남성)이야. 너는 프랑스 사람(여성)이니?
A : 응, 나는 프랑스 사람(여성)이야.

2

A : Bonjour, je m'appelle Lisa. Je suis japonaise.
봉쥬흐, 쥬 마뻴 리자. 쥬 쒸이 자뽀네즈.

B : Bonjour, Lisa, vous êtes japonaise ?
봉쥬흐, 리자, 부 젯 자뽀네즈?

Moi, je m'appelle Martin. Je suis français.
모아, 쥬 마뻴 마흐땅. 쥬 쒸이 프헝쎄.

A : 안녕하세요, 제 이름은 리자입니다. 저는 일본 사람(여성)입니다.
B : 안녕하세요, 리자 씨. 당신은 일본 사람(여성)입니까?
저는 마르땡이라고 합니다. 저는 프랑스 사람(남성)입니다.

3

A : David est coréen ?
다비 데 꼬헤양?

B : Oui, il est coréen.
위, 일 레 꼬헤양.

A : Marie est coréenne ?
마리 에 꼬헤엔?

B : Non, elle est chinoise.
농, 엘 레 시누아즈.

A : 다비드는 한국 사람입니까?
B : 네, 그는 한국 사람입니다.
A : 마리는 한국 사람입니까?
B : 아니요, 그녀는 중국인입니다.

Leçon 02 ›› Nationalité et profession 국적과 직업

4

A : Vous êtes professeur ?
부 젯 프호페쒸흐 ?

B : Non, je suis étudiant. Et vous ? Vous êtes professeur ?
농, 쥬 쒸이 제뛰디엉. 에 부 ? 부 젯 프호페쒸흐 ?

A : Non, moi aussi, je suis étudiant.
농, 모아 오씨, 쥬 쒸이 제뛰디엉.

A : 당신은 선생님인가요?
B : 아니요, 저는 학생입니다. 당신은요? 당신은 선생님인가요?
A : 아니요, 저 또한 학생입니다.

5

A : Est-ce que Marco est cuisinier ?
에쓰 끄 마흐꼬 에 뀌지니에 ?

B : Non, il est boulanger.
농, 일 레 불렁제.

A : Est-ce que Violette est peintre ?
에쓰 끄 비올렛 떼 빵트흐 ?

B : Non, elle est journaliste.
농, 엘 레 주흐날리쓰뜨.

A : 마르코는 요리사니?
B : 아니, 그는 제빵사야.
A : 비올렛은 화가니?
B : 아니, 그녀는 기자야.

6

A : Bernard et moi, nous sommes français.
베흐나 헤 모아, 누 쏨 프헝쎄.

Et, nous sommes vendeurs.
에, 누 쏨 벙둬흐.

B : Ah bon ? Isabelle et Corine, elles sont françaises
아 봉? 이자벨 레 꼬힌, 엘 쏭 프헝쎄즈

aussi. Et elles sont étudiantes.
오씨. 에 엘 쏭 떼뛰디엉뜨.

A : 베르나르와 나, 우리는 프랑스 사람입니다. 그리고 우리는 판매원입니다.
B : 그래요? 이자벨과 코린, 그녀들도 프랑스 사람입니다. 그리고 그녀들은 학생들이에요.

4 aussi : ~도, ~또한
moi aussi : 저도, 저 또한

6 Ah bon? : 아 그래요? 그렇습니까?

Leçon 02 ▸▸ Dialogue

A : Un café, Suji ?
엉 까페, 쒸지?

B : Oh oui, merci.
오 위, 메흐씨

A : De rien.
드 히양.

B : Michael, est-ce que tu es français ?
미까엘, 에쓰 끄 뛰 에 프헝쎄?

A : Non, je suis coréen et toi Suji ?
농, 쥬 쒸이 꼬헤양 에 뚜아 쒸지?

B : Moi, je suis française.
모아, 쥬 쒸이 프헝쎄즈.

A : Et Chris et Clara ? Ils sont américains ?
에 크히쓰 에 클라하? 일 쏭 따메히꺙?

B : Non, ils sont anglais.
농, 일 쏭 떵글레.

A : Ils sont étudiants ?
일 쏭 떼뛰디엉?

B : Non, Chris est musicien et Clara est fonctionnaire.
농, 크히쓰 에 뮈지씨양 에 클라하 에 퐁씨오네흐.

 A : 커피 한 잔 마실래, 수지?
 B : 그래, 고마워.
 A : 천만에.
 B : 미카엘, 너는 프랑스 사람이니?
 A : 아니, 나는 한국 사람이야. 수지 너는?
 B : 나, 나는 프랑스 사람이야.
 A : 크리스와 클라라는? 그들은 미국 사람들이니?
 B : 아니, 그들은 영국 사람들이야.
 A : 그들은 학생이니?
 B : 아니, 크리스는 음악가고 클라라는 공무원이야.

Leçon 03 ▸▸ Ville et langue 도시와 언어

1

A : Vous parlez français ?
부 빠흘레 프헝쎄 ?

B : Oui, je parle français.
위, 쥬 빠흘르 프헝쎄.

A : Vous parlez coréen ?
부 빠흘레 꼬헤양 ?

B : Oui, je parle coréen.
위, 쥬 빠흘르 꼬헤양.

A : 당신은 프랑스어를 하십니까?
B : 네, 저는 프랑스어를 합니다.
A : 당신은 한국어를 하십니까?
B : 네, 저는 한국어를 합니다.

2

A : Magalie, elle parle français, anglais, espagnol,
마갈리, 엘 빠흘르 프헝쎄, 엉글레, 에쓰빠뇰,

chinois et japonais.
시누아 에 자뽀네.

B : Oh là là ! Elle parle beaucoup de langues !
올 랄라! 엘 빠흘르 보꾸 드 렁규!

A : 마갈리는 프랑스어, 영어, 스페인어, 중국어 그리고 일본어를 합니다.
B : 와우, 그녀는 많은 언어를 하네요!

Leçon

03 ▸▸ Ville et langue 도시와 언어

3

A : Est-ce que tu parles chinois ?
에쓰 끄 뛰 빠흘르 시누아?

B : Non, je ne parle pas chinois.
농, 쥬 느 빠흘르 빠 시누아.

A : Alors, parles-tu japonais ?
알로흐, 빠흘르 뛰 자뽀네?

B : Non, je ne parle pas japonais.
농, 쥬 느 빠흘르 빠 자뽀네.

A : Tu ne parles pas vietnamien ?
뛰 느 빠흘르 빠 비에뜨나미앙?

Tu ne parles pas indonésien ?
뛰 느 빠흘르 빠 앙도네지앙?

B : Je suis coréene et je parle coréen !
쥬 쒸이 꼬헤엔 에 쥬 빠흘르 꼬헤양!

A : 너는 중국어 하니?
B : 아니, 나는 중국어 못해.
A : 그럼 일본어 하니?
B : 아니 나는 일본어 못해.
A : 베트남어는 못하니? 인도네시아어는 못하니?
B : 나는 한국 사람이야. 그리고 나는 한국어를 해!

단어

2 **oh là là** : 놀라움을 나타내는 감탄사
beaucoup de : 많은
beaucoup de langues : 많은 언어들

3 **vietnamien** : 베트남 사람, 베트남어
Vietnam (비에뜨남) : 베트남
indonésien : 인도네시아 사람, 인도네시아어
Indonésie (앙도네지) : 인도네시아

4

A : Est-ce que vous habitez à Paris ?
에쓰 끄 부 자비떼 아 빠히?

B : Non, j'habite à Séoul. Et vous ?
농, 쟈빗 따 쎄울. 에 부?

A : Moi aussi, j'habite à Séoul.
모아 오씨, 쟈빗 따 쎄울.

> **A** : 당신은 파리에서 사십니까?
> **B** : 아니요. 저는 서울에서 삽니다. 당신은요?
> **A** : 저도요. 서울에서 살아요.

5

A : Bonjour ! Je m'appelle Roberto et je suis italien.
봉쥬흐! 쥬 마뻴 호베흐또 에 쥬 쒸이 지딸리양.

Je parle italien et français. J'habite à Rome.
쥬 빠흘 리딸리양 에 프헝쎄. 쟈빗 따 홈.

B : Salut ! Je m'appelle Lora. Je suis anglaise et j'habite
쌀뤼! 쥬 마뻴 로하. 쥬 쒸이 정글레즈 에 쟈빗

à Londres. Je parle anglais, espagnol et français.
딸 롱드흐. 쥬 빠흘 렁글레, 에쓰빠뇰 에 프헝쎄.

C : Salut ! Je m'appelle Jina et je suis coréenne.
쌀뤼! 쥬 마뻴 지나 에 쥬 쒸이 꼬헤엔느.

Je parle coréen, anglais et français. J'habite à Busan.
쥬 빠흘르 꼬헤양, 엉글레 에 프헝쎄. 쟈빗 따 부산.

> **A** : 안녕! 내 이름은 로베르토이고 이탈리아 사람이야.
> 나는 이탈리아어와 프랑스어를 하고 로마에서 살아.
> **B** : 안녕! 내 이름은 로라야. 나는 영국 사람이고 런던에서 살아.
> 나는 영어, 스페인어 그리고 프랑스어를 해.
> **C** : 안녕! 내 이름은 지나이고 나는 한국 사람이야.
> 나는 한국어, 영어 그리고 프랑스어를 해. 나는 부산에서 살아.

Leçon

03 ▸▸ Ville et langue 도시와 언어

6

A : Est-ce que Marc habite à Séoul ?
에쓰 끄 마흐 까빗 따 쎄울?

B : Non, il n'habite pas à Séoul. Il habite à Paris.
농, 일 나빗 빠 자 쎄울. 일 라빗 따 빠히.

A : Et Marion ? Elle habite à Paris ?
에 마히옹? 엘 라빗 따 빠히?

B : Non, elle n'habite pas à Paris. Elle habite à Berlin.
농, 엘 나빗 빠 자 빠히. 엘 라빗 따 베흘랑.

A : Et toi ? Habites-tu à Tokyo ?
에 뚜아? 아비뜨 뛰 따 또꾜?

B : Non, je n'habite pas à Tokyo. J'habite à Pékin.
농, 쥬 나빗 빠 자 또꾜. 자빗 따 뻬꺙.

A : 마크는 서울에 사니?
B : 아니, 그는 서울에 살지 않아. 그는 파리에서 살아.
A : 마리옹은? 그녀는 파리에서 사니?
B : 아니, 그녀는 파리에서 살지 않아. 베를린에서 살아.
A : 너는? 너는 도쿄에서 사니?
B : 아니, 나는 도쿄에서 살지 않아. 나는 베이징에서 살아.

단어

5 **italien** (이딸리앙) : 이탈리아 사람, 이탈리아어
Italie (이딸리) : 이탈리아

espagnol (에쓰빠뇰) : 스페인 사람, 스페인어
Espagne (에쓰빠뉴) : 스페인

Leçon 03 ▸▸ Dialogue

A : Est-ce que tu parles français ?
에쓰 끄 뛰 빠흘르 프헝쎄?

B : Oui, je parle français.
위, 쥬 빠흘르 프헝쎄.

A : Es-tu français ?
에 뛰 프헝쎄?

B : Non, je ne suis pas français. Je suis coréen. Et j'habite en France.
농, 쥬 느 쒸이 빠 프헝쎄. 쥬 쒸이 꼬헤양. 에 자빗 떵 프헝쓰.

A : Ah d'accord. Est-ce que tu es étudiant ?
아 다꼬흐. 에쓰 끄 뛰 에 에뛰디엉?

B : Oui, je suis étudiant. Toi aussi ?
위, 쥬 쒸이 제뛰디엉. 뚜아 오씨?

A : Oui, moi aussi. Je suis étudiante en français.
위, 모아 오씨. 쥬 쒸이 제뛰디엉 떵 프헝쎄.

B : Vraiment ? Moi aussi.
브헤멍? 모아 오씨.

A : 너는 프랑스어를 하니?
B : 응, 나는 프랑스어 해.
A : 너는 프랑스 사람이니?
B : 아니, 나는 프랑스 사람이 아니야. 나는 한국 사람이야. 그리고 프랑스에서 살아.
A : 아 그렇구나. 너는 대학생이니?
B : 응, 대학생이야. 너도?
A : 응, 나도. 나는 프랑스어과 학생이야.
B : 정말? 나도.

Leçon 04 ▸▸ Amour

1

A : Est-ce que tu aimes le shopping ?
에쓰 끄 뛰 엠 르 쇼삥?

B : Oui, j'aime beaucoup le shopping. Et toi ?
위, 젬 보꿀 르 쇼삥. 에 뚜아?

A : Moi aussi, j'adore le shopping.
모아 오씨, 자도흐 르 쇼삥.

A : 너는 쇼핑을 좋아하니?
B : 응, 나는 쇼핑을 아주 좋아해. 너는?
A : 나도, 쇼핑을 아주 좋아해.

2

A : Est-ce que vous aimez le sport ?
에쓰 끄 부 제멜 르 스뽀흐?

B : Non, je n'aime pas le sport.
농, 쥬 넴 빨 르 스뽀흐.

A : Vous aimez les voyages ?
부 제멜 레 부아이야쥬?

B : Non, je n'aime pas les voyages.
농, 쥬 넴 빨 레 부아이야쥬.

A : Et la lecture, aimez-vous la lecture ?
엘 랄 렉뛰흐, 에메 불 라 렉뛰흐?

B : Non, je n'aime pas la lecture.
농, 쥬 넴 빨라 렉뛰흐.

A : Alors, aimez-vous la télévision ?
알로흐, 에메 불 라 뗄레비지옹?

B : Oui, j'aime la télévision.
위, 젬 라 뗄레비지옹.

A : 당신은 스포츠를 좋아하십니까?
B : 아니요, 저는 스포츠를 좋아하지 않습니다.
A : 당신은 여행을 좋아하십니까?
B : 아니요, 저는 여행을 좋아하지 않습니다.
A : 그럼 독서는요, 독서를 좋아하십니까?
B : 아니요, 저는 독서를 좋아하지 않습니다.
A : 그럼, 텔레비전을 좋아하십니까?
B : 네, 텔레비전을 좋아합니다.

3

A : Elle aime le cinéma, la promenade et la musique.
엘 엠 르 씨네마, 라 프흐므나드 에 라 뮤직.

Mais elle n'aime pas le foot.
메 젤 넴 빠 르 풋.

B : Il aime bien le foot. Mais il n'aime pas le shopping.
일 엠 비양 르 풋. 메 질 넴 빠 르 쇼삥.

A : 그녀는 영화와 산책 그리고 음악을 좋아해. 하지만 축구는 좋아하지 않아.
B : 그는 축구를 좋아해. 하지만 쇼핑은 좋아하지 않아.

단어

1 le shopping : 쇼핑
aimer : 좋아하다
beaucoup : 많이
adorer : 매우 좋아하다

2 le voyage : 여행
la lecture : 독서
la télévision : 텔레비전, 텔레비전 시청

3 la promenade : 산책
le foot : 축구

Leçon
04 ▸▸ Amour

4

A : Vous parlez français ?
부 빠흘레 프헝쎄?

B : Oui, je parle français. J'adore le français.
위, 쥬 빠흘르 프헝쎄. 자도흐 르 프헝쎄.

A : 당신은 프랑스어를 하십니까?
B : 네, 저는 프랑스어를 해요. 저는 프랑스어를 아주 많이 좋아해요.

5

A : Aimez-vous le cinéma français ?
에메 불 르 씨네마 프헝쎄?

B : Oui, j'aime le cinéma français.
위, 젬 르 씨네마 프헝쎄.

A : Aimez-vous la musique coréenne ?
에메 불 라 뮤직 꼬헤엔?

B : Oui, j'aime la musique coréenne.
위, 젬 라 뮤직 꼬헤엔.

A : 프랑스 영화 좋아하세요?
B : 네, 저는 프랑스 영화를 좋아합니다.
A : 한국 음악 좋아하세요?
B : 네, 저는 한국 음악을 좋아합니다.

6

A : Je t'aime !
쥬 뗌!

B : Moi aussi, je t'aime !
모아 오씨, 쥬 뗌!

A : 난 너를 사랑해!
B : 나도 사랑해!

Leçon 04 ▸▸ Dialogue

A : Est-ce que vous aimez la cuisine coréenne ?
에쓰 끄 부 제멜 라 뀌진 꼬헤엔 ?

B : Oui, j'aime la cuisine coréenne.
위, 젬 라 뀌진 꼬헤엔.

A : Et la cuisine japonaise ? Vous aimez bien la cuisine japonaise ?
엘 라 뀌진 자뽀네즈 ? 부 제메 비양 라 뀌진 자뽀네즈 ?

B : Oui, j'aime bien la cuisine japonaise.
위, 젬 비양 라 뀌진 자뽀네즈.

A : Est-ce que vous aimez la cuisine chinoise ?
에쓰 끄 부 제멜 라 뀌진 시누아즈 ?

B : Oui, j'aime beaucoup la cuisine chinoise.
위, 젬 보꿀 라 뀌진 시누아즈.

A : Aimez-vous aussi la cuisine italienne ?
에메 부 오씰 라 뀌지 니딸리엔 ?

B : Oui, j'adore aussi la cuisine italienne.
위, 자도흐 오씰 라 뀌지 니딸리엔.

A : Et la cuisine française ? Vous aimez aussi la cuisine française ?
엘 라 뀌진 프헝쎄즈 ? 부 제메 오씰 라 뀌진 프헝쎄즈 ?

B : Oui, bien sûr. J'aime beaucoup la cuisine française.
위, 비양 쒸흐. 젬 보꿀 라 뀌진 프헝쎄즈.

A : 한국 요리 좋아하세요?
B : 네, 한국 요리 좋아해요.
A : 일본 요리는요? 일본 요리 좋아하세요?
B : 네, 일본 요리 좋아해요.
A : 중국 요리 좋아하시나요?
B : 네, 중국 요리 아주 좋아해요.
A : 이탈리아 요리도 좋아하세요?
B : 네, 이탈리아 요리도 매우 좋아합니다.
A : 그럼 프랑스 요리는요? 프랑스 요리도 좋아하세요?
B : 네, 물론이죠. 프랑스 요리 정말 좋아합니다.

Leçon 05 ›› Personne 사람

1

A : Tu aimes bien Aline ?
뛰 엠 비앙 알린?

B : Oui, elle est très sympa.
위, 엘 레 트헤 쌩빠.

A : Et Antoine, il est sympa aussi, non ?
에 엉투안, 일 레 쌩빠 오씨, 농?

B : Antoine ? Non, il n'est pas sympa.
엉투안? 농, 일 네 빠 쌩빠.

A : 너 알린 좋아해?
B : 응, 그녀는 아주 좋아.
A : 앙투안은, 그도 좋지, 안그래?
B : 아니, 그는 좋지 않아.

2

A : Philippe est gentil. Il est généreux et sérieux.
필리 뻬 정띠. 일 레 제네흐 에 쎄히으.

B : Violette, elle est très gentille aussi.
비올렛, 엘 레 트헤 정띠으 오씨.

Et elle est très aimable.
에 엘 레 트헤 제마블르.

A : Quentin, il n'est pas très gentil.
껑땅, 일 네 빠 트헤 정띠.

Il n'est pas aimable et il n'est pas sérieux.
일 네 빠 제마블르 에 일 네 빠 쎄히으.

A : 필리프는 착해. 그는 너그럽고 성실해.
B : 비올렛, 그녀도 매우 착해. 그리고 그녀는 매우 친절해.
A : 껑땅, 그는 착하지 않아. 그는 친절하지 않고 신중하지 않아.

3

A : Boa est petite et mince. Elle est très belle.
보아 에 쁘띳 떼 망쓰. 엘 레 트헤 벨.

B : Bi est grand et mince. Il est très beau.
비 에 그헝 에 망쓰. 일 레 트헤 보.

A : 보아는 작고 날씬해. 그녀는 매우 아름다워.
B : 비는 크고 날씬해. 그는 매우 잘생겼어.

4

A : Je ne suis pas heureux.
쥬 느 쒸이 빠 즈흐.

Je suis malheureux et je suis triste.
쥬 쒸이 말르흐 에 쥬 쒸이 트히스트.

B : Mais non. Tu n'es pas malheureux. Tu es amoureux.
메 농 뛰 네 빠 말르흐. 뛰 에 아무흐.

A : 나는 행복하지 않아. 나는 불행하고 슬퍼.
B : 절대로 아니야. 너는 불행하지 않아. 너는 사랑에 빠졌어.

단어

1. **sympa** : 좋은
   non ? : 안그래 ?

2. **gentil** : 착한, 좋은
   généreux : 너그러운, 많이 베푸는
   sérieux : 신중한, 심각한
   aimable : 친절한, 사랑스러운

3. **petit** : 작은
   mince : 날씬한
   grand : 큰
   beau : 잘생긴, 아름다운

Leçon 05 ▸▸ Personne 사람

5

A : Je suis heureux de vous rencontrer.
쥬 쒸이 즈흐 드 부 헝꽁트헤.

B : Moi aussi, je suis très heureuse de vous rencontrer.
모아 오씨, 쥬 쒸이 트헤 즈흐즈 드 부 헝꽁트헤.

A : 만나서 기쁩니다.
B : 저도요, 만나서 매우 기쁩니다.

6

A : Aujourd'hui, Alexandre est très content.
오주흐뒤이, 알렉썽드흐 에 트헤 꽁떵.

B : Ah bon ? Pourquoi ?
아 봉? 뿌흐꾸아?

A : Maintenant, il est étudiant.
망뜨넝, 일 레 떼뛰디엉.

B : C'est vrai ? Je suis contente ! Il est étudiant en français ?
쎄 브헤? 쥬 쒸이 꽁떵뜨! 일 레 떼뛰디엉 엉 프헝쎄?

A : Oui, il est étudiant en français à l'université en France.
위, 일 레 떼뛰디엉 엉 프헝쎄 알 뤼니베흐씨떼 엉 프헝쓰.

A : 오늘, 알렉산드르는 매우 기뻐.
B : 그래? 왜?
A : 이제, 그는 학생이야.
B : 진짜? 너무 기쁘다. 불문과 학생이야?
A : 응, 그는 프랑스 대학의 불문과 학생이야.

단어

5 rencontrer : 만나다

6 aujourd'hui : 오늘
pourquoi : 왜(의문사)
maintenant : 지금
l'université : 대학

Leçon 05 ▸▸ Dialogue

A : Qui est Charles ?
끼 에 샤홀르?

B : Charles est français. Il habite à Caen.
샤홀 레 프헝쎄. 일 라빗 따 껑.

Il est grand et beau. Il adore le sport et la musique.
일 에 그헝 에 보. 일 아도흐 르 스뽀 헬라 뮤직.

A : Qui est Serge ?
끼 에 쎄흐쥬?

B : Serge est français aussi. Il habite à Paris.
쎄흐 제 프헝쎄 오씨. 일 라빗 따 빠히.

Il est très sympa et honnête. Il aime beaucoup les chansons françaises.
일 레 트헤 쌍빠 에 오넷. 일 엠 보꿀 레 셩쏭 프헝쎄즈.

A : Qui sont Seb et Aurélie ?
끼 쏭 쎄 베 오헬리?

B : Seb et Aurélie sont français. Ils parlent français et anglais.
쎄 베 오헬리 쏭 프헝쎄. 일 빠흘르 프헝쎄 에 엉글레.

Ils sont très gentils et généreux. Ils adorent les fêtes.
일 쏭 트헤 정띠 에 제네흐. 일 자도흐 레 펫.

A : Qui est Maéva ?
끼 에 마에바?

B : Maéva est française. Elle parle français, anglais et espagnol.
마에바 에 프헝쎄즈. 엘 빠흘르 프헝쎄, 엉글레 에 에스빠뇰.

Elle est sérieuse et très aimable. Elle adore les voyages.
엘 레 쎄히으즈 에 트헤 제마블르. 엘 아도흐 레 부아이야쥬.

A : 샤를르는 누구입니까?
B : 샤를르는 프랑스 사람입니다. 그는 캉에서 삽니다. 키가 크고 잘생겼습니다. 스포츠와 음악을 매우 좋아합니다.
A : 세르주는 누구입니까?
B : 세르주도 프랑스 사람입니다. 파리에서 삽니다. 그는 좋고 정직한 사람입니다. 프랑스 노래를 아주 좋아합니다.
A : 셉과 오렐리는 누구입니까?
B : 셉과 오렐리는 프랑스 사람입니다. 그들은 프랑스어와 영어를 합니다.
그들은 매우 착하고 너그럽습니다. 그들은 파티를 매우 좋아합니다.
A : 마에바는 누구입니까?
B : 마에바는 프랑스 사람입니다. 그녀는 프랑스어, 영어 그리고 스페인어를 합니다.
그녀는 성실하고 매우 친절합니다. 여행을 매우 좋아합니다.

Leçon 06 ▸▸ Objet 사물

1

A : C'est un stylo bleu ?
쎄 떵 스틸로 블루?

B : Oui, c'est un stylo bleu.
위, 쎄 떵 스틸로 블루.

A : Est-ce que c'est un stylo rouge ?
에쓰 끄 쎄 떵 스틸로 후쥬?

B : Non, ce n'est pas un stylo rouge. C'est un stylo noir.
농, 쓰 네 빠 정 스틸로 후쥬. 쎄 떵 스틸로 누아흐.

> **A** : 이것은 파란색 볼펜이니?
> **B** : 응, 파란색 볼펜이야.
> **A** : 이것은 빨간색 볼펜이니?
> **B** : 아니, 빨간색 볼펜이 아니야. 검정색 볼펜이야.

2

A : Est-ce que ce sont des crayons ?
에쓰 끄 쓰 쏭 데 크헤이용?

B : Oui, ce sont des crayons.
위, 쓰 쏭 데 크헤이용.

A : Est-ce que ce sont des gommes ?
에쓰 끄 쓰 쏭 데 곰?

B : Non, ce ne sont pas des gommes.
농, 쓰 느 쏭 빠 데 곰.

> **A** : 이것들은 연필입니까?
> **B** : 네, 이것들은 연필이에요.
> **A** : 이것들은 지우개인가요?
> **B** : 아니요, 이것들은 지우개가 아닙니다.

3

A : Est-ce que c'est le portefeuille de Béatrice ?
에스 끄 쎌 르 뽀흐뜨풔이으 드 베아트히쓰?

B : Non, ce n'est pas le portefeuille de Béatrice.
농, 쓰 네 빨 르 뽀흐뜨풔이으 드 베아트히쓰.

C'est le portefeuille de Théo.
쎌 르 뽀흐뜨풔이으 드 떼오.

A : 이것은 베아트리스의 지갑입니까?
B : 아니요, 이것은 베아트리스의 지갑이 아닙니다.
   이것은 테오의 지갑입니다.

4

A : Qu'est-ce que c'est ?
께쓰 끄 쎄?

B : C'est un sac.
쎄 떵 싹.

A : Qu'est-ce que c'est ?
께쓰 끄 쎄?

B : Ce sont des cahiers.
쓰 쏭 데 까이에.

A : 이것이 무엇입니까?
B : 가방입니다.
A : 이것들은 무엇입니까?
B : 공책들입니다.

단어

1. **un stylo** : 볼펜
2. **un crayon** : 연필
   une gomme : 지우개
3. **un portefeuille** : 지갑
4. **un sac** : 가방
   un cahier : 공책

Leçon 06 ▸▸ Objet 사물

5

A : C'est très grand et très joli.
쎄 트헤 그헝 에 트헤 졸리.

B : Est-ce que c'est à Paris ?
에쓰 끄 쎄 따 빠히?

A : Oui, c'est à Paris.
위, 쎄 따 빠히.

B : C'est la Tour Eiffel ?
쎌 라 뚜 헤펠?

A : Oui, c'est ça! Bravo !
위, 쎄 싸! 브하보!

A : 그것은 매우 크고 아주 멋집니다.
B : 파리에 있나요?
A : 네, 파리에 있습니다.
B : 에펠탑인가요?
A : 네, 맞습니다. 브라보!

6

A : C'est le sac de Joseph ? Il est noir et joli.
쎌 르 싹 드 조제프? 일 레 누아 헤 졸리.

B : Non, ce n'est pas le sac de Joseph. Le sac de Joseph
농, 쓰 네 빠 르 싹 드 조제프. 르 싹 드 조제프

n'est pas noir. Il est gris.
네 빠 누아흐. 일 레 그히.

A : 이거 조제프의 가방이니? 이것은 검정색이고 예뻐.
B : 아니, 이건 조제프의 가방이 아니야. 조제프의 가방은 검정색이 아니야. 회색이야.

단어

5 ça : 이것, 그것(지시대명사)
la Tour Eiffel : 에펠탑

6 noir : 검은
gris : 회색의

Leçon 06 ▸▸ Dialogue

A : Qu'est-ce que c'est ?
께쓰 끄 쎄?

B : Ce sont des sacs et des portefeuilles.
쓰 쏭 데 싹 께 데 뽀흐뜨풔이으.

A : Le sac est très joli. En plus, ce n'est pas cher.
르 싹 께 트헤 졸리. 엉 쁠뤼쓰, 쓰 네 빠 셰흐.

B : C'est vrai. Le sac noir est vraiment magnifique.
쎄 브헤. 르 싹 누아 헤 브헤멍 마니픽.

A : J'aime beaucoup aussi le portefeuille rouge.
젬 보꾸 오씨 르 뽀흐뜨풔이으 후쥬.

B : Oh non, il est trop petit. Et il n'est pas très joli.
오 농, 일 레 트호 쁘띠. 에 일 네 빠 트헤 졸리.

A : Le portefeuille rouge est très joli. Il est magnifique, non ?
르 뽀흐뜨풔이으 후쥬 에 트헤 졸리. 일 레 마니픽, 농?

B : Ce n'est pas un portefeuille rouge. C'est un portefeuille rose.
쓰 네 빠 정 뽀흐뜨풔이으 후쥬. 쎄 떵 뽀흐뜨풔이으 호즈.

Il est trop petit et il n'est pas joli.
일 레 트호 쁘띠 에 일 네 빠 졸리.

A : 이것이 무엇입니까?
B : 가방하고 지갑들입니다.
A : 가방이 참 예쁘네요. 게다가 비싸지 않아요.
B : 맞아요. 검정색 가방이 아주 예쁘네요.
A : 빨간색 지갑도 좋은데요.
B : 아니에요. 너무 작아요. 그리고 아주 예쁘지는 않아요.
A : 이 빨간색 지갑은 참 예쁜데요. 아주 예쁘지요, 안 그래요?
B : 이건 빨간색 지갑이 아니에요. 분홍색 지갑이에요. 너무 작고 예쁘지 않아요.

Leçon 07 ▸▸ Maison 집

1

A : Jean-Pierre a une maison ou un appartement ?
정삐에흐 아 윈 메종 우 어 나빠흐뜨멍?

B : Il a une maison. Elle est grande et très jolie.
일 라 윈 메종. 엘 레 그헝 데 트헤 졸리.

A : 장피에르는 개인 주택을 가지고 있나요 아파트를 가지고 있나요?
B : 그는 개인 주택을 가지고 있어요. 그 집은 크고 매우 예뻐요.

2

A : Est-ce que vous avez une voiture ?
에쓰 끄 부 자베 윈 부아뛰흐?

B : Non, je n'ai pas de voiture, mais j'ai une moto.
농, 쥬 네 빠 드 부아뛰흐, 메 제 윈 모또.

A : 당신은 자동차를 가지고 있습니까?
B : 아니요, 저는 자동차를 가지고 있지는 않지만 오토바이를 가지고 있어요.

3

A : Dans la maison de Jean-Pierre, il y a un grand salon.
덩 라 메종 드 정삐에흐, 일 리 아 엉 헝 쌀롱.

B : Est-ce qu'il y a un jardin aussi ?
에쓰 낄 리 아 엉 자흐당 오씨?

A : Oui, il y a un jardin dans sa maison.
위, 일 리 아 엉 자흐당 덩 싸 메종.

B : Est-ce qu'il y a un balcon dans l'appartement de Marie ?
에쓰 낄 리 아 엉 발꽁 덩 라빠흐뜨멍 드 마히?

A : Non, il n'y a pas de balcon dans son appartement.
농, 일 니 아 빠 드 발꽁 덩 쏭 나빠흐뜨멍.

A : 장피에르의 집에는 큰 거실이 있어요.
B : 그곳에 정원도 있나요?
A : 네, 그의 집에는 정원이 있어요.
B : 마리의 아파트에는 발코니가 있나요?
A : 아니요, 그녀의 아파트에는 발코니가 없어요.

4

A : Qu'est-ce qu'il y a dans la chambre de Sophie ?
께쓰   낄리아덩 라 셩브흐 드 쏘피?

B : Dans sa chambre, il y a un lit, un bureau, une chaise,
덩 싸 셩브흐, 일리아엉 리, 엉 뷔호, 윈 셰즈,

une armoire, une bibliothèque et une étagère.
위 나흐모아흐, 윈 비블리오떽   에 위 네따제흐.

A : Et qu'est-ce qu'il y a dans le salon ?
에   께쓰   낄리아 덩 르 쌀롱?

B : Il y a un canapé, une table basse et une télévision.
일리아 엉 꺄나뻬, 윈 따블르 바스 에 윈 뗄레비지옹.

- **A** : 소피의 방 안에는 무엇이 있나요?
- **B** : 그녀의 방 안에는 침대, 책상, 의자, 옷장, 책꽂이 그리고 선반이 있어요.
- **A** : 거실 안에는 무엇이 있나요?
- **B** : 소파와 낮은 탁자와 텔레비전이 있어요.

5

A : Qu'est-ce qu'il y a dans la cuisine ?
께쓰   낄리아 덩 라 뀌진?

B : Dans la cuisine, il y a un évier, une cuisinière, un
덩 라 뀌진,   일리아어 네비에, 윈 뀌지니에흐, 엉

réfrigérateur, un four à micro-ondes, un lave-linge et
헤프히제하뙤흐, 엉 푸 하 미크호옹드, 엉 라블랑쥬 에

des placards.
데 쁠라꺄흐.

단어

1. **la maison** : 집, 개인 주택
   le appartement : 아파트
   ou : 또는

3. **la voiture** : 자동차
   la moto : 오토바이

4. **dans** : ~ 안에

Leçon 07 ▸▸ Maison 집

A : Est-ce qu'il y a une baignoire dans la salle de bain ?
에쓰 낄리아엉 베뉴아흐 덩 라 쌀 드 방?

B : Oui, bien sûr. Il y a une baignoire.
위, 비앙 쒸흐. 일 리 아 윈 베뉴아흐.

Il y a aussi une douche, un lavabo et un miroir.
일 리 아 오씨 윈 두슈, 엉 라바보 에 엉 미호아흐.

A : 부엌 안에는 무엇이 있나요?
B : 부엌 안에는 싱크대, 가스레인지, 냉장고, 전자레인지, 세탁기 그리고 벽장들이 있어요.
A : 욕실에는 욕조가 있나요?
B : 네, 물론이지요. 욕조가 있습니다. 샤워대, 세면대 그리고 거울도 있어요.

A : J'ai un appartement à Paris. Et dans mon appartement,
제 어 나빠흐뜨멍 아 빠히. 에 덩 모 나빠흐뜨멍,

il y a une grande chambre. Et dans ma chambre, il y a
일 리 아 윈 그헝드 셩브흐. 에 덩 마 셩브흐, 일 리 아

un grand lit.
엉 그헝 리.

B : Non, tu n'as pas d'appartement à Paris. Et dans ton
농 뛰 나 빠 다빠흐뜨멍 아 빠히. 에 덩 또

appartement, il n'y a pas de grande chambre.
나빠흐뜨멍, 일 니 아 빠 드 그헝드 셩브흐.

Ta chambre est petite.
따 셩브흐 에 쁘띳.

A : 나는 파리에 아파트를 가지고 있어요. 그리고 내 아파트에는 큰 방이 있어요. 그리고 내 방에는 큰 침대가 있어요.
B : 아니, 너는 파리에 아파트가 없어. 그리고 너의 아파트에는 큰 방이 없어. 너의 방은 작아.

Leçon 07 ▸▸ Dialogue

A : Tu habites dans une maison ou dans un appartement ?
뛰 아빗 덩 쥔 메종 우 덩 저 나빠흐뜨멍?

B : A Paris, j'habite dans une maison et à Séoul, j'habite dans un appartement.
아 빠히, 자빗 덩 쥔 메종 에아 쎄울, 자빗 덩 저 나빠흐뜨멍.

A : Qu'est-ce qu'il y a dans ta maison à Paris ?
께쓰 낄리아 덩 따 메종 아 빠히?

B : Dans ma maison, il y a un petit salon, une petite chambre, une
덩 마 메종, 일리아 엉 쁘띠 쌀롱, 윈 쁘띳 셩브흐, 윈

cuisine et une salle de bain. C'est une petite maison.
뀌진 에 윈 쌀 드 방. 쎄 뛴 쁘띳 메종.

A : Qu'est-ce qu'il y a dans ta chambre ?
께쓰 낄리아 덩 따 셩브흐?

B : Dans ma chambre, il y a un grand lit, un joli bureau et beaucoup de livres.
덩 마 셩브흐, 일리아 엉 그헝 리, 엉 졸리 뷔호 에 보꾸 드 리브흐.

A : Est-ce qu'il y a beaucoup de livres de français dans ta chambre ?
에쓰 낄리아 보꾸 드 리브흐 드 프헝쎄 덩 따 셩브흐?

B : Oui, il y a beaucoup de livres de français.
위, 일리아 보꾸 드 리브흐 드 프헝쎄.

Et dans mon sac aussi, il y a beaucoup de livres de français.
에 덩 몽 싹 꼬씨, 일리아 보꾸 드 리브흐 드 프헝쎄.

A : 너는 개인 주택에 사니, 아파트에 사니?
B : 파리에서는 개인 주택에서 살고, 서울에서는 아파트에서 살아.
A : 프랑스에 있는 집에는 뭐가 있어?
B : 나의 집에는 작은 거실, 작은 방, 부엌 그리고 욕실이 있어. 작은 집이야.
A : 네 방에는 뭐가 있어?
B : 내 방에는 큰 침대, 예쁜 책상과 많은 책들이 있어.
A : 네 방에는 프랑스어 책들이 많이 있니?
B : 응, 프랑스어 책들이 많이 있어. 내 가방에도 프랑스어 책들이 많이 있어.

Leçon 08 ▸▸ Ville 도시

1

A : Est-ce que l'hôtel est loin du parc ?
에쓰 끄 로뗄 렐 로앙 뒤 빠흐끄?

B : Oui, il est loin du parc.
위, 일 렐 로랑 뒤 빠흐끄.

A : 그 호텔이 공원에서 멀리 있습니까?
B : 네, 공원에서 멀리 있어요.

2

A : Est-ce que ta maison est loin d'ici ?
에쓰 끄 따 메종 엘 로앙 디씨?

B : Non, elle n'est pas loin d'ici, elle est près d'ici.
농, 엘 네 빨 로앙 디씨, 엘 레 프헤 디씨.

A : Est-ce que le cinéma est à côté de ta maison ?
에쓰 끄 르 씨네마 에 따 꼬떼 드 따 메종?

B : Oui, le cinéma aussi, il est près d'ici.
위, 르 씨네마 오씨, 일 레 프헤 디씨.

A : 너희 집은 이곳에서 멀리 있어?
B : 아니, 여기서 멀지 않아. 여기서 가까워.
A : 영화관은 너희 집 옆에 있니?
B : 응, 영화관도 여기서 가까워.

3

A : Où est l'église ?
우 엘 레글리즈?

B : L'église, c'est ici devant vous.
레글리즈, 쎄 띠씨 드벙 부.

A : Oh, elle est magnifique.
오, 엘 레 마니픽.

B : Oui, vous avez raison. Elle est vraiment très belle.
위 부 자베 헤종. 엘 레 브헤멍 트헤 벨.

A : Qu'est-ce qu'il y a derrière l'église ?
    께쓰   낄 리 아 데히에흘   레글리즈?

B : Derrière l'église, il y a une école.
    데히에흘 레글리즈, 일 리 아 위   네꼴.

   Et à côté de l'école, il y a la mairie.
   에 아 꼬떼 들   레꼴,   일리알라 메히.

   A : 교회가 어디 있나요?
   B : 교회는 여기 있어요. 당신 앞에요.
   A : 아, 이 교회는 매우 아름답군요.
   B : 네, 맞아요. 정말 매우 아름다워요.
   A : 교회 뒤에는 무엇이 있나요?
   B : 교회 뒤에는 학교가 있어요. 학교 옆에는 시청이 있고요.

4

A : Excusez-moi monsieur. Je cherche la gare, s'il vous plaît.
    엑쓰뀌제 모아 무씨으. 쥬 셰흐슐 라 갸흐, 씰 부 쁠레.

B : La gare ? Elle est en face du grand magasin.
    라 갸흐? 엘 레 떵 파쓰 뒤 그헝   마갸장.

A : Où est le grand magasin, s'il vous plaît ?
    우 엘 르 그헝   마갸장,   씰 부 쁠레?

B : Le grand magasin, c'est loin. C'est à côté de la mairie.
    르 그헝   마갸장, 쎌 루앙. 쎄 따 꼬떼 들 라 메히.

단어

1 l'hôtel : 호텔
   le parc : 공원

2 ici : 여기
   près de ~ : ~에서 가까이
   à côté de ~ : ~ 옆에

3 où : 어디 (의문사)
   devant ~ : ~ 앞에
   avoir raison : 옳다
   la raison : 이유
   derrière : ~ 뒤에

4 chercher : 찾다
   en face de ~ : ~ 맞은편에

Leçon 08 ▸▸ Ville 도시

A : 실례합니다 아저씨, 역을 찾고 있습니다.
B : 역이요? 백화점 맞은편에 있어요.
A : 백화점은 어디 있나요?
B : 백화점은 멀리 있어요. 시청 옆에 있지요.

5

A : Ce musée est génial. C'est un musée vraiment
쓰 뮈제 에 제니알. 쎄 떵 뮈제 브헤멍

très intéressant.
트헤 장떼헤썽.

B : J'aime beaucoup aussi le parc devant le musée.
젬 보꾸 오씰 르 빠흐끄 드벙 르 뮈제.

Il est très grand et il y a beaucoup de jolies fleurs.
일 레 트헤 그헝 에 일 리 아 보꾸 드 졸리 플뤄흐.

A : 이 박물관은 대단해. 정말 매우 흥미로운 박물관이야.
B : 나는 박물관 앞의 공원도 좋아해. 그 공원은 매우 크고, 예쁜 꽃들이 많이 있어.

6

A : Où habitez-vous ?
우 아비떼 부?

B : J'habite à Séoul et c'est une ville très animée.
자빗 따 쎄울 에 쎄 뛴 빌 트헤 자니메.

Elle est bruyante et il y a beaucoup de magasins.
엘 레 브휘이영뜨 에일리아 보꾸 드 마가쟝.

Et votre ville ?
에 보트흐 빌?

A : C'est une grande ville, mais mon quartier est calme.
쎄 뛴 그헝드 빌, 메 몽 꺄흐치에 에 꺌므.

Il n'y a pas beaucoup de magasins.
일 니 아 빠 보꾸 드 마가쟝.

B : Est-ce qu'il y a beaucoup d'habitants ?
에쓰 낄 리 아 보꾸 다비떵?

Il est comment votre quartier ?
일 레 꼬멍 보트흐 까흐치에?

A : Il n'y a pas beaucoup d'habitants.
일 니 아 빠 보꾸 다비떵.

C'est la campagne. Il y a juste une mairie,
쎄 라 껑빠뉴. 일 리 아 쥐쓰 뛴 메히,

une église et un supermarché. C'est très calme.
윈 네글리즈 에 엉 쒸뻬흐마흐셰. 쎄 트헤 깔므.

A : 당신은 어디 사십니까?
B : 저는 서울에서 살아요. 매우 활기찬 도시예요. 서울은 시끄럽고 많은 가게들이 있어요. 당신의 도시는요?
A : 큰 도시예요. 하지만 우리 동네는 조용해요. 가게들이 많지 않아요.
B : 사는 사람이 많은가요? 어때요 당신 동네는?
A : 사는 사람이 많지 않아요. 시골이예요. 시청, 교회, 슈퍼밖에 없어요. 아주 조용해요.

단어

5 génial : 대단한, 훌륭한
intéressant : 흥미로운
la fleur : 꽃

6 animé : 활기찬
bruyant : 시끄러운
le quartier : 동네
calme : 조용한
habitant : 사는 사람, 시민
comment : 어떻게 (의문사)
la campagne : 시골, 농촌

Leçon 08 ▸▸ Dialogue

A : Où habitez-vous ? Vous habitez loin d'ici ?
우 아비떼 부? 부 자비뗄 로앙 디씨?

B : Oui, j'habite en Corée. C'est très loin de la France.
위, 자빗 떵 꼬헤. 쎄 트헬 로앙 들 라 프헝쓰.

A : C'est comment la Corée ?
쎄 꼬멍 라 꼬헤?

B : C'est un pays magnifique. Et à Séoul, il y a beaucoup de personnes,
쎄 떵 뻬이 마니픽. 에아 쎄울, 일 리아 보꾸 드 뻬흐쏜,

beaucoup d'immeubles et beaucoup de voitures.
보꾸 디뭐블르 에 보꾸 드 부아뛰흐.

A : Est-ce que c'est grand ?
에쓰 끄 쎄 그헝?

B : Oui, Séoul est une très grande ville.
위, 쎄울 레 뛴 트헤 그헝드 빌.

A : Est-ce que Séoul est près de Pékin ?
에쓰 끄 쎄울 레 프헤 드 뻬깡?

B : Oui, Séoul n'est pas loin de Pékin. Séoul est entre Pékin et Tokyo.
위, 쎄울 네 빨 로앙 드 뻬깡. 쎄울 레 엉트흐 뻬깡 에 또꾜.

A : 당신은 어디 사세요? 여기서 멀리 사세요?
B : 네, 한국에서 살아요. 프랑스에서 아주 멀어요.
A : 한국은 어떻습니까?
B : 매우 아름다운 나라예요. 서울은 사람들이 많고, 많은 건물들과 많은 자동차들이 있습니다.
A : 큽니까?
B : 네, 서울은 매우 큰 도시입니다.
A : 서울은 베이징과 가까운가요?
B : 네, 서울은 베이징에서 멀지 않아요. 서울은 베이징과 도쿄 사이에 있습니다.

Leçon 09 ▸▸ Café 커피숍

1

A : Bonjour, je voudrais un café, s'il vous plaît.
봉쥬흐, 쥬 부드헤 엉 까페, 씰 부 쁠레.

B : Très bien, madame.
트헤 비앙, 마담.

A : 안녕하세요. 커피 한 잔 주세요.
B : 네, 알겠습니다.

2

A : Est-ce qu'il est bon ce café ?
에쓰 낄 레 봉 쓰 까페?

B : Oui, c'est très bon. Il est vraiment bon.
위, 쎄 트헤 봉. 일 레 브헤멍 봉.

J'aime beaucoup. Et toi, tu aimes bien ce thé ?
젬 보꾸. 에 뚜아, 뛰 엠 비앙 쓰 떼?

A : Comme ci comme ça. Il n'est pas excellent, mais il
꼼 씨 꼼 싸. 일 레 빠 엑쎌렁, 메 일

n'est pas mal. Comment il est le chololat chaud ?
네 빠 말. 꼬멍 일 레 르 쇼꼴라 쇼?

C : C'est vraiment délicieux. J'adore !
쎄 브헤멍 델리씨으. 자도흐!

A : 이 커피 맛있어?
B : 응, 매우 맛있어. 진짜 맛있다. 아주 마음에 들어. 너는 이 차 마음에 들어?
A : 그럭저럭. 아주 맛있지는 않지만 나쁘지는 않아. 핫초코는 어때?
C : 정말 아주 맛있어. 너무 좋아.

3

A : Bonjour, vous désirez ?
봉쥬흐, 부 데지헤?

B : Un jus d'orange, s'il vous plaît. Et toi David ?
엉 쥐 도헝쥬, 씰 부 쁠레. 에 뚜아 다빗?

C : Moi, je voudrais une bière, une pression.
모아, 쥬 부드헤 윈 비에흐, 윈 프헤씨옹.

37

Leçon 09 ▸▸ Café 커피숍

A : Vous désirez une bière japonaise ?
　　부　데지헤　윈　비에흐　자뽀네즈 ?

C : Oui, pourquoi pas. Une bière japonaise, s'il vous plaît.
　　위,　뿌흐꾸아 빠.　윈 비에흐 자뽀네즈,　씰 부 쁠레.

A : 안녕하세요. 주문하시겠어요?
B : 오렌지 주스 하나요. 다비드 너는?
C : 나는 맥주 하나, 생맥주로.
A : 일본 맥주로 드릴까요?
C : 네, 그러죠. 일본 맥주로 주세요.

4

A : Tu veux un café ?
　　뛰　브　엉　까페 ?

B : Non merci. C'est très gentil.
　　농　메흐씨.　쎄 트헤 정띠.

A : Et vous monsieur, voulez-vous un café ?
　　에 부　무씨으,　불레 부 엉 까페 ?

C : Oui, je veux bien un café. Merci.
　　위,　쥬 브　비앙 엉 까페.　메흐씨.

A : 커피 한 잔 마실래?
B : 아니 고마워. 참 친절하구나.
A : 아저씨는요, 커피 한 잔 하실래요?
C : 네, 그럽시다. 고마워요.

5

A : Tu veux prendre un café à la terrasse ?
　　뛰　브　프헝드　헝 까페 알 라 떼하쓰 ?

B : Oui, c'est une bonne idée. C'est agréable de
　　위,　쎄 뛴 보　니데.　쎄 따그헤아블르 드

prendre un café à la terrasse.
프헝드흐 엉 까페 알 라 떼하쓰.

A : 테라스에서 커피 한 잔 마실래?
B : 그래, 좋은 생각이야. 테라스에서 커피 마시는 건 참 좋아.

6

A : S'il vous plaît !
씰 부 쁠레!

B : …

A : S'il vous plaît !
씰 부 쁠레!

B : Oui, pardon !
위, 빠흐동!

A : Je voudrais l'addition, s'il vous plaît.
쥬 부드헬 라디씨옹, 씰 부 쁠레.

B : Très bien, monsieur.
트헤 비앙, 무씨으.

A : 여기요!
B : …
A : 여기요!
B : 네, 죄송합니다!
A : 계산서 부탁드립니다.
B : 네, 알겠습니다. 손님.

단어

1 un café : 커피, 커피숍
madame : 아주머니
(monsieur : 아저씨
mademoiselle : 아가씨)

2 bon : 맛있는, 좋은 (여성형 bonne)
excellent : 매우 좋은
délicieux : 매우 맛있는

3 une pression : 생맥주

5 la terrasse : 테라스
une idée : 생각, 아이디어
une bonne idée : 좋은 생각, 좋은 아이디어

6 pardon : 죄송합니다, 실례합니다
l'addition : 계산서

Leçon 09 ▸▸ Dialogue

A : Est-ce que vous voulez un café ?
에쓰 끄 부 불레 엉 까페?

B : Oh oui, je veux bien un café, s'il vous plaît.
오 위, 쥬 브 비앙 엉 까페, 씰 부 쁠레.

A : Un café au lait, ça vous va ?
엉 까페 올 레, 싸 부 바?

B : Oui, c'est parfait. Merci beaucoup.
위 쎄 빠흐페. 메흐씨 보꾸.

A : Avec du sucre ?
아벡 뒤 쒸크흐?

B : Oui, avec un peu de sucre, s'il vous plaît.
위, 아벡 껑 쁘 드 쒸크흐, 씰 부 쁠레.

A : 커피 한 잔 드시겠어요?
B : 네, 좋지요.
A : 카페오레 괜찮아요?
B : 네, 딱 좋습니다. 감사합니다.
A : 설탕도 같이요?
B : 네, 설탕 조금도 같이 주세요.

Leçon 10 ›› Restaurant 레스토랑

1

A : Bonjour, vous êtes combien ?
봉쥬흐, 부 젯 꽁비앙?

B : Bonjour, nous sommes quatre personnes.
봉쥬흐, 누 쏨 까트흐 뻬흐쏜.

A : Fumeur ou non-fumeur ?
퓌뫄흐 우 농 퓌뫄흐?

B : Non fumeur, s'il vous plaît.
농 퓌뫄흐 씰 부 쁠레.

A : 안녕하세요. 몇 분이십니까?
B : 안녕하세요. 우리는 4명입니다.
A : 흡연석이요 금연석이요?
B : 금연석으로 부탁드립니다

2

A : Je voudrais cette table près de la fenêtre.
쥬 부드헤 쎗 타블르 프헤 들 라 프네트흐.

B : Je suis désolé monsieur. Cette table est déjà réservée.
쥬 쒸이 데졸레 무씨으. 쎗 따블 레 데자 헤제흐베.

Est-ce que vous voulez la table à côté de la terrasse ?
에쓰 끄 부 불렐 라 따블 라 꼬떼 들 라 떼하쓰?

A : Oui, très bien. Merci.
위, 트헤 비앙. 메흐씨.

A : 창문 가까이에 있는 저 테이블로 주십시오.
B : 죄송합니다. 이 테이블은 이미 예약되었습니다.
   테라스 옆의 테이블을 원하십니까?
A : 네, 좋습니다. 감사합니다.

Leçon

10 ▸▸ Restaurant 레스토랑

3

A : Qu'est-ce que tu prends ?
　　께쓰　끄 뛰 프헝?

B : Je vais prendre le menu avec l'entrée, le plat, le
　　쥬 베 프헝드흐 르 므뉴 아벡 렁트헤, 르 쁠라, 르

　　fromage et le dessert. Et toi ?
　　프호마쥬 엘 르 데쎄흐. 에 뚜아?

A : Moi aussi. Je vais prendre ce menu. On commande ?
　　모아 오씨. 쥬 베 프헝드흐 쓰 므뉴. 옹 꼬멍드?

> **A** : 뭐 먹을 거니?
> **B** : 전채 요리, 주 요리, 치즈 그리고 디저트로 된 세트 메뉴로 할래. 너는?
> **A** : 나도. 이 세트 메뉴로 먹을래. 주문할까?

4

A : Vous désirez un apéritif ?
　　부 데지헤 어 나뻬히띠프?

B : Oui, je voudrais un jus de fruit, s'il vous plaît.
　　위, 쥬 부드헤 엉 쥐 드 프휘이, 씰 부 쁠레.

> **A** : 식전주를 원하십니까?
> **B** : 네, 과일 주스 하나 주세요.

단어

1 **combien** : 얼마나, 몇 명(수나 양을 묻는 의문사)
une personne : 사람, ~명
fumeur : 흡연자
non-fumeur : 비흡연자

2 **déjà** : 이미, 벌써
réservé : 예약된

3 **prendre** : 잡다, 고르다, 먹다, 마시다,
타다 등(영어의 take)
le menu : 메뉴, 세트 메뉴
(메뉴판은 la carte라고 합니다.)
commander : 주문하다 (1군 동사)

5

A : Vous avez choisi ?
부 자베 쇼아지?

B : Oui. Comme entrée, je voudrais le foie gras maison
위, 꼬 멍트헤, 쥬 부드헬 르 푸아 그하 메종

et comme plat principal, je vais prendre de la
에 꼼 쁠라 프항씨빨, 쥬 베 프헝드흐 들 라

ratatouille, s'il vous plaît.
하따뚜이으, 씰 부 쁠레.

A : Très bien. Et pour vous monsieur ?
트헤 비앙. 에 뿌흐 부 무씨으?

C : Pour moi, la tarte aux oignons et le gratin savoyard,
뿌르 모아, 라 따흐 또 조뇽 엘 르 그하땅 싸부아이야흐,

s'il vous plaît.
씰 부 쁠레.

A : Et comme boisson ?
에 꼼 부아쏭?

C : Une grande bouteille d'eau minérale et une bouteille
윈 그헝드 부떼이 도 미네할 레 윈 부떼이

de vin de Bordeaux, s'il vous plaît.
드 방 드 보흐도, 씰 부 쁠레.

A : 주문하시겠어요?
B : 네, 전채 요리는 직접 만든 푸아그라로 하고, 주 요리는 라따뚜이로 하겠습니다.
A : 네 알겠습니다. 손님은 무엇으로 하시겠습니까?
C : 저는 양파 파이와 사부아 지방식 그라탕으로 주십시오.
A : 음료는 무엇으로 하시겠습니까?
C : 미네럴워터 큰 병 하나하고 보르도 와인 한 병 주십시오.

Leçon 10 ▸▸ Restaurant 레스토랑

A : Tu veux aller au restaurant italien ?
뛰 브 알레 오 헤쓰또헝 이딸리앙?

B : Oui, d'accord. On y va.
위, 다꼬흐. 오 니 바.

A : Qu'est-ce que tu vas prendre ?
께쓰 끄 뛰 바 프헝드흐?

B : Je vais prendre une pizza. Elles sont très
쥬 베 프헝드흐 윈 핏자. 엘 쏭 트헤

bonnes dans ce restaurant.
본 덩 쓰 헤쓰또헝.

A : 이탈리아 레스토랑에 가고 싶니?
B : 응, 그러자. 가자
A : 뭐 먹을래?
B : 피자 먹을 거야. 그 레스토랑은 피자가 아주 맛있어.

1 **pour** : ~ 위해서 (영어의 for)
pour vous : 당신은 무엇을 드시겠습니까? 당신의 것으로는요?
une bouteille d'eau : 물 한 병
une bouteille de vin de Bordeaux : 보르도 와인 한 병
(une bouteille de Bordeaux라고도 합니다.)

2 **restaurant + 국적** : ~ 나라 레스토랑 (restaurant italien : 이탈리아 레스토랑)

Leçon

10 ▸▸ Dialogue

A : Vous avez choisi ? Désirez-vous prendre un apéritif ?
부 자베 쇼아지 ? 데지헤 부 프헝드흐 어 나뻬히띠프 ?

B : Oui, 2 kirs, s'il vous plaît.
위, 두 끼흐, 씰 부 쁠레.

A : Et comme entrée ?
에 꼬 멍트헤 ?

B : Une assiette de crudités et des huîtres au citron, s'il vous plaît.
윈 나씨엣 드 크휘디떼 에 데 쥐이트흐 오 씨트홍, 씰 부 쁠레.

A : Très bien. Et comme plat principal ?
트헤 비앙. 에 꼼 쁠라 프항씨빨 ?

B : Pour moi, un steak-frites, s'il vous plaît.
뿌흐 모아, 엉 스떽 프히뜨, 씰 부 쁠레.

A : Quelle cuisson voulez-vous ?
껠 뀌이쏭 불레 부 ?

B : Bien cuit, s'il vous plaît.
비양 뀌이, 씰 부 쁠레.

C : Moi, je vais prendre le plat du jour.
모아, 쥬 베 프헝드흐 르 쁠라 뒤 주흐.

A : Très bien. Et voulez-vous un peu de vin
트헤 비앙. 에 불레 부 엉 쁘 드 방 ?

B : Oui, on va prendre une bouteille de Sauvignon.
위, 옹 바 프헝드 휜 부떼이으 드 쏘비뇽.

A : 다 고르셨습니까? 식전주를 하시겠어요?
B : 네, 키르 두 잔 주세요.
A : 전채 요리는 무엇을 드시겠습니까?
B : 샐러드 한 접시와 레몬 굴로 주세요.
A : 네, 알겠습니다. 그리고 주 요리로는요?
B : 저는 스테이크 감자튀김으로 하겠습니다.
A : 얼마나 익혀 드릴까요?
B : 잘 익혀 주세요.
C : 저는 오늘의 요리로 하겠습니다.
A : 네, 알겠습니다. 그리고 와인을 곁들이시길 원하십니까?
B : 네, 소비뇽 한 병 주세요.

45

Leçon 11 ▸▸ Marché 시장

1

A : Bonjour, je voudrais une baguette, un pain au
봉쥬흐, 쥬 부드헤 윈 바겟, 엉 빵 오

chocolat et deux croissants, s'il vous plaît.
쇼꼴라 에 드 크호아썽, 씰 부 쁠레.

B : Oui, très bien, madame. Vous désirez autre chose ?
위, 트헤 비앙, 마담. 부 데지헤 오트흐 쇼즈?

A : Non, ce sera tout. Merci.
농, 쓰 쓰하 뚜. 메흐씨.

> A : 안녕하세요, 바게트빵 하나하고, 초콜릿빵 하나, 그리고 크루아상 하나 주세요.
> B : 네, 알겠습니다. 다른 필요한 거 있으세요?
> A : 아니요, 이것이 다입니다. 감사합니다.

2

A : Bonjour, je voudrais un gâteau au chocolat, s'il
봉쥬흐, 쥬 부드헤 엉 갸또 오 쇼꼴라, 씰

vous plaît.
부 쁠레.

B : Oui, monsieur, et avec ceci ?
위, 무씨으, 에 아벡 쓰씨?

A : Je vais prendre aussi une tarte aux fraises.
쥬 베 프헝드 호씨 윈 따흐 또 프헤즈.

> A : 안녕하세요, 초콜릿 케이크 하나 주세요
> B : 네, 그리고 더 필요한 거 있으세요?
> A : 딸기 파이도 하나 주세요.

3

A : Bonjour, du camembert et du fromage de chèvre,
봉쥬흐, 뒤 까멍베흐 에 뒤 프호마쥬 드 쉐브흐,

s'il vous plaît.
씰 부 쁠레.

B : Et avec ceci ?
에 아벡 쓰씨?

A : Ce sera tout. Ça fait combien ?
쓰 쓰하 뚜. 싸 페 꽁비앙?

B : Ça fait 7 euros 30, s'il vous plaît.
싸 페 쎗 뜨호 트헝뜨, 씰 부 쁠레.

A : 안녕하세요. 카망베르와 염소치즈 주세요.
B : 더 필요한 거 있으세요?
A : 이것이 다입니다. 다 합해서 얼마예요?
B : 다 합해서 7 유로 30상팀입니다.

단어

1 une baguette : 바게트빵
 un pain au chocolat : 초콜릿빵
 un croissant : 크루아상
 autre : 다른
 une chose : 것, 물건

2 avec : ~ 와 함께
 ceci : 이것

Leçon 11 ▸▸ Marché 시장

4

A : Bonjour, madame, vous désirez ?
봉쥬흐, 마담, 부 데지헤 ?

B : Oui, je voudrais un kilo de pommes, s'il vous plaît.
위, 쥬 부드헤 엉 킬로 드 뽐, 씰 부 쁠레.

A : Voilà, madame. Et avec ceci ?
부알라, 마담. 에 아벡 쓰씨 ?

B : Je vais prendre aussi 100 grammes de fraises,
쥬 베 프헝드 호씨 썽 그함 드 프헤즈,

s'il vous plaît.
씰 부 쁠레.

A : 안녕하세요, 주문하시겠어요?
B : 네, 사과 1킬로 주세요.
A : 여기 있습니다. 더 필요한 것 있으세요?
B : 딸기 100그램 주세요.

5

A : Bonjour, je voudrais 5 carottes et 200 grammes
봉쥬흐, 쥬 부드헤 쌍끄 까홋 에 드썽 그함

de pommes de terre, s'il vous plaît.
드 뽐 드 떼흐, 씰 부 쁠레.

B : Alors, ça fait 3 euros 50, s'il vous plaît.
알로흐, 싸 페 트호아 쥐호 쌍껑뜨, 씰 부 쁠레.

A : 안녕하세요, 당근 5개 하고 감자 200그램 주세요.
B : 3유로 50상팀입니다.

6

A : Qu'est-ce qu'il y a au marché du village ?
    께쓰 낄 리 아 오 마흐세 뒤 빌라쥬?

B : Au marché, il y a des légumes, des fruits,
    오 마르셰, 일리아 델 레귐, 데 프휘이,

    du pain, des gâteaux, de la viande, du poisson,
    뒤 빵, 데 가또, 들 라 비앙드, 뒤 뿌아쏭,

    des fruits de mer et du fromage.
    데 프휘이 드 메흐 에 뒤 프호마쥬.

A : Est-ce qu'il y a aussi du yaourt ?
    에쓰 낄 리 아 오씨 뒤 야우흐뜨?

B : Oui, bien sûr, il y a du yaourt. Il y a aussi du lait,
    위, 비앙 쒸흐, 일리아 뒤 야우흐뜨. 일리아 오씨 뒬 레,

    des œufs... Il y a beaucoup de choses au marché.
    데 즈. 일리아 보꾸 드 쇼즈 오 마흐세.

A : 마을의 시장에는 무엇이 있나요?
B : 시장에는 야채, 과일, 빵, 케이크, 고기, 생선, 해산물 그리고 치즈가 있어요.
A : 요구르트도 있나요?
B : 네, 물론이죠. 요구르트 있어요. 우유도 있고 달걀도 있고.
    시장에는 많은 것들이 있어요.

단어

6 **le march** : 시장
   le village : 마을

Leçon

11 ▸▸ Dialogue

A : Bonjour monsieur, je voudrais 3 ananas et un
봉쥬흐 무씨으, 쥬 부드헤 트호아 자나나 에 엉

kilo de fraises, s'il vous plaît.
킬로 드 프헤즈, 씰 부 쁠레.

B : Oh, vous aimez les fraises !
오, 부 제멜 레 프헤즈!

A : C'est pour une fête d'anniversaire.
쎄 뿌흐 윈 펫 다니베흐쎄흐.

B : Ah, d'accord. Et c'est votre anniversaire ?
아, 다꼬흐. 에 쎄 보트 하니베흐쎄흐?

A : Non, c'est l'anniversaire d'un ami. Il va adorer.
농, 쎄 라니베흐쎄흐 더 나미. 일 바 아도헤.

Est-ce que les fraises sont bonnes aujourd'hui ?
에쓰 끌 레 프헤즈 쏭 본 오주흐뒤이?

B : Oui, elles sont délicieuses. Et ça, c'est un cadeau.
위, 엘 쏭 델리씨어즈. 에 싸, 쎄 떵 꺄도.

Ces melons sont très bons aussi.
쎄 믈롱 쏭 트헤 봉 오씨.

A : Oh, merci beaucoup. C'est très gentil.
오, 메흐씨 보꾸. 쎄 트헤 정띠.

A : 안녕하세요. 파인애플 3개하고 딸기 1킬로 주세요.
B : 딸기를 좋아하시나 봐요!
A : 생일 파티를 위한 거예요.
B : 아 그렇군요. 당신 생일인가요?
A : 아니요. 친구 생일이에요. 그가 좋아할 거예요. 오늘 딸기가 맛있나요?
B : 네, 아주 맛있어요. 그리고 이것은 선물이에요. 이 멜론도 아주 맛있어요.
A : 오 감사합니다. 정말 친절하시네요.

Leçon

12 ▸▸ Magasin 상점

1

A : Je peux vous aider ?
쥬 쁘 부 제데?

B : Oui, est-ce que je peux essayer ?
위, 에쓰 끄 쥬 쁘 에쎄이에?

A : 도와드릴까요? (무엇을 도와드릴까요?)
B : 네, 입어봐도 될까요?

2

A : Quelle taille faites-vous ?
껠 따이으 펫 부?

B : Je fais du 36.
쥬 페 뒤 트헝씨쓰.

A : 사이즈가 어떻게 되세요?
B : 36입니다.

3

A : Est-ce que ça va ?
에쓰 끄 싸 바?

B : Non, c'est trop petit.
농, 쎄 트호 쁘띠

A : Ça va mieux ?
싸 바 미으?

B : Oui, c'est beaucoup mieux.
위, 쎄 보꾸 미으.

A : 괜찮으세요?
B : 아니요. 너무 작아요.
A : 더 나은가요?
B : 네, 훨씬 낫네요.

Leçon

12 ▸▸ Magasin 상점

4

A : Excusez-moi, est-ce que je peux essayer ?
엑스뀌제 모아, 에스 끄 쥬 쁘 에쎄이에 ?

B : Oui, bien sûr. Qu'est-ce que vous voulez essayer ?
위, 비앙 쒸흐. 께스 끄 부 불레 에쎄이에 ?

Des colliers ? Des bagues ?
데 꼴리에 ? 데 바규 ?

A : Je voudrais essayer ce bracelet, s'il vous plaît.
쥬 부드헤 에쎄이에 쓰 브하쓸레, 씰 부 쁠레.

B : Tenez.
뜨네.

A : Merci.
메흐씨

B : Ça vous va bien. C'est très joli.
싸 부 바 비앙. 쎄 트헤 졸리.

A : Oui, c'est vrai. Ce bracelet est vraiment magnifique.
위, 쎄 브헤. 쓰 브하쓸레 에 브헤멍 마니픽.

> **A** : 죄송합니다, 해봐도 될까요?
> **B** : 네, 물론이죠. 무엇을 해보고 싶으세요? 목걸이요? 반지요?
> **A** : 이 팔찌를 해보고 싶습니다.
> **B** : 여기요.
> **A** : 감사합니다.
> **B** : 잘 어울리네요. 아주 예뻐요.
> **A** : 네, 맞아요. 이 팔찌는 정말 아름답네요.

5

A : J'aime beaucoup ton collier.
젬 보꾸 똥 꼴리에

B : Merci, c'est un cadeau d'anniversaire de Marc.
메흐씨, 쎄 떵 꺄도 다니베흐쎄흐 드 마흐끄.

> **A** : 네 목걸이 너무 예쁘다.
> **B** : 고마워, 마크의 생일 선물이야.

6

A : Combien coûte ce collier ?
꽁비앙 꿋 쓰 꼴리에?

B : Il coûte 150 euros, monsieur.
일 꿋 썽쌍껑뜨 워호, 무씨으.

A : Est-ce que je peux regarder ?
에쓰 끄 쥬 쁘 흐갸흐데?

B : Oui, bien sûr. Tenez. C'est un collier en or.
위, 비앙 쒸흐. 뜨네. 쎄 떵 꼴리에 어 노흐.

A : Je peux payer par carte bleue ?
쥬 쁘 뻬이에 빠흐 꺄흐뜨 블르?

B : Oui, vous pouvez payer par carte bleue, par
위, 부 뿌베 뻬이에 빠흐 꺄흐뜨 블르, 빠흐

chèque ou en espèce.
셱 꾸 어 네쓰뻬쓰.

A : 이 목걸이 얼마예요?
B : 150유로입니다. 손님.
A : 봐도 될까요?
B : 네, 물론이죠. 여기 있습니다. 금목걸이입니다.
A : 신용카드로 내도 됩니까?
B : 네, 신용카드, 수표, 현금으로 지불하실 수 있습니다.

단어

1 aider : 도와주다 (help 동사)
essayer : 입어보다, 신어보다, 시도해보다 (try 동사)

3 trop : 너무
mieux : 더 나은

6 regarder : 보다, 살펴보다
payer : 값을 내다, 지불하다

Leçon

12 ▸▸ Dialogue

A : Excusez-moi.
엑쓰뀌제 모아.

B : Oui, madame, je peux vous aider ?
위 마담, 쥬 쁘 부 제데?

A : Oui, je voudrais essayer le manteau noir, s'il vous plaît.
위, 쥬 부드헤 에쎄이엘 르 멍또 누아흐, 씰 부 쁠레.

B : Alors, quelle taille faites-vous ?
알로흐, 껠 따이으 펫 부?

A : Je fais du 40.
쥬 페 뒤 꺄헝뜨.

B : Tenez madame, ça vous va bien.
뜨네 마담, 싸 부 바 비앙.

A : Ça me va bien ? Est-ce que je peux essayer aussi un manteau rouge ?
싸 므 바 비앙? 에쓰 끄 쥬 쁘 에쎄이에 오씨 엉 멍또 후쥬?

B : Nous n'avons pas de manteau rouge. Je suis désolé.
누 나벙 빠 드 멍또 후쥬. 쥬 쒸이 데졸레.

Mais nous avons des manteaux blancs. Vous voulez essayer ?
메 누 자벙 데 멍또 블렁. 부 불레 에쎄이에?

A : Oui, je veux bien. Merci.
위, 쥬 브 비앙. 메흐씨.

A : 죄송합니다.
B : 네, 손님, 무엇을 도와드릴까요?
A : 저 검정색 코트를 입어보고 싶습니다.
B : 사이즈가 어떻게 되십니까?
A : 40입니다.
B : 여기 있습니다. 잘 어울리네요.
A : 잘 어울리나요? 빨간색 코트도 입어봐도 될까요?
B : 빨간색 코트는 없습니다. 죄송합니다. 하지만 하얀색 코트는 있습니다. 입어보시겠어요?
A : 네, 좋습니다. 감사합니다.

Leçon 13 ▸▸ Bonne journée ! 좋은 하루!

1

A : Allô ? André ? Vous allez bien ?

B : Oui, ça va bien, merci. Et vous ?

A : Je vais bien aussi. Alors, vous êtes où ?

B : Je suis au bureau. Je travaille. Et vous ? Où est-ce que vous êtes ?

A : Moi aussi, je suis au bureau et je travaille.

> **A** : 여보세요? 앙드레? 잘 지내셨어요?
> **B** : 네, 잘 지냈어요. 고맙습니다. 당신은요?
> **A** : 저도 잘 지냈어요. 어디세요?
> **B** : 사무실에 있어요. 일하고 있지요. 당신은요? 어디세요?
> **A** : 저도 사무실에 있어요. 일하고 있어요.

2

A : Où est Nicolas ?

B : Il est à l'école.

A : Il travaille bien à l'école ?

B : Oui, il travaille bien et il a beaucoup d'amis aussi.

A : Ses amis sont sympas ?

B : Oui, ils sont adorables. Ils jouent souvent ensemble.

A : Il a beaucoup de devoirs à l'école ?

B : Oui, il a beaucoup de devoirs à l'école.

> **A** : 니콜라 어디 있어요?
> **B** : 학교에 있어요.
> **A** : 학교에서 공부 잘 하나요?
> **B** : 네, 공부도 잘 하고 친구들도 많아요.
> **A** : 친구들이 좋은가요?
> **B** : 네, 너무 사랑스러워요. 자주 같이 놀아요.
> **A** : 학교에 숙제가 많나요?
> **B** : 네, 숙제가 많아요.

Leçon

13 ▸▸ Bonne journée ! 좋은 하루!

3

A : Quel âge avez-vous ?

B : J'ai 36 ans.

A : Quel âge a votre mari ?

B : Il a 37 ans.

A : Est-ce que vous avez des enfants ?

B : Oui, j'ai 2 enfants.

A : Quel âge ont-ils ?

B : Ma fille a 7 ans et mon fils a 5 ans.

A : 당신은 몇 살이세요?
B : 36살입니다.
A : 당신 남편은 몇 살이에요?
B : 37살이에요.
A : 아이 있으신가요?
B : 네, 아이가 둘 있어요.
A : 그들은 몇 살입니까?
B : 제 딸은 7살이고 제 아들은 5살입니다.

단어

1 allô : 여보세요.
le bureau : 사무실, 책상

2 adorable : 귀여운, 사랑스러운
jouer : 놀다 (play)
souvent : 자주
ensemble : 함께
un devoir : 숙제, 과제

3 quel : 어떤
un âge : 나이
avoir : 가지다
un an : 년, 해, 살

4

A : Qu'est-ce que vous faites le matin ?

B : Le matin, je prends une douche et je lis le journal.

A : Est-ce que vous prenez le petit déjeuner ?

B : Non, je ne prends pas le petit déjeuner. Je prends un café.

A : Pourquoi vous ne prenez pas le petit déjeuner ?

B : Je ne prends pas le petit déjeuner parce que je n'ai pas faim le matin.

A : 아침에 무엇을 하시나요?
B : 아침에는 씻고 신문을 봐요.
A : 아침 식사를 하세요?
B : 아니요, 아침을 먹지 않아요. 커피 한 잔 마셔요.
A : 왜 아침 식사를 안 하세요?
B : 아침에는 배가 고프지 않기 때문에 안 먹어요.

5

A : On déjeune ensemble ?

B : Oui, qu'est-ce que tu veux manger ?

A : Je ne sais pas. Et toi, qu'est-ce que tu veux manger ?

B : On va au restaurant chinois ?

A : D'accord. On y va.

A : 점심 식사 같이 할까?
B : 그래, 뭐 먹고 싶어?
A : 모르겠어(글쎄). 너는 뭐 먹고 싶어?
B : 중국 식당에 갈까?
A : 그래, 가자.

Leçon 13 ▸▸ Bonne journée ! 좋은 하루!

6

A : Est-ce que tu as un stylo rouge, s'il te plaît ?

B : Oui, j'ai un stylo rouge. Tiens !

A : Merci.

B : De rien.

A : Est-ce que tu as un stylo vert, s'il te plaît ?

B : Je suis désolé. Je n'ai pas de stylo vert.

A : Ce n'est pas grave.

> A : 빨간색 볼펜 있니?
> B : 응, 빨간색 볼펜 있어. 자!
> A : 고마워.
> B : 천만에.
> A : 초록색 볼펜 있니?
> B : 미안해. 초록색 볼펜은 없어.
> A : 괜찮아.

단어

4 lire : 읽다
le journal : 신문
avoir faim : 배고프다

5 manger : 먹다
Je ne sais pas : 모른다, 글쎄
(savoir 알다 동사 참고)
on y va : 갑시다 (let's go)

Leçon 13 ▸▸ Dialogue

A : Salut, Jean-Michel, tu vas bien ?
B : Oui, je vais bien, merci. Et vous, monsieur ?
A : Je vais très bien, merci. Et tes parents, ils vont bien aussi ?
B : Oui, mes parents vont bien. Mon père est au travail et ma mère est à la maison.
A : Et ton grand frère, comment va-t-il ?
B : Comme ci comme ça. Il travaille trop et il est très fatigué.
A : Et ta petite sœur ?
B : Elle va bien. Elle est contente parce que c'est son anniversaire aujourd'hui.
A : Elle a quel âge maintenant ?
B : Elle a 9 ans. C'est une grande fille maintenant.
A : Elle travaille bien à l'école ?
B : Oui, elle travaille bien. Elle est très sérieuse.
A : Où est-ce que tu vas là ?
B : Là, je vais à l'université. J'ai un cours de français.
A : D'accord. Allez. Bonne journée, Jean-Michel.
B : Merci, vous aussi. Bonne journée, monsieur.

```
A : 안녕, 장미셸, 잘 지내니?
B : 네, 잘 지내요, 고맙습니다. 아저씨는요?
A : 나도 잘 지낸다, 고맙다. 부모님은 잘 지내시지?
B : 네, 저희 부모님 잘 지내세요. 저희 아버지는 일터에 계시고 어머니는 집에 계세요.
A : 너희 형은 어떻게 지내?
B : 그럭저럭요. 일을 너무 많이 해서 많이 피곤해해요.
A : 너희 여동생은?
B : 잘 지내요. 오늘이 생일이라서 좋아해요.
A : 이제 몇 살이지?
B : 9살이요. 이제 큰 소녀에요.
A : 학교에서 공부 잘하니?
B : 네, 공부 잘해요. 아주 성실해요.
A : 너는 지금 어디 가니?
B : 지금 대학교에 가는 거예요. 프랑스어 수업이 있어요.
A : 그렇구나. 그럼, 좋은 하루 보내렴, 장미셸.
B : 감사합니다. 아저씨도요. 좋은 하루 되세요.
```

Leçon 14 ▸▸ Bonne soirée ! 좋은 저녁!

1

A : Ce soir, on dîne au restaurant italien.

B : Pourquoi tu veux dîner au restaurant italien ?

A : Parce que je ne veux pas faire la cuisine.

A : 오늘 저녁은 이탈리아 레스토랑에서 저녁 식사해.
B : 왜 이탈리아 레스토랑에서 저녁 식사하고 싶은데?
A : 왜냐하면 요리하기 싫으니까.

2

A : Qu'est-ce que tu fais ce soir ?

B : Ce soir, je vais dîner avec mes parents. Ensuite, on va aller au cinéma.

A : Ils vont bien tes parents ?

B : Oui, ils vont bien. Mais, ils sont un peu fatigués parce qu'ils travaillent trop.

A : Ils travaillent beaucoup ?

B : Oui, ils travaillent tous les jours du matin au soir.

A : 너 오늘 저녁에 뭐 할 거니?
B : 오늘 저녁에는 부모님이랑 저녁 먹을 거야. 그 다음에 영화관에 갈 거야.
A : 너희 부모님 잘 지내셔?
B : 응, 잘 지내셔. 그런데 일을 너무 많이 하셔서 조금 피곤해하셔.
A : 일 많이 하셔?
B : 응, 매일 아침부터 저녁까지 일하셔.

3

A : Oh, il y a beaucoup de monde ce soir.

B : C'est normal. C'est Noël aujourd'hui.

A : Les rues et les magasins sont magnifiques. Et, tout le monde est heureux.

B : Oui, et nous, on est dans la voiture.

A : Oui, il y a trop de voitures.

B : On va arriver bientôt ?

A : Oui, on va arriver bientôt.

B : Ce soir, on va passer une bonne soirée.

A : Oh oui, ça va être bien.

A : 오, 오늘 저녁 사람이 많네.
B : 그럼, 당연하지. 오늘이 크리스마스잖아.
A : 거리하고 가게들이 아름답다. 그리고 모두들 행복해해.
B : 응, 그리고 우리는 차 안에 있어.
A : 맞아, 차가 너무 많아.
B : 곧 도착해?
A : 응, 곧 도착할 거야.
B : 오늘 저녁에 좋은 저녁을 보낼 거야.
A : 오 그럼, 좋을 거야.

단어

1 le soir : 저녁
ce soir : 오늘 저녁
faire la cuisine : 요리하다

2 avec : ~와 함께
ensuite : 그리고, 그 다음에
mais : 그러나, 그런데
un peu : 조금
fatigué : 피로한
le matin : 아침

3 le monde : 사람들, 많은 사람들, 세계
normal : 정상, 당연
Noël : 크리스마스
la rue : 길
heureux : 행복한
dans ~ : ~ 안에 (in)
arriver : 도착하다(1군 동사)
bientôt : 곧
passer : 보내다(1군 동사)
la soirée : 저녁, 밤

Leçon 14 ▸▸ Bonne soirée ! 좋은 저녁!

4

A : Bonsoir. Comment allez-vous ce soir?

B : Bonsoir, je vais très bien, merci. Je suis très heureuse d'être ici ce soir.

A : Moi aussi, c'est une très belle soirée, n'est-ce pas ?

B : Oui, vous avez raison. Je m'appelle Nathalie. Je suis ravie de vous rencontrer.

A : Moi aussi, je suis très heureux de vous rencontrer. Je m'appelle Christophe.

> **A** : 좋은 저녁입니다. 오늘 저녁 어떠세요?
> **B** : 안녕하세요. 아주 좋아요, 감사합니다. 이 밤에 여기 있어서 너무 행복해요.
> **A** : 저도요. 아주 아름다운 저녁이네요, 그렇죠?
> **B** : 네, 맞아요. 저는 나탈리라고 합니다. 만나서 기쁩니다.
> **A** : 저도 만나게 되어서 행복합니다. 크리스토프라고 합니다.

5

A : Vous n'êtes pas fatigué, monsieur Martin ?

B : Non, je ne suis pas fatigué. Et vous, madame Lemaire, vous n'êtes pas fatiguée ?

A : Si, je suis fatiguée.

> **A** : 마르탱 씨 피곤하지 않으세요?
> **B** : 네, 안 피곤해요. 당신은요, 르메르 부인, 안 피곤하세요?
> **A** : 아니요, 피곤해요.

6

A : Comment vas-tu ? Ça va ?

B : Oui, ça va très bien, merci. Alors, voici Sophie. C'est une très bonne amie et elle travaille avec moi.

A : Je suis ravi de vous rencontrer Sophie.

B : Et, je te présente aussi mon petit ami Jean-Michel.

A : Ravi de vous rencontrer.

Passez une très bonne soirée ! A tout à l'heure.

B : Merci. Bonne soirée vous aussi ! A tout à l'heure.

A : 어떻게 지냈어? 괜찮아?
B : 응, 아주 잘 지내, 고마워. 아, 여기는 소피야. 아주 좋은 친구야. 그리고 나하고 같이 일해.
A : 만나서 기쁩니다, 소피 씨.
B : 내 남자 친구 장미셸도 소개할게.
A : 만나서 기쁩니다. 좋은 저녁 보내세요! 잠시 후에 봐요.
B : 감사합니다. 당신도 좋은 저녁 보내세요! 잠시 후에 봐요.

단어

4 ici : 여기, 이곳
belle : 아름다운 (beau의 여성형)

6 tout à l'heure : 잠시 후
à tout à l'heure ! : 잠시 후에 봐요.

Leçon 14 ▸▸ Dialogue

A : Je suis fatigué. Je vais rentrer et je vais me reposer.

B : Moi aussi je suis trop fatigué. Je vais dormir tôt ce soir.

A : Tu te lève tôt demain matin ?

B : Oui, je me lève tôt. J'ai un cours de français le matin. Et toi ?

A : Moi, je me lève tard. Je n'ai pas de cours demain matin.

B : Tu as de la chance. Moi, j'ai trop de cours et trop de devoirs à l'université.

A : C'est bien d'avoir beaucoup de cours et beaucoup de devoirs.

B : Oui, mais c'est bien aussi de dormir de temps en temps.

A : C'est vrai. Allez, rentre bien et bon courage.

B : Merci, toi aussi, bon courage. A bientôt.

A : 피곤하다. 집에 들어가서 쉴래.
B : 나도 피곤해. 오늘 저녁은 일찍 잘래.
A : 내일 아침 일찍 일어나?
B : 응, 일찍 일어나. 아침에 프랑스어 수업이 있어. 너는?
A : 나는 늦게 일어나. 내일 아침 수업이 없어.
B : 좋겠다. 나는 학교에 수업하고 과제가 너무 많아.
A : 수업하고 과제가 많은 게 좋은 거야.
B : 응, 그런데 가끔씩 잠을 자는 것도 좋아.
A : 맞아. 자, 잘 들어가고 내일 힘내.
B : 고마워. 너도, 힘내. 다음에 보자.

Leçon 15

Bon week-end ! 좋은 주말

1

A : Aujourd'hui c'est vendredi. Alors, je suis content.
B : Qu'est-ce que tu fais ce week-end ?
A : Je ne sais pas. Et toi ?
B : Je vais aller au cinéma. Est-ce que tu veux venir avec moi ?

> **A** : 오늘은 금요일이야. 그래서 난 좋다.
> **B** : 이번 주말에 뭐해?
> **A** : 모르겠어. 너는?
> **B** : 나는 영화관에 갈 거야. 영화관에 같이 갈래?

2

A : Je travaille du lundi au vendredi. Et le samedi, je me repose et je fais du sport.
B : Et le dimanche ? Qu'est-ce que vous faites le dimanche ?
A : Le dimanche, je vais à l'église.

> **A** : 월요일부터 금요일까지 일합니다. 토요일은 쉬고 운동을 합니다.
> **B** : 일요일은요? 일요일에는 무엇을 하십니까?
> **A** : 일요일에는 교회에 갑니다.

3

A : Tu viens à la soirée de Marc ce soir ?
B : Non, je ne peux pas venir.
A : Pourquoi tu ne peux pas venir ?
B : Je dois travailler. J'ai trop de devoirs ce week-end.
A : Oh non, tu dois venir. Tu peux faire tes devoirs dimanche.

Leçon 15

Bon week-end ! 좋은 주말

B : Je suis désolé. Je ne peux pas venir parce que j'ai vraiment beaucoup de devoirs.

A : Bon, dans ce cas, je ne vais pas à la soirée si tu ne viens pas.

B : Non Fred, je ne vais pas venir. Je voudrais bien venir mais je ne peux pas. Passe une bonne soirée avec les autres. D'accord ?

A : Bon, dans ce cas, tant pis. C'est dommage.

A : 오늘 저녁 마크의 파티에 올래?
B : 아니, 갈 수가 없어.
A : 왜 못 가는데?
B : 공부해야 돼. 이번 주말에 숙제가 너무 많아.
A : 안 돼, 너 와야 돼. 숙제는 일요일에 하면 되잖아.
B : 미안하다. 숙제가 진짜 많아서 갈 수가 없어.
A : 그렇다면, 네가 파티에 안 오면 나도 안 갈 거야.
B : 프레드 안 돼, 난 안 갈 거야. 가고는 싶지만 그럴 수 없어.
다른 애들이랑 좋은 저녁 보내. 알았지?
A : 그럼 할 수 없지 뭐. 아쉽네.

단어

1 **alors** : 그래서 (so)
content : 기쁜
ce week-end : 이번 주말
Je ne sais pas. : 모른다. (savoir 동사 참고)

2 **du lundi au vendredi** :
월요일부터 금요일까지(de ~ à ~ : ~부터 ~까지)
faire du sport : 운동을 하다
le sport : 운동, 스포츠
l'église : 교회, 성당

3 **la soirée** : 저녁, 저녁 파티
dans ce cas : 그렇다면, 이런 경우에는
le cas : 경우, 케이스
si : 만약 (접속사로 쓰일 때)
autre : 다른
les autres : 다른 사람들
tant pis : 할 수 없지
C'est dommage. : 안타깝다, 아쉽다

4

A : Vous venez d'où ?

B : Je viens de la Corée.

A : Vous venez de la Corée du Sud ou de la Corée du Nord ?

B : Je viens de la Corée du Sud.

> **A** : 어디서 오셨어요?
> **B** : 한국에서 왔어요.
> **A** : 남한에서 오셨어요, 북한에서 오셨어요?
> **B** : 남한에서 왔어요.

5

A : Qu'est-ce que tu fais ce week-end ?

B : Ce week-end, je ne fais rien.

A : Rien ?

B : Rien.

A : Tu sais jouer au foot ?

B : Non, je ne joue jamais au foot.

A : Jamais ?

B : Jamais.

> **A** : 이번 주말에 뭐 해?
> **B** : 이번 주말에 아무것도 안 해.
> **A** : 아무것도?
> **B** : 아무것도.
>
> **A** : 축구할 줄 알아?
> **B** : 아니, 축구는 결코 안 해.
> **A** : 결코?
> **B** : 결코.

6

A : Qu'est-ce que tu fais demain ?

B : Demain j'ai rendez-vous avec Sylvie. On va à une exposition sur l'Egypte.

A : Et samedi ?

B : Je vais sortir avec mes amis. Tu veux venir avec nous ?

A : Où est-ce que vous allez ?

B : On va aller en boîte.

Leçon 15 ›› Bon week-end ! 좋은 주말

A : Je vais aller aux grands magasins et je vais faire du shopping.
B : Ah oui ? Quand est-ce que tu vas aux grands magasins ? Samedi ou dimanche ?
A : Dimanche après-midi. Tu peux venir si tu veux.
B : D'accord. On se voit chez toi ?
A : Ça marche. On se voit chez moi.
B : Alors, à dimanche.

A : 내일 뭐 해?
B : 내일 실비랑 약속이 있어. 이집트에 관한 전시회에 갈 거야.
A : 토요일은?
B : 친구들이랑 외출할 거야. 우리랑 같이 갈래?
A : 어디로 가는데?
B : 클럽에 갈 거야.
A : 나는 백화점에 가서 쇼핑할 거야.
B : 그래? 백화점 언제 갈 건데? 토요일 아니면 일요일?
A : 일요일 오후에. 오고 싶으면 와도 돼.
B : 그래. 너희 집에서 만날까?
A : 그렇게 하자. 우리 집에서 보자.
B : 그럼, 일요일에 보자.

단어

4 la Corée du Sud : 남한
le sud : 남
la Corée du Nord : 북한
le nord : 북

5 rien : 아무것도
jouer : 놀다, (스포츠를) 하다
le foot : 축구
jouer au foot : 축구하다
jamais : 결코

6 le rendez-vous : 만날 약속
une exposition : 전시회
sur : ~에 관한, ~에
l'Egypte : 이집트
la boîte : 클럽, 디스코텍, 상자
aller en boîte : 디스코텍(클럽)에 가다
le grand magasin : 백화점
aller aux grands magasins : 백화점에 가다
le shopping : 쇼핑
faire du shopping : 쇼핑하다
chez ~ : ~의 집에
Ça marche. : 그러자, 그렇게 하자
(marcher : 걷다, 작동하다)

Leçon 15 ▸▸ Dialogue

A : Qu'est-ce que vous allez faire après le cours, madame Martin ?

B : Après le cours, je vais sortir avec des amis. Tout à l'heure, on doit se voir dans un café.

A : Et vous, qu'est-ce que vous faites après, monsieur Dupont ?

C : Après, je vais rentrer chez moi et je vais me reposer.

A : Et vous, monsieur Garnier ? Vous allez rentrer aussi ?

D : Non, je dois aller au bureau parce que j'ai beaucoup de travail.

A : Alors, mademoiselle Ruquier, où est-ce que vous allez après le cours ?

E : Je ne sais pas. Je voudrais aller au cinéma avec mon petit ami.

A : Et vous, mademoiselle Ardisson, vous allez où après ?

F : Moi, je vais faire du sport. Je vais jouer au tennis.

A : Et vous, madame Dion ? Qu'allez-vous faire ?

G : J'ai rendez-vous avec mon mari. On va faire du shopping.

A : Alors, bonne journée tout le monde. Bon week-end et à lundi !

A : 마르땡 씨, 수업 후에 뭐 하실 겁니까?
B : 수업 후에는 친구들이랑 외출할 것입니다. 잠시 후에 커피숍에서 만나야 합니다.
A : 당신은요? 뒤퐁 씨는 잠시 후에 뭐 하세요?
C : 이따가 집에 들어가서 쉴 거예요.
A : 가르니에 씨는요? 당신도 댁으로 가실 건가요?
D : 아니요. 저는 일이 많아서 사무실에 가야 해요.
A : 뤼키에 씨는 수업 후에 어디로 가시나요?
E : 모르겠어요. 남자 친구랑 영화관에 가고 싶어요.
A : 당신은요, 아르디송 씨, 이따가 어디로 가세요?
F : 저는 운동하러 가요. 테니스 치러 갈 거예요.
A : 디옹 씨는요? 무엇을 하실 건가요?
G : 남편이랑 약속이 있어요. 쇼핑하러 갈 거예요.
A : 그럼, 모두들 좋은 하루 되세요. 좋은 주말 되시고 월요일에 만나요!

Leçon 16 ▸▸ Loisirs 취미

1

A : Quels sont tes loisirs ?

B : J'aime beaucoup le jardinage.

A : Ah bon ? Pourquoi ?

B : Parce que j'adore les fleurs et les plantes.

> A : 취미가 뭐야?
> B : 나는 정원 가꾸기를 좋아해.
> A : 그래? 왜?
> B : 왜냐하면 나는 꽃과 식물들을 너무 좋아하거든.

2

A : Moi, ma passion c'est le sport. Et surtout le football.

B : Vous jouez souvent au football ?

A : Non, je ne joue jamais au foot, mais tous les jours, je regarde le football à la télévision.

> A : 내가 가장 열정적으로 좋아하는 것은 스포츠입니다. 무엇보다 축구를요.
> B : 축구를 자주 하시나요?
> A : 아니요. 축구를 절대로 하지는 않는데 매일 텔레비전으로 축구를 봐요.

3

A : Qu'est-ce que tu fais le week-end ?

B : Le week-end, je fais du sport. Je fais souvent de la randonnée.

A : J'aime bien la randonnée aussi.

B : Et de temps en temps, je fais du roller.

A : C'est difficile, le roller, non ?

B : Non, ce n'est pas difficile. C'est facile. Un jour, on peut aller faire du roller ensemble, si tu veux.

A : Oui, je veux bien mais je n'ai pas de rollers.

B : Tu peux mettre les rollers de ma petite sœur. Quelle taille fais-tu ?

A : Je fais du 37.

B : C'est parfait. Tu vas voir. C'est facile, le roller.

A : 주말에 보통 뭐 해?
B : 주말에는 운동해. 등산을 자주 가.
A : 나도 등산 좋아해.
B : 가끔씩은 인라인 스케이트를 타.
A : 인라인 스케이트 어렵지, 안 그래?
B : 아니, 어렵지 않아. 쉬워. 원한다면 언제 같이 인라인 스케이트 타러 가자.
A : 그래, 좋지. 그런데 나는 인라인 스케이트를 가지고 있지 않아.
B : 내 여동생 인라인 스케이트를 신어도 돼. 사이즈가 어떻게 돼?
A : 37이야.
B : 딱 좋네. 두고 봐. 인라인 스케이트 쉬워.

1 des loisirs : 취미
une fleur : 꽃
une plante : 식물

2 la passion : 열정
surtout : 무엇보다
jouer : 놀다(play)
souvent : 자주
regarder : 보다
à la télévision : 텔레비전으로

3 de temps en temps : 가끔
difficile : 어려운
facile : 쉬운
un jour : 어느 날, 언젠가
mettre : 놓다, 넣다, 신다 (3군 동사)
C'est parfait. : 완벽하다
voir : 보다

Leçon

16 ▸▸ Loisirs 취미

4

A : Attention !

B : Aïe, j'ai mal.

A : Ça va ?

B : Non, ça va pas. J'ai mal.

A : Où est-ce que tu as mal ?

B : J'ai mal aux genoux et à la tête.

A : Viens, on va aller à la pharmacie.

> A : 조심해!
> B : 아, 아파.
> A : 괜찮아?
> B : 아니, 괜찮지 않아. 아파.
> A : 어디가 아파?
> B : 무릎하고 머리가 아파.
> A : 가자. 약국으로 가자.

5

A : Qu'est-ce qu'il y a ? Vous êtes malade ?

B : Oui, je suis malade. J'ai un rhume. J'ai mal à la tête.

> A : 무슨 일이에요? 아프세요?
> B : 네, 아파요. 감기 걸렸어요. 머리가 아파요.

6

A : Quel est votre nom ?

B : Mon nom est Dupont.

A : Et votre prénom ?

B : Mon prénom est Claude.

A : Quelle est votre profession ?

B : Je suis photographe.

A : Quel âge avez-vous ?

B : J'ai 34 ans.

A : Quelles langues parlez-vous ?

B : Je parle coréen, français et anglais.

A : Quels sont vos loisirs ?

B : J'aime beaucoup la lecture.
Je lis souvent des romans français.

A : 성이 무엇입니까?
B : 제 성은 뒤퐁입니다.
A : 당신의 이름은요?
B : 제 이름은 클로드입니다.
A : 당신의 직업은 무엇입니까?
B : 저는 사진작가입니다.
A : 나이가 어떻게 되십니까?
B : 34살입니다.
A : 어떤 언어를 하십니까?
B : 한국어, 프랑스어 그리고 영어를 합니다.
A : 취미가 무엇입니까?
B : 독서를 좋아합니다. 프랑스 소설을 자주 읽습니다.

단어

4 **aïe** : 아야, 아이
(고통을 느낄 때 쓰는 감탄사입니다.)
la pharmacie : 약국

6 **le nom** : 성 (= le nom de famille)
le prénom : 이름
la profession : 직업
la langue : 언어, 혀
lire : 읽다
le roman : 소설책

Leçon 16 ▸▸ Dialogue

A : Qu'est-ce que tu fais en ce moment ?

B : En ce moment, j'apprends le français.

A : Ah bon ? C'est difficile, le français, non ?

B : Mais oui, c'est difficile. Mais toutes les langues sont difficiles.

A : Tu aimes bien les chansons françaises ?

B : Oui, j'adore. J'écoute souvent des chansons françaises. Et toi ?

A : Moi, j'aime bien les films français. Je regarde souvent les films français. Le français est une très belle langue.

B : Et, ce n'est pas une langue trop difficile. Tu veux apprendre le français avec moi ?

A : Avec plaisir, mais, ce n'est pas trop difficile ?

B : Si tu veux apprendre le français, j'ai un très bon livre de français.

A : 요즘 뭐 해?
B : 요즘 프랑스어를 배우고 있어.
A : 그래? 프랑스어 어렵지, 안 그래?
B : 당연하지. 어려워. 하지만 모든 언어는 어려워.
A : 프랑스 노래 좋아해?
B : 응, 프랑스 노래 아주 좋아해. 프랑스 노래 자주 들어. 너는?
A : 나는 프랑스 영화를 아주 좋아해. 프랑스 영화 자주 봐. 프랑스어는 아름다운 언어야.
B : 그리고 아주 어려운 언어는 아니야. 나랑 같이 프랑스어 배워 볼래?
A : 좋지, 그런데 진짜 어렵지 않아?
B : 프랑스어 배우고 싶으면 나한테 아주 좋은 프랑스어 책이 있어.

Leçon 17 ▸▸ Vacances 휴가

1

A : C'est les vacances !

B : Oui, et c'est triste.

A : Ah bon ? Pourquoi ?

B : Parce que je ne pars pas en vacances.

A : Tu ne vas pas partir en vacances ?

B : Non, je ne peux pas partir en vacances. Je suis triste.

> A : 방학이다!
> B : 응, 그런데 슬프다.
> A : 그래? 왜?
> B : 왜냐하면 휴가를 떠나지 않거든.
> A : 휴가 떠나지 않을 거야?
> B : 응, 떠날 수가 없어. 슬프다.

2

A : Vous êtes en vacances ?

B : Non, je ne suis pas en vacances. Je suis en voyage d'affaires. Et vous ?

A : Moi, j'habite ici.

B : Oh, vous avez de la chance.

A : Oui, c'est vrai. Mais vous aussi, vous avez de la chance.

> A : 휴가 중이신가요?
> B : 아니요. 휴가 중이 아니에요. 출장 중입니다. 당신은요?
> A : 저는 여기서 삽니다.
> B : 오, 좋으시겠네요.
> A : 네, 맞아요. 하지만 당신도 좋으시겠습니다.

Leçon 17 ▸▸ Vacances 휴가

3

A : Est-ce que vous partez en vacances cet été ?

B : Oui, je pars en vacances cet été. Je vais aller en Espagne à Barcelone.

A : Barcelone est une ville magnifique.

B : Oui, moi aussi, j'aime beaucoup cette ville. Et vous ? Où est-ce que vous partez ?

A : Moi, je vais partir en Italie. Ma famille habite à Rome.

B : Vous avez de la chance.

A : Oui, mais je pars en Italie tous les ans.

B : Quels pays voulez-vous visiter, par exemple ?

A : Euh. Je voudrais partir en Egypte, en Grèce ou au Canada.

A : 이번 여름에 휴가를 떠나시나요?
B : 네, 이번 여름에 휴가를 떠날 겁니다. 스페인 바르셀로나로 갈 겁니다.
A : 바르셀로나는 아주 아름다운 도시예요.
B : 네, 저도 그 도시를 아주 좋아합니다. 당신은요 ? 어디로 떠나세요?
A : 저는 이탈리아로 떠날 겁니다. 나의 가족이 로마에 삽니다.
B : 좋으시겠어요.
A : 네, 하지만 저는 매년 이탈리아로 떠나요.
B : 어떤 나라를 방문하고 싶으세요?
A : 음. 이집트, 그리스 아니면 캐나다에 가고 싶어요.

단어

2 le voyage d'affaires : 출장
les affaires : 비즈니스
vrai : 옳은 (↔ faux : 틀린)

3 l'Egypte : 이집트
la Grèce : 그리스
le Canada : 캐나다
ou : 또는

4

A : On y va ? On va à la plage ?
B : Une minute, s'il te plaît. Je cherche la serviette de plage.
A : La serviette est dans l'armoire.
B : Mais, où est mon maillot de bain ?
A : Il est dans ton sac.
B : Et … où est mon sac ?

> **A** : 출발할까? 바닷가에 갈까?
> **B** : 잠시만, 비치타월을 찾고 있어.
> **A** : 타월은 장롱 안에 있어.
> **B** : 그런데, 내 수영복은 어디 있어?
> **A** : 네 가방 안에 있어.
> **B** : 그리고 … 내 가방은 어디 있지?

5

A : Je ne peux plus continuer. Je suis trop fatigué. Continuez sans moi.
B : Non, on ne continue pas sans toi. Tu dois venir avec nous. Courage !
A : Je ne veux plus continuer. Cette montagne est trop haute pour moi.
B : Non, elle n'est pas trop haute. Regarde, on va arriver bientôt.

> **A** : 계속할 수가 없어. 너무 힘들어. 나 없이 계속해.
> **B** : 안 돼, 우리는 너 없이 가지 않을 거야. 우리랑 같이 가야 해. 힘내!
> **A** : 더 이상 계속하고 싶지 않아. 이 산은 나에게 너무 높아.
> **B** : 아니야, 너무 높지 않아. 봐, 곧 도착할 거야.

6

A : Est-ce qu'il y a des montagnes en Corée ?
B : Oui, bien sûr. Il y a beaucoup de montagnes en Corée.
A : Est-ce que vous faites du sport d'hiver en Corée ?
B : Oui, beaucoup de coréens font du ski et du patinage. On aime beaucoup partir en vacances à la montagne.

Leçon 17 ▸▸ Vacances 휴가

A : Vous connaissez une bonne station de ski ?
B : En Corée, j'aime bien la station de Yong Pyoung.
A : Vous savez faire du ski ?
B : Oui, et je fais du snowboard aussi.
A : En France, il y a beaucoup de stations de ski dans les Alpes.
B : Je connais Tignes et Courchevel.
A : Oui, ces stations sont très grandes et magnifiques.
B : Je voudrais partir en France pour faire du ski dans les Alpes.

A : 한국에 산이 있나요?
B : 네, 물론이지요. 한국에는 산이 많이 있어요.
A : 한국에서 겨울 스포츠를 하나요?
B : 네, 많은 한국 사람들이 스키와 스케이트를 탑니다. 산으로 휴가가는 것을 아주 좋아해요.
A : 좋은 스키장을 아시나요?
B : 한국에서는 용평스키장을 좋아합니다.
A : 스키탈 줄 아세요?
B : 네, 그리고 스노보드도 타요.
A : 프랑스에는 알프스에 많은 스키장이 있습니다.
B : 티뉴하고 쿠쉐빌을 알아요.
A : 네, 그 스키장들은 아주 크고 아름답습니다.
B : 알프스에서 스키타기 위해 프랑스에 가고 싶네요.

4
la plage : 바닷가
chercher : 찾다(1군 동사)
la serviette : 수건, 타월
la serviette de plage : 비치타월
l'armoire : 장롱, 옷장
le maillot de bain : 수영복

5
continuer : 계속하다(1군 동사)
sans ~ : ~ 없이
Courage! : 힘내!
la montagne : 산
haut : 높은

pour : ~ 를 위해
arriver : 도착하다(1군 동사)

6
sport d'hiver : 겨울 스포츠
le ski : 스키
le patinage : 스케이트
station de ski : 스키장
faire du ski : 스키타다
le snowboard : 스노보드
faire du snowboard : 스노보드를 타다
les Aples : 알프스
dans les Alpes : 알프스 산에서

Leçon 17 ▸▸ Dialogue

A : Qu'est-ce que tu aimes faire au printemps ?

B : Au printemps, j'aime bien me promener.

A : Et en été ?

B : En été, je pars en vacances à la mer.

A : Et qu'est-ce que tu fais en automne ?

B : En automne, je reste souvent chez moi pour lire et écouter de la musique.

A : Et en hiver ?

B : En hiver, je pars à la montagne.

A : En France, on peut faire du ski en été.

B : C'est vrai ? C'est génial !

A : Où voudrais-tu partir pour les prochaines vacances ?

B : Pour les prochaines vacances, je voudrais partir sur une île.

<small>
A : 봄에 무엇을 하는 것을 좋아해?
B : 봄에는 산책하는 것을 좋아해.
A : 여름에는?
B : 여름에는 바다로 휴가를 가.
A : 가을에는 무얼 하니?
B : 가을에는 책도 읽고 음악도 듣기 위해 집에 자주 있어.
A : 겨울에는?
B : 겨울에는 산으로 떠나.
A : 프랑스에서는 여름에 스키를 타기도 해.
B : 정말? 너무 좋아 !
A : 다음 휴가 때 어디로 떠나고 싶어?
B : 다음 휴가 때는 섬으로 떠나고 싶어.
</small>

Leçon 18 ▸▸ L'heure et le temps 시간과 날씨

1

A : Quelle heure est-il ?

B : Il est 7 heures.

A : Oh, je suis en retard.

B : Non, ça va. Vous n'êtes pas en retard.

> **A** : 몇 시입니까?
> **B** : 7시입니다.
> **A** : 오, 늦었네요.
> **B** : 아니에요, 괜찮아요. 늦지 않았어요.

2

A : Excusez-moi. Est-ce que vous avez l'heure, s'il vous plaît?

B : Oui, bien sûr. Alors, il est 4 heures 20.

A : Merci, monsieur.

B : Je vous en prie.

> **A** : 죄송합니다. 지금 몇 시죠?
> **B** : 네, 물론이죠. 4시 20분입니다.
> **A** : 감사합니다.
> **B** : 천만에요.

3

A : Tu veux aller voir le film de Luc Besson ?

B : Comment s'appelle le film ?

A : Il s'appelle Banlieue 13. Tu connais ?

B : Oui, je connais. Moi aussi, je voudrais voir ce film.

A : Est-ce que tu es libre vendredi soir ?

B : Non, je ne peux pas vendredi parce que je dois travailler. On peut se voir dimanche soir, si tu veux.

A : Oui, d'accord.

B : On se voit à quelle heure ?

A : Je ne sais pas. A quelle heure tu peux venir ?

B : On peut se voir à 7 heures devant le cinéma.

A : D'accord. On se voir à 7 heures devant le cinéma.

B : Alors, à dimanche !

A : A dimanche !

> **A** : 뤽 베송의 영화 보러 갈래?
> **B** : 영화 제목이 뭐야?
> **A** : '13구역'이라고 해. 아니?
> **B** : 응, 알아. 나도 그 영화 보고 싶어.
> **A** : 금요일 저녁에 시간 괜찮아?
> **B** : 아니, 금요일은 일을 해야 하기 때문에 안 돼. 원한다면 일요일 저녁에 볼 수 있어.
> **A** : 그래. 그렇게 하자.
> **B** : 몇 시에 만날까?
> **A** : 글쎄. 몇 시에 올 수 있어?
> **B** : 7시에 영화관 앞에서 만날 수 있겠다.
> **A** : 그래. 7시에 영화관 앞에서 보자.
> **B** : 그럼, 일요일에 봐!
> **A** : 일요일에 보자!

2 une heure : 시간
la retard : 지각, 늦음

3 la banlieue : 교외, 시외
devant : ~ 앞에

Leçon 18 ›› L'heure et le temps 시간과 날씨

4

A : Quel temps fait-il en Corée aujourd'hui ?

B : En Corée, il fait beau. Et en France, quel temps fait-il ?

A : Il fait nuageux et il pleut un peu.

> **A** : 한국은 오늘 날씨가 어때요?
> **B** : 한국은 날씨가 좋아요. 프랑스는 날씨가 어떻습니까?
> **A** : 구름이 꼈어요. 그리고 비가 조금 와요.

5

A : Oh, il ne fait pas beau, aujourd'hui.

B : Oui, il pleut et il fait froid. Vous n'avez pas froid ?

A : Non, ça va. Je n'ai pas trop froid. Et vous, vous n'avez pas froid ?

B : Si, moi, j'ai froid. J'ai très froid.

> **A** : 오, 오늘 날씨가 안 좋네요.
> **B** : 네, 비도 오고 추워요. 안 추우세요?
> **A** : 네, 괜찮아요. 너무 춥지는 않아요. 당신은요? 안 추우세요?
> **B** : 아니요, 저는 추워요. 많이 추워요.

6

A : Pourquoi partez-vous en France ?

B : Je pars en France pour étudier.

A : Qu'est-ce que vous étudiez ?

B : J'étudie la littérature française.

A : Quand est-ce que vous allez partir en France ?

B : Je vais partir en France en janvier ou en février.

A : Et combien de temps vous allez rester en France ?

B : Je vais rester 2 mois à Lyon et 3 mois à Paris.

A : Donc, vous allez revenir en juin ou en juillet ?

B : Oui, je vais revenir en juin ou en juillet.

A : 왜 프랑스에 가시나요?
B : 공부하기 위해서 프랑스로 떠납니다.
A : 무엇을 공부하시나요?
B : 프랑스 문학을 공부합니다.
A : 프랑스로 언제 떠나시나요?
B : 1월이나 2월에 프랑스로 떠날 겁니다.
A : 얼마나 프랑스에 계실 건가요?
B : 리옹에서 2개월 있고 파리에서 3개월 있을 겁니다.
A : 그럼, 6월이나 7월에 돌아오시겠네요?
B : 네, 6월이나 7월에 돌아올 겁니다.

4 le temps : 때, 시간, 날씨
nuageux : 구름이 낀, 흐린
un peu : 조금 ↔ beaucoup : 많이

5 froid : 차가운

6 la littérature : 문학
la littérature française : 프랑스 문학
combien de temps : 얼마나, 얼마 동안
rester : 남아 있다
donc : 그럼, 따라서
revenir : 돌아오다

Leçon 18 ▸▸ **Dialogue**

A : Il est quelle heure en Australie ?

B : Ici, il est 11 heures du soir. Quelle heure est-il en France ?

A : En France, il est 2 heures de l'après-midi.

B : Qu'est-ce que tu fais ?

A : Là, je fais une pause. Et toi ?

B : Moi, je regarde la télé chez moi.

A : Il fait beau en Australie ?

B : Oui, il fait chaud. C'est l'été.

A : En France, c'est l'hiver. Il fait très froid.

B : Quand est-ce que tu vas venir en Australie ?

A : Peut-être, en décembre.

A : 호주는 몇 시야?
B : 여기는 저녁 11시야. 프랑스는 몇 시야?
A : 프랑스는 오후 2시야.
B : 뭐해?
A : 지금은 쉬는 시간이야. 너는?
B : 나는 집에서 텔레비전을 보고 있어.
A : 호주는 날씨가 좋아?
B : 응, 날씨가 더워. 여름이야.
A : 프랑스는 겨울이야. 아주 추워.
B : 호주에 언제 올 거야?
A : 어쩌면 12월에.

Leçon 19 ▸▸ Transport 교통

1

A : Est-ce que tu prends le bus ?

B : Oui, je prends le bus. Et toi ?

A : Moi aussi, je prends le bus. Quel bus prends-tu ?

B : Je prends le bus numéro 1112. Et toi ?

A : Moi, je prends le bus numéro 3467.

> A : 버스를 타니?
> B : 응, 나는 버스를 타. 너는?
> A : 나도 버스를 타. 어떤 버스를 타니?
> B : 1112번 버스를 타. 너는?
> A : 나는 3467번 버스를 타.

2

A : Moi, je ne prends pas la voiture pour aller à l'université.

B : Tu habites près de l'université ?

A : Oui, j'habite à 15 minutes de l'université.

B : Ta maison est à 15 minutes d'ici ? Ça, c'est super.

A : Oui, alors, je prends le vélo. C'est plus sympa, et en plus, c'est bon pour la santé.

> A : 나는 학교에 차를 타고 가지 않아.
> B : 학교에서 가까운 데 사니?
> A : 학교에서 15분 거리에서 살아.
> B : 너희 집이 여기서 15분 거리에 있어? 너무 좋다.
> A : 응, 그래서 자전거를 타. 이게 더 좋아. 게다가 건강에도 좋아.

3

A : Comment vous allez rentrer à l'hôtel ?

B : Je ne sais pas. Est-ce qu'il y a des bus ?

Leçon 19 ·· Transport 교통

A : Non, il n'y a plus de bus. Vous devez prendre le taxi.

B : Où est-ce que je peux prendre le taxi ?

A : Vous pouvez prendre le taxi à côté de la gare. Mais vous pouvez marcher aussi.

B : Je peux marcher jusqu'à l'hôtel ? Ce n'est pas trop loin ?

A : Non, ce n'est pas trop loin. L'hôtel est à 20 minutes d'ici.

B : Alors, je vais marcher un peu.

A : Je peux venir avec vous, si vous voulez. On va faire une petite promenade ensemble.

A : 호텔에 어떻게 돌아가실 건가요?
B : 글쎄요. 버스가 있나요?
A : 아니요, 버스가 더 이상 없어요. 택시를 타셔야 해요.
B : 어디서 택시를 탈 수 있을까요?
A : 역 옆에서 택시를 타셔야 해요. 하지만 걸어가도 돼요.
B : 호텔까지 걸어갈 수 있어요? 너무 멀지 않아요?
A : 네, 너무 멀지는 않아요. 호텔은 여기서 20분 거리에 있어요.
B : 그럼, 조금 걸어야겠네요.
A : 원하신다면 같이 가드릴 수 있어요. 같이 산책 좀 합시다.

단어

1 le bus : 버스
le numéro : 번호

2 super : 너무 좋은 (=génial)
plus : 더욱 (more)
c'est bon pour la santé : 건강에 좋다
la santé : 건강

3 rentrer : 돌아오다
la gare : 역
marcher : 걷다
jusqu'à ~ : ~ 까지
loin : 멀리
faire une promenade : 산책하다

4

A : Bonjour, je voudrais un ticket, s'il vous plaît.

B : Tenez, 1 euro 50, s'il vous plaît.

A : Merci, au revoir, madame.

B : Merci, au revoir.

> A : 안녕하세요, 표 한 장 주십시오.
> B : 여기 있습니다. 1 유로 50상팀입니다.
> A : 감사합니다. 안녕히 계세요.
> B : 감사합니다. 안녕히 계세요.

5

A : Bonjour, où est-ce que vous allez ?

B : Bonjour, je voudrais aller à l'hôtel de la Tour Eiffel, s'il vous plaît.

A : L'hôtel de la Tour Eiffel ? Je ne connais pas cet hôtel. Est-ce que vous avez l'adresse de l'hôtel ?

B : Non, je n'ai pas l'adresse de l'hôtel, mais l'hôtel est à côté de la Tour Eiffel.

A : Alors, on va à la Tour Eiffel ?

B : Oui, s'il vous plaît.

> A : 안녕하세요. 어디로 가십니까?
> B : 안녕하세요. 에펠탑 호텔로 가 주십시오.
> A : 에펠탑 호텔이요? 난 이 호텔을 모르는데요. 호텔 주소 있으세요?
> B : 아니요, 호텔 주소는 없어요. 하지만 그 호텔은 에펠탑 옆에 있어요.
> A : 그럼, 에펠탑으로 갈까요?
> B : 네, 부탁드립니다.

Leçon

19 ▸▸ Transport 교통

6

A : Bonjour, je voudrais un billet pour Paris, s'il vous plaît.

B : Vous voulez un billet aller simple ou un billet aller-retour ?

A : Un billet aller simple, s'il vous plaît.

B : Quand est-ce que vous voulez partir ?

A : Je voudrais partir le 7 janvier.

B : Vous préférez partir le matin ou le soir ?

A : Je préfère le matin, vers 8 heures du matin, s'il vous plaît.

B : Il y a un train à 8 heures 13. Vous voulez prendre ce train ?

A : Oui, c'est parfait.

A : 안녕하세요. 파리로 가는 표 한 장 주세요.
B : 편도표로 드릴까요 아니면 왕복표로 드릴까요?
A : 편도표로 부탁드립니다.
B : 언제 떠나고 싶으세요?
A : 1월 7일에 떠나고 싶습니다.
B : 아침에 떠나는 것을 선호하십니까 아니면 저녁에 떠나는 것을 선호하십니까?
A : 아침이 더 좋습니다. 아침 8시쯤으로 부탁드립니다.
B : 8시 13분에 기차가 있습니다. 이 기차를 타시겠습니까?
A : 네, 딱 좋습니다.

5 la tour Eiffel : 에펠탑
la tour : 탑
l'adresse : 주소

6 un billet pour ~ : ~로 가는 표
un billet aller simple : 편도표
un billet aller-retour : 왕복표

Leçon 19 ▸▸ Dialogue

A : On prend la voiture ?

B : Non, il y a trop de voitures dans le centre ville.

A : Alors, on prend le métro ?

B : Non, on doit marcher jusqu'à la station de métro. C'est trop loin.

A : La station de métro est à 15 minutes d'ici.

B : Oui, mais je ne veux pas marcher. Je suis trop fatigué.

A : Tu ne veux pas marcher et tu ne veux pas prendre la voiture.

B : En plus, il fait froid aujourd'hui.

A : Dans ce cas, on peut prendre le taxi jusqu'à la station de métro, et ensuite, on peut prendre le métro.

B : Non, je ne veux pas prendre le taxi.

A : En fait, tu ne veux pas sortir. Tu veux rester à la maison.

B : Oui, c'est ça. Je préfère rester à la maison. Il fait plus chaud dans la maison. On est bien ici.

A : 차 타고 갈까?
B : 아니, 시내에 차가 너무 많아.
A : 그럼, 지하철을 탈까?
B : 아니, 지하철 역까지 걸어야 해. 너무 멀어.
A : 지하철 역은 여기서 15분 거리에 있어.
B : 응, 그래도 걷기 싫어. 난 너무 피곤해.
A : 걷기도 싫고 차 타기도 싫어하네.
B : 게다가, 오늘 너무 추워.
A : 그렇다면, 지하철 역까지 택시를 타고, 그 다음에는 지하철을 탈 수 있겠네.
B : 싫어, 택시 타고 싶지 않아.
A : 사실은, 너 나가기 싫은 거지. 집에 있고 싶어하는 거지.
B : 응, 바로 그거야. 집에 있는 게 더 좋아. 집안이 더 따뜻해. 여기가 편해.

Leçon 20 ▸▸ Visite 구경

1

A : Bonjour madame, je peux vous aider ?
B : Oui, je voudrais une chambre pour ce soir, s'il vous plaît.
A : Pour combien de nuits ?
B : Pour 2 nuits, s'il vous plaît.
A : Nous avons une chambre avec un grand lit et une grande salle de bain.
B : C'est très bien. Et, combien coûte la chambre par nuit ?
A : La chambre coûte 50 euros par nuit.
B : Je peux payer par carte bleue ?
A : Oui, bien sûr.

A : 안녕하세요, 도와드릴까요?
B : 네, 오늘 저녁에 방 하나를 원합니다.
A : 며칠 동안 호텔에 계실 건가요?
B : 이틀 밤 묵을 겁니다.
A : 큰 침대와 큰 목욕탕이 있는 방이 있습니다.
B : 아주 좋네요. 방 가격이 하루에 얼마입니까?
A : 방 가격은 하룻밤에 50유로입니다.
B : 신용카드로 지불해도 되겠습니까?
A : 네, 물론이지요.

2

A : Bonjour, c'est la chambre numéro 703.
B : Qu'est-ce que je peux faire pour vous ?
A : Est-ce qu'on peut avoir des serviettes de bain, s'il vous plaît ?

A : 안녕하세요 703호입니다.
B : 무엇을 도와드릴까요?
A : 목욕 타월을 더 주시겠어요?

3

A : Qu'est-ce que tu veux faire aujourd'hui ?
B : Je voudrais aller voir la Tour Eiffel et prendre des photos à la Place du Trocadéro.
A : Moi, je préfère visiter le musée du Louvre.
B : Quand est-ce qu'on va faire du shopping aux Champs-Elysées ?

A : Demain, on va faire du shopping. Mais aujourd'hui, on va au musée.
B : Qu'est-ce qu'on fait après le musée ?
A : A côté du musée du Louvre, il y a le jardin des Tuileries et la place de la Concorde.
B : Ah oui, je voudrais voir l'obélisque de la place de la Concorde.
A : Qu'est-ce que c'est, un obélisque ?
B : Un obélisque est un monument égyptien.
A : On va se promener et on va se reposer au jardin des Tuileries.
B : C'est une très bonne idée. En plus, il y a de jolies fleurs, de grands arbres, de très belles statues et une fontaine magnifique.

A : 오늘 뭐하고 싶어?
B : 에펠탑 보러 가고 싶고 트로카데로 광장에서 사진 찍고 싶어.
A : 나는 루브르 박물관 구경하는 게 더 좋은데.
B : 언제 샹젤리제로 쇼핑하러 갈 거야?
A : 내일은 쇼핑하러 갈 거야. 하지만 오늘은 박물관에 가는 거야.
B : 박물관 다음에는 뭘 해?
A : 루브르 박물관 옆에는 튈르리 공원하고 콩코드 광장이 있어.
B : 아 맞아, 콩코드 광장의 오벨리스크를 보고 싶어.
A : 오벨리스크가 뭐야?
B : 오벨리스크는 이집트 건축물이야.
A : 튈르리 공원에서 산책도 하고 쉬기도 할 거야.
B : 아주 좋은 생각이다. 게다가 그곳에는 예쁜 꽃들과 큰 나무들, 멋진 동상 그리고 아름다운 분수대가 있어.

1 aider : 도와주다
une chambre : 방
combien de nuits : 몇 밤
par nuit : 하룻밤에
50 euros par nuit : 하룻밤에 50유로

3 prendre des photos : 사진 찍다
une photo : 사진
visiter : 방문하다, 관광하다

l'obélisque : 오벨리스크, 방첨탑
égyptien : 이집트 사람, 이집트 물건
　　　　　(여성형 : égyptienne)
un monument : 대건축물, 기념물
se promener : 산책하다
se reposer : 쉬다
la statue : 동상
la fontaine : 분수대

Leçon 20 ▸▸ Visite 구경

4

A : Excusez-moi, pouvez-vous me prendre en photo, s'il vous plaît.
B : Oui, bien sûr. Je dois appuyer ici ?
A : Oui, merci.
B : Alors. Un, deux, trois, souriez !
A : Merci beaucoup.
B : Je vous en prie.

   A : 실례합니다. 사진 좀 찍어 주실 수 있으세요?
   B : 네, 물론이지요. 여기를 눌러야 합니까?
   A : 네, 감사합니다.
   B : 자. 하나, 둘, 셋, 웃으세요!
   A : 너무 감사합니다.
   B : 천만에요.

5

A : Tu n'as pas faim ?
B : Si, j'ai faim. On prend un sandwich ?
A : Oui, excellente idée !
B : Bonjour, je voudrais un sandwich jambon-beurre et une petite bouteille d'eau, s'il vous plaît.
A : Moi aussi, je vais prendre la même chose.
B : Allons manger dans le parc, sur la pelouse.
A : Ici ?
B : Oui, c'est parfait. Il fait beau. On est bien ici.
A : Oui, et le sandwich a l'air bon. Allez. Bon appétit !
B : Merci. Bon appétit, à toi aussi.

A : 배 안 고파?
B : 아니, 배고파. 샌드위치 하나 먹을까?
A : 그래, 아주 좋은 생각이야!
B : 안녕하세요, 햄과 버터가 들어 있는 샌드위치 하나 하고 작은 물 한 병 주세요.
A : 저도, 같은 것으로 주십시오.
B : 공원 잔디밭 위에 가서 먹자.
A : 여기?
B : 응, 딱 좋다. 날씨도 좋고. 여기 좋다.
A : 응, 그리고 우리에게는 맛있는 샌드위치가 있어. 자, 맛있게 먹어!
B : 고마워, 너도 맛있게 먹어.

6

A : Excusez-moi, je cherche le château de Versailles, s'il vous plaît.

B : Pardon ? Est-ce que vous pouvez repéter, s'il vous plaît ?

A : Je voudrais aller au château de Versailles. Est-ce que vous pouvez m'aider ?

B : Ah, le château de Versailles. Ce n'est pas ici.

A : Est-ce que c'est très loin ?

B : Ce n'est pas trop loin. C'est à 40 minutes de Paris. Vous devez prendre le RER.

A : Qu'est-ce que c'est le RER ? Ce n'est pas le métro ?

B : Le RER, c'est comme le métro, mais c'est pour aller en banlieue.

A : Quel RER dois-je prendre ?

B : Vous devez prendre le RER C et aller jusqu'à la station de Versailles Rive Gauche.

A : Combien coûte le billet ?

Leçon 20 ▸▸ Visite 구경

B : Le billet aller-retour coûte 5 euros 40.
A : Merci beaucoup, c'est très gentil.
B : De rien. Bonne journée.
A : Merci, bonne journée, vous aussi.

> **A** : 실례합니다. 베르사유 궁전을 찾고 있습니다.
> **B** : 뭐라고요? 다시 한번 더 말씀해 주시겠습니까?
> **A** : 베르사유 궁전에 가고 싶은데요. 도와주실 수 있으세요?
> **B** : 아, 베르사유 궁전이요. 여기가 아니에요.
> **A** : 많이 먼가요?
> **B** : 너무 멀지는 않아요. 파리에서 40분 거리에 있어요.
>   RER를 타셔야 합니다.
> **A** : RER가 뭔가요? 지하철이 아닌가요?
> **B** : RER는 지하철 같은데요. 교외로 가기 위한 것입니다.
> **A** : 어떤 RER를 타야 하나요?
> **B** : RER C를 타셔서 Versailles Rive Gauche 역까지 가셔야 합니다.
> **A** : 표가 얼마에요?
> **B** : 왕복표가 5유로 40상팀입니다.
> **A** : 감사합니다. 매우 친절합니다.
> **B** : 천만에요. 좋은 하루 되세요.
> **A** : 감사합니다. 당신도 좋은 하루 되세요.

단어

4
- **appuyer** : 누르다 (1군 동사)
- **sourire** : 웃다 (3군 동사)

5
- **avoir faim** : 배고프다
- **excellente idée** : 아주 좋은 아이디어
- **un sandwich jambon-beurre** : 햄과 버터가 들어 있는 샌드위치
- **la même chose** : 같은 것
- **même** : 같은
- **la pelouse** : 잔디밭
- **Bon appétit!** : 맛있게 드세요!
- **le appétit** : 식욕
- **avoir l'air + 형용사** : ~해 보인다
  (Ça a l'air bon : 맛있어 보인다)

6
- **le château de Versailles** : 베르사유 궁전
- **le château** : 성, 궁전
- **répéter** : 반복하다, 다시 말하다
- **comme ~** : ~처럼, ~와 같은
- **la banlieue** : 교외, 외각
- **en banlieue** : 교외로, 교외에서

Leçon

20 ▸▸ Dialogue

A : Qu'est-ce qu'on fait le matin ?

B : Le matin, on se lève vers 7 heures, on prend le petit déjeuner à l'hôtel et on va commencer la visite.

A : Est-ce que la Tour Eiffel est jolie ?

B : Oui, la Tour Eiffel est splendide. Et la vue est magnifique sur la Tour.

A : Est-ce qu'il y a beaucoup de monde à la place du Trocadéro ?

B : Oui, à la place du Trocadéro, il y a beaucoup de monde. Il y a des gens de tous les pays : il y a des américains, des espagnols, des anglais, des japonais, des italiens, des chinois, des allemands et beaucoup de coréens aussi.

A : Qu'est-ce que nous allons faire à la place du Trocadéro ?

B : Nous allons prendre beaucoup de photos comme les autres touristes. Quelques jeunes font du roller à côté de la fontaine et ils sont très forts.

A : C'est super. En plus, il fait beau aujourd'hui !

B : Oui, il fait beau. Il fait chaud. C'est l'été.

A : Pourquoi il n'y a pas beaucoup de voitures à Paris ?

B : Il n'y a pas beaucoup de voitures parce que les parisiens sont en vacances en juillet et en août.

A : Est-ce que vous aimez habiter à Paris ?

B : Oui, j'aime beaucoup habiter à Paris. La vie est agréable à Paris. L'air est bon. Et tout le monde est heureux, surtout en été.

A : Moi aussi, je voudrais habiter à Paris.

B : Vous pouvez habiter à Paris. Mais les autres villes de France sont magnifiques aussi.

Leçon 20 ▸▸ Dialogue

A : 아침에는 무엇을 할 건가요?
B : 아침 7시쯤 일어나서 호텔에서 아침 식사를 하고 구경을 시작할 겁니다.
A : 에펠탑이 멋진가요?
B : 네, 에펠탑은 화려합니다. 탑 위의 풍경이 아름답습니다.
A : 트로카데로 광장에는 사람들이 많습니까?
B : 네, 트로카데로 광장에는 사람이 많습니다. 모든 나라 사람들이 있습니다.
미국 사람, 스페인 사람, 영국 사람, 일본 사람, 이탈리아 사람, 중국 사람, 독일 사람 그리고 많은 한국 사람들도 있습니다.
A : 트로카데로 광장에서 무엇을 할 겁니까?
B : 다른 관광객들처럼 사진을 많이 찍을 겁니다. 몇몇 젊은이들은 분수대 옆에서 인라인 스케이트를 타는데 아주 잘합니다.
A : 너무 좋네요. 게다가 오늘 날씨도 좋습니다!
B : 네, 날씨도 좋고, 덥습니다. 여름이네요.
A : 왜 파리에 차가 많지 않습니까?
B : 7월과 8월에는 파리 사람들이 휴가이기 때문에 차가 많지 않습니다.
A : 파리에 사는 것을 좋아하십니까?
B : 네, 파리에 사는 것을 매우 좋아합니다. 살기 좋아요. 공기도 좋고요.
그리고 모든 사람들이 행복해합니다. 특히 여름에는요.
A : 저도 프랑스에 살고 싶네요.
B : 프랑스에 사셔도 되요. 하지만 프랑스의 다른 도시들도 아주 아름답습니다.

주요동사 변화표–직설법 현재시제

être (~이다)	je suis tu es il/elle est	nous sommes vous êtes ils/elles sont
parler (말하다)	je parle tu parles il/elle parle	nous parlons vous parlez ils/elles parlent
aimer (좋아하다)	j'aime tu aimes il/elle aime	nous aimons vous aimez ils/elles aiment
manger (먹다)	je mange tu manges il/elle mange	nous mangeons vous mangez ils/elles mangent
préférer (선호하다)	je préfère tu préfères il/elle préfère	nous préférons vous préférez ils/elles préfèrent
s'appeler (~이라고 불리다)	je m'appelle tu t'appelles il/elle s'appelle	nous nous appelons vous vous appelez ils/elles s'appellent
finir (끝내다)	je finis tu finis il/elle finit	nous finissons vous finissez ils/elles finissent

주요동사 변화표-직설법 현재시제

venir (오다)	je viens tu viens il/elle vient	nous venons vous venez ils/elles viennent
apprendre (배우다)	j'appends tu apprends il/elle apprend	nous apprenons vous apprenez ils/elles apprennent
vouloir (원하다)	je veux tu veux il/elle veut	nous voulons vous voulez ils/elles veulent
devoir (해야 한다)	je dois tu dois il/elle doit	nous devons vous devez ils/elles doivent
partir (떠나다)	je pars tu pars il/elle part	nous partons vous partez ils/elles partent
connaître (알다)	je connais tu connais il/elle connaît	nous connaissons vous connaissez ils/elles connaissent
avoir (~를 가지다)	j'ai tu as il/elle a	nous avons vous avez ils/elles ont

habiter (살다)	j'habite tu habites il/elle habite	nous habitons vous habitez ils/elles habitent
commencer (시작하다)	je commence tu commences il/elle commence	nous commençons vous commencez ils/elles commencent
essayer (시도하다)	j'essaie tu essaies il/elle essaie	nous essayons vous essayez ils/elles essaient
appeler (부르다)	j'appelle tu appelles il/elle appelle	nous appelons vous appelez ils/elles appellent
se lever (일어나다)	je me lève tu te lèves il/elle se lève	nous nous levons vous vous levez ils/elles se lèvent
aller (가다)	je vais tu vas il/elle va	nous allons vous allez ils/elles vont
prendre (잡다)	je prends tu prends il/elle prend	nous prenons vous prenez ils/elles prennent

주요동사 변화표–직설법 현재시제

faire (하다)	je fais tu fais il/elle fait	nous faisons vous faites ils/elles font
pouvoir (할 수 있다)	je peux tu peux il/elle peut	nous pouvons vous pouvez ils/elles peuvent
savoir (알다)	je sais tu sais il/elle sait	nous savons vous savez ils/elles savent
sortir (나가다)	je sors tu sors il/elle sort	nous sortons vous sortez ils/elles sortent
voir (보다)	je vois tu vois il/elle voit	nous voyons vous voyez ils/elles voient

📖 동양북스
www.DONGYANGBOOKS.com
blog.naver.com/dymg98

초판 44쇄 | 2025년 6월 20일

지은이 | 주장수
발행인 | 김태웅
편 집 | 김현아
디자인 | 남은혜, 김지혜
마케팅 총괄 | 김철영
제 작 | 현대순

발행처 | ㈜동양북스
등 록 | 제 2014-000055호
주 소 | 서울시 마포구 동교로22길 14 (04030)
구입문의 | 전화 (02)337-1737   팩스 (02)334-6624
내용문의 | 전화 (02)337-1762   dymg98@naver.com

ISBN 978-89-8300-780-3 13760

ⓒ주장수, 2008

▶ 본 책은 저작권법에 의해 보호를 받는 저작물이므로 무단 전재와 복제를 금합니다.
▶ 잘못된 책은 구입처에서 교환해드립니다.
▶ ㈜동양북스에서는 소중한 원고, 새로운 기획을 기다리고 있습니다.

http://www.dongyangbooks.com

머리말

프랑스어의 세계로 내딛는 여러분들의 첫걸음을 함께 하게 되어 영광입니다.

프랑스어를 처음 시작하려는 여러분들이 체계적으로 쉽고 재미있게 효율적으로 학습할 수 있도록 다양한 강의 경험을 살려 집필하였습니다. 또한 처음부터 기초를 탄탄히 다지고 싶어 하는 분들을 위해 프랑스어의 기초 단계를 위한 문법이 정리되어 있습니다.

필수 기초 문법을 가장 쉽게 단계적으로 설명하였으며 실생활에서 바로 응용할 수 있는 회화 위주의 지문을 실어 실용적으로 학습이 가능하도록 하였습니다. 또한 반복적인 문법 연습문제와 대화식 회화 연습문제로 자연스럽게 쓰고 말하는 프랑스어를 습득하실 수 있도록 하였습니다. 동양북스 홈페이지에서 제공되는 인터넷 동영상 무료 강좌와 원어민 MP3, 그리고 다양한 부록이 여러분의 학습에 도움이 될 것입니다.

가장 기초적인 것부터 쉽게 이해할 수 있도록 프랑스어의 핵심적인 부분만을 다루었으며 이를 응용하여 다양한 표현이 가능케 하였습니다. 특히 현지에서 자주 쓰는 표현 위주의 구성으로 프랑스어 나라로 유학을 가는, 프랑스어를 전공하는, 또는 DELF 등의 자격증을 준비하는 학생들에게 도움이 될 것입니다. 여행을 떠나거나 출장을 가는 분들 또한 실용적인 프랑스어를 구사할 수 있을 것입니다.

프랑스어를 배우려는 여러분의 목표를 위해 조금이나마 도움이 된다면 더 이상 바랄 것이 없을 것입니다. 그리고 꾸준히 열심히 해서 그 목표를 꼭 달성하기를 기원합니다.

주장수 저

이 책의 차례

| 준비과정 | Alphabet 알파벳 | 11 |
| | Prononciation 발음 | 14 |

Chapitre 1 Rencontre 만남
Leçon 1	Bonjour ! 안녕하세요!	22
Leçon 2	Nationalité et profession 국적과 직업	30
Leçon 3	Ville et langue 도시와 언어	38
Leçon 4	Amour 사랑	46

Chapitre 2 Description 묘사
Leçon 5	Personne 사람	54
Leçon 6	Objet 사물	62
Leçon 7	Maison 집	70
Leçon 8	Ville 도시	78

Chapitre 3 Sortie 외출
Leçon 9	Café 카페	86
Leçon 10	Restaurant 레스토랑	94
Leçon 11	Marché 시장	102
Leçon 12	Magasin 상점	110

Chapitre 4 Quotidien 일상
Leçon 13	Bonne journée ! 좋은 하루!	118
Leçon 14	Bonne soirée ! 좋은 저녁!	126
Leçon 15	Bon week-end ! 좋은 주말!	134
Leçon 16	Loisirs 취미	142

Chapitre 5 Voyage 여행
Leçon 17	Vacances 휴가	150
Leçon 18	L'heure et le temps 시간과 날씨	158
Leçon 19	Transport 교통	166
Leçon 20	Visite 구경	174

회화편 정답   182

| Leçon 1 | 명사와 관사 | 4 |

1 남성명사 / 여성명사
2 단수명사 / 복수명사
3 부정관사
4 정관사

| Leçon 2 | 주어와 동사 | 10 |

1 주어 인칭대명사
2 être 동사
3 avoir 동사
4 C'est / Il y a

Sommaire

| Leçon 3 | 의문문과 부정문 | 16 |

1 의문문
2 부정문
3 부정의 de
4 부정 의문문

| Leçon 4 | 형용사 | 22 |

1 명사와 품질형용사
2 être동사와 형용사
3 주요 형용사
4 명사 앞에 오는 형용사

| Leçon 5 | 1군 동사와 2군 동사 | 28 |

1 1군 동사
2 유의해야 할 1군 동사
3 대명동사
4 2군 동사

| Leçon 6 | 3군 동사 | 34 |

1 aller / venir
2 주요 3군 동사
3 조동사
4 부사

| Leçon 7 | 의문사 | 40 |

1 의문대명사
2 의문부사
3 의문형용사
4 수량부사와 장소부사

| Leçon 8 | 전치사 | 46 |

1 전치사 à / de
2 축약 관사
3 장소를 나타내는 전치사
4 그 밖의 다른 전치사

| Leçon 9 | 소유형용사, 지시형용사, 강세형 인칭대명사, 수사 | 52 |

1 소유형용사
2 지시형용사
3 강세형 인칭대명사
4 수사

| Leçon 10 | 명령문과 시제 | 58 |

1 명령문
2 근접미래
3 복합과거
4 단순미래

문법편 정답   64

이 책의 구성과 특징

과 소개
각 과의 본문에서 배울 내용들이 삽화와 함께 소개되어 있습니다. 자주 쓰이는 회화 표현을 말풍선을 이용해 표현해 놓았으니 재미있게 보면서 프랑스어를 익혀 보세요.

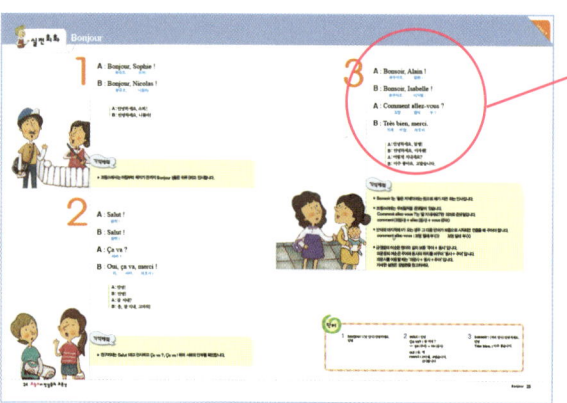

기본 회화
상황별 기본 회화를 익힙니다. 꼭 알아야 할 구문과 문법 사항이 포함된 부분을 미리 소개한 것입니다. MP3 음원을 활용해 발음과 문장을 꼭 암기하세요.

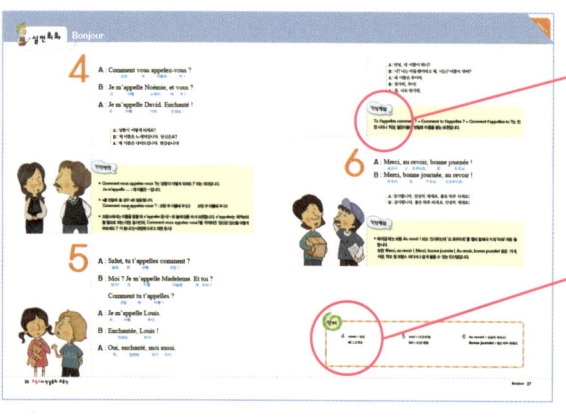

기억해줘
초보자가 꼭 알아야 할 문법이나 표현 등을 실었습니다. 첫걸음 학습에서 꼭 필요한 내용으로 쉽게 설명해 놓았습니다. 꼼꼼하게 공부하세요.

단어
각 페이지마다 새로 나온 단어들을 모두 소개했습니다. 꾸준하게 외워 보세요. 실력이 됩니다.

Mode d'emploi

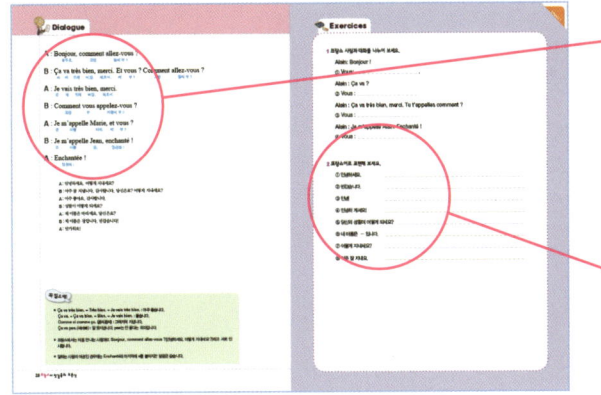

실전 회화
실전에 유용하게 사용되는 회화문으로 반복학습의 효과를 가질 수 있습니다. 먼저 교재를 보지 않고 MP3를 들어본 후 잘 들리지 않는 부분은 교재를 확인하면서 반복 학습하세요.

연습문제
각 과의 이해도를 체크할 수 있도록 꼭 알고 넘어가야 할 문제만을 실었습니다. 틀린 문제가 있으면 다시 한 번 핵심 문법편을 활용해서 확인하길 바랍니다.

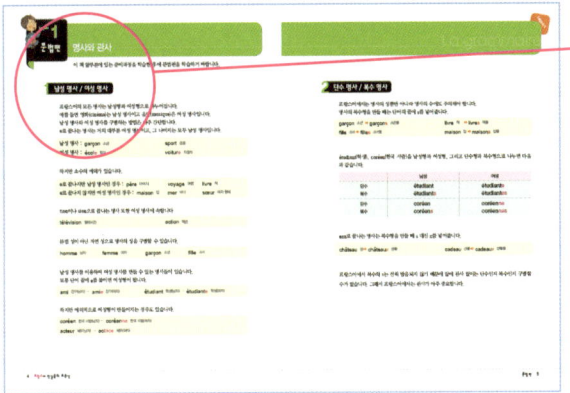

문법편
책의 뒷면에서 새로 시작하는 문법편에서는 회화편에서 미처 다루지 못한 부분이나 다루었다 하더라도 설명이 미약했던 부분을 더욱 자세하게 설명함으로써, 문법의 기본을 확실하게 다질 수 있도록 했습니다. 따라서 문법책을 따로 사서 공부하실 필요가 없습니다.

이 책의 활용법

Ce que vous propose votre manuel de français

1. 회화편

'가장 쉬운 프랑스어 첫걸음의 모든 것' 세트의 주교재입니다. 모두 20가지의 주제별 회화 중심으로 구성되어 있으며, 단어 정리는 물론 회화를 이해하고 기초를 다지는 문법 설명까지 꼼꼼하게 정리하여 프랑스어의 기초를 다지는 데에 확실한 근거를 제시합니다. 동양북스 홈페이지에서 회화편의 강의를 누구나 수강하실 수 있습니다.

2. 문법편

흔히 첫걸음 교재라고 하면 회화나 문법 각각의 교재를 사서 공부하게 됩니다. 하지만, 이 교재는 실용 회화와 기초 문법 모두를 담고 있어 더욱 효율적이고 체계적인 상호 학습이 가능합니다.
교재 뒷부분의 새로 시작되는 문법편에서 프랑스어의 기초를 확실히 잡아 실력을 향상시킬 수 있습니다.

3. MP3

기본 회화, 실전 회화 전편이 수록되어 있습니다. 모든 회화를 원어민의 목소리로 녹음하여 듣고 따라 말하기 학습을 할 수 있습니다.

4. 오디오북

버스나 지하철 등 좁은 교통 수단을 이용해 이동하실 때에도 듣고 따라하기 학습 또는 회화의 복습이 가능하도록 조그마한 책자를 부록으로 만들었습니다. 전날 공부한 내용을 복습할 때에나 듣고 따라하기만을 공부할 때에 매우 유용한 학습 도구가 될 것입니다. 또한 프랑스어의 기본이 되는 필수어휘를 정리해서 수록해 놓았습니다.

5. 무료 동영상 강의

인터넷을 이용할 수 있는 곳이라면 언제 어디서나 수강이 가능하도록 무료 동영상 강의를 만들었습니다. 동양북스 홈페이지(http://www.dongyangbooks.com)를 방문하시면 24시간 무료로 수강할 수 있습니다. 학원에 갈 시간이 없거나 빠른 시간 내에 프랑스어를 하고 싶은 분들을 위한 최선의 서비스가 프랑스어 학습의 길잡이가 되어 드립니다.

준비과정

♥ **목표**
프랑스어의 알파벳과 발음을 익힌다.

♥ **중요 포인트**
Alphabet (알파베) : 알파벳
Prononciation (프호농씨아씨옹) : 발음

준비과정 — Alphabet

> ★ **Alphabet (알파베) : 알파벳**
> - 영어와 같은 알파벳이지만 발음이 약간씩 다릅니다.
> - 우리말과 같거나 비슷한 발음도 있지만 우리말에는 없는 발음들도 있습니다.
> - 강의를 들으면서 반복하여 정확한 발음을 연습하는 것이 매우 중요합니다.
>
> ★ **Prononciation (프호농씨아씨옹) : 발음**
> - 프랑스어는 알파벳도 우리에게 익숙한 영어와 같고, 읽는 법이 다른 언어에 비해 비교적 규칙적입니다.
> - 이 규칙을 한번 익혀 놓으면 더욱 효율적인 프랑스어 학습을 할 수 있을 것입니다.
> - 연습을 하다 보면 어느새 프랑스어를 쉽게 읽고 있는 자신을 발견하게 될 것입니다.

I. Alphabet (알파베) : 알파벳

1. Alphabet

A	B	C	D	E	F	G
아	베	쎄	데	으	에프	쥬에
H	**I**	**J**	**K**	**L**	**M**	**N**
아슈	이	지	꺄	엘	엠	엔
O	**P**	**Q**	**R**	**S**	**T**	**U**
오	뻬	뀌	에흐	에쓰	떼	위
V	**W**	**X**	**Y**	**Z**		
베	두블르베	익쓰	이그헥	제드		

> **Voyelles** (부아이엘) : 모음 → A E I O U Y
> **Consonnes** (꽁쏜느) : 자음 → B C D F G H J K L M N P Q R S T V W X Z

2. 문제가 되는 발음들

우리말에 존재하지 않는 발음들입니다.

F '에프' 는 영어의 F와 같습니다. '프' 는 윗니와 아랫입술이 닿으면서 살짝 발음됩니다. 절대로 두 입술이 닿으면서 발음되면 안 됩니다. 그러면 P발음이 나기 때문입니다.

G '쥬에' 를 아주 빨리 발음하는 것과 비슷합니다.

H '아슈' 역시 '아' 를 강조하고 '슈' 는 살짝 발음합니다. 조용히 '쉿' 할 때의 발음과 매우 흡사합니다.

J '쥬이' 를 아주 빨리 발음하는 것과 비슷합니다.

K '까' 가 아니고 '꺄' 발음이 납니다.

R 프랑스어에서 가장 어려운 발음이라고 할 수 있습니다. 프랑스 남부 지방에서는 우리말의 '에르' 발음으로 하기도 하는데 표준어로는 목 깊은 곳에서 나오는 소리입니다. '르', '흐' 대신 가래침을 뱉을 때 내는 소리 같기도 합니다. CD를 듣고 이 발음을 정확히 연습하셔야 합니다. 프랑스어에는 'ㅎ' 발음이 없지만 발음을 우리말로 옮길 때 '흐' 가 나오면 이 발음으로 해주세요.

S 영어의 s와 같습니다. '에쓰' 의 '쓰' 가 아주 약하게 발음됩니다.

U 우리말에는 없는 발음으로서 입 모양은 '우' 하는 것처럼 고정시키고 실제로는 '이' 소리를 내주면 좋은 발음이 나옵니다.

V 윗니와 아랫입술이 닿으면서 '베' 소리가 나기 때문에 두 입술이 닿으면서 발음하는 B와는 확실히 구별되어야 합니다.

W double v(두블르 베), 즉 v가 2개 있다는 뜻입니다.

Y i grec(이그헥), 즉 그리스의 i라는 뜻입니다.

Z 발음은 영어와 같이 g나 j와는 구별되어야 합니다.

준비과정　　　　　　　　　　　　　　　　　　　　　　　　　Prononciation

II. Prononciation (프호농씨아씨옹) : 발음

1. 단모음자

원래의 발음 그대로 읽으면 됩니다.

A '아' 라고 발음합니다.
- papa (빠빠) : 아빠
- madame (마담) : 부인
- ça va (싸바) : 잘 지내
- salut (쌀뤼) : 안녕

O '오'라고 읽습니다.
- photo (포또) : 사진
- loto (로또) : 로또
- moto (모또) : 오토바이
- tomate (또맡) : 토마토

I '이'로 읽습니다.
- ami (아미) : 친구
- il (일) : 그는
- ici (이씨) : 여기
- lit (리) : 침대

U '위'와 비슷한 발음이지만 입 모양은 '우', 내는 소리는 '이'로 발음합니다.
- tu (뛰) : 너는
- sur (쒸흐) : 위에
- futur (퓌뛰흐) : 미래
- culture (뀔뛰흐) : 문화, 재배

E ① '으'와 비슷한 발음이지만 입 모양은 '우', 내는 소리는 '으'로 하면 더욱 좋습니다.
- je (쥬) : 나는
- demi (드미) : 절반
- de (드) : ~의
- menu (므뉘) : 세트메뉴

② 'e' 다음에 자음이 올 때는 '으'가 아니고 '에' 발음이 납니다.
- et (에) : 그리고
- elles (엘) : 그녀들은
- habiter (아비떼) : 살다
- papier (빠삐에) : 종이
- elle (엘) : 그녀는
- merci (메흐씨) : 고마워요
- parler (빠흘레) : 말하다
- premier (프흐미에) : 첫번째

※ 프랑스어에서는 단어 끝에 오는 자음을 발음하지 않습니다.
단, 다음과 같이 예외도 존재합니다.

- lac (락) : 호수
- positif (뽀지띠프) : 긍정적인
- normal (노흐말) : 정상적인
- mer (메흐) : 바다

복수의 s는 절대로 발음하지 않습니다.

- stylo (스틸로) : 펜
- stylos (스틸로) : 펜들
- gomme (곰므) : 지우개
- gommes (곰므) : 지우개

2. 복합모음자

두 개 이상의 모음이 모이면 다른 하나의 모음을 이루기도 합니다.
예를 들어 a(아)와 i(이)가 합쳐지면 '아이' 가 아닌 ai(에)발음을 합니다.

é = è = ê = ai = ei   e위에 'accent (악썽)이 붙으면 '으'가 아닌 '에' 발음이 됩니다.
모두 '에'로 발음합니다.
(첫 시작의 효율성을 위해 발음을 단일화하였습니다.)

é
- été (에떼) : 여름
- Corée (꼬헤) : 한국
- café (꺄페) : 커피
- école (에꼴) : 학교

è
- très (트헤) : 매우
- père (뻬흐) : 아버지
- lumière (뤼미에흐) : 빛
- mère (메흐) : 어머니

ê
- fête (페뜨) : 축제
- être (에트흐) : 존재하다
- tête (떼뜨) : 머리
- fenêtre (프네트흐) : 창문

ai
- mais (메) : 그러나
- vrai (브헤) : 진실
- maison (메종) : 집
- aide (에드) : 도움

ei
- neige (네즈) : 눈
- seine (쎈) : 세느강
- peine (뻰) : 고통
- reine (헨) : 여왕

au = eau = o   3가지 모두 우리말의 '오'로 발음합니다.

au
- aussi (오씨) : ~도
- autre (오트흐) : 다른
- autruche (오트휘슈) : 타조
- restaurant (헤쓰또헝) : 식당

eau
- eau (오) : 물
- château (샤또) : 성
- beauté (보떼) : 아름다움
- bateau (바또) : 배

준비과정

Prononciation

ou 우리말의 '우' 발음입니다.

> oui (우이) : 네
> journée (주흐네) : 하루
> carrefour (꺄흐푸흐) : 사거리
> vous (부) : 당신
> bonjour (봉주흐) : 안녕하세요
> tous les jours (뚤레주흐) : 매일

eu = œu e와 같은 발음입니다. 입모양은 '우'로 고정시키고 내는 소리는 '으'를 하면 좋은 발음이 됩니다. (첫 시작의 효율성을 위해 발음을 단일화하였습니다.)

> bleu (블르) : 파란색
> deux (드) : 2
> jeu (쥬) : 게임
> vœu (브) : 소원

eur, euse, œur 이 발음 역시 우리말에는 없는 발음입니다. '워르'와 비슷한 발음이기는 하나 입 모양을 '우'로 고정시키고 내는 소리는 '에'로 하면 됩니다.

> heure (워흐) : 시간
> chanteuse (성뙤즈) : 여자 가수
> bonheur (보뉘흐) : 행복함
> sœur (쒸흐) : 여자 형제

oi 이 발음은 절대로 '오이' 가 아니라 '우아'로 해야 됩니다.

> noir (누아흐) : 검정
> toi (뚜아) : 너
> soir (쑤아흐) : 저녁
> au revoir (오 흐부아흐) : 안녕히 계세요

단 '오아' 발음이 나는 경우도 있으니 꼭 올바른 발음으로 해주세요.

> croissant (크호아썽) : 크로아쌍
> moi (모아) : 나

3. 비모음자

모음과 자음이 합쳐져서 새로운 발음이 생기는데 모음과 n또는 m이 합쳐질 때는 우리말의 'ㄴ'과 'ㅁ' 발음이 아닌 'ㅇ' 발음이 되므로 주의해서 읽어야 합니다.

an = am = en = em 이 4가지 모두 '엉'으로 발음해 주세요. 절대로 '앙'이 아닙니다.

an
- chanson (셩쏭) : 노래
- anglais (엉글레) : 영국사람, 영국말
- santé (썽떼) : 건강
- français (프헝쎄) : 프랑스사람, 프랑스어

am
- champs (셩) : 숲
- champion (셩피옹) : 챔피언

en
- enfant (엉펑) : 어린이
- rendez-vous (헝데부) : 약속
- enchanté (엉셩떼) : 반갑습니다.
- encore (엉꼬흐) : 다시

em
- employé (엉쁠로아이에) : 회사원
- temps (떵) : 시간, 날씨

on = om 2가지 모두 우리말의 '옹'으로 발음하면 됩니다.

- non (농) : 아니요
- son (쏭) : 소리
- nom (농) : 성, 이름
- bon (봉) : 좋은, 맛있는
- pantalon (뺑딸롱) : 바지
- pardon (빠흐동) : 미안합니다

※ 음절 끊는 법

animal → a (아)/ ni (니)/ mal (말) : 아니말 (동물)
maman → ma (마)/ man (멍) : 마멍 (엄마)
ensemble → en (엉)/ sem (썽)/ ble (블르) : 엉썽블르 (함께)
piano → pi (삐)/ a (아)/ no (노) : 삐아노 (피아노)
jouer → jou (주)/ er (에) : 주에 (놀다, play)
nuage → nu (뉘)/ a (아)/ ge (쥬) : 뉘아쥬 (구름)
étudiant → é (에)/ tu (뛰)/ di (디)/ ant(엉) : 에뛰디엉 (학생)
aller → al (알)/ ler (레) : 알레 (가다)

준비과정

Prononciation

in = im = ain = aim = yn = ym = ein = un = um = (i)en

in과 ain형태를 가장 많이 보게 되는데 모두 똑같이 '앙'으로 발음해 주세요. (프랑스 남부의 몇몇 도시나 캐나다 퀘벡 주에서는 사투리인 '엥' 발음을 하기도 하지만 오늘날 보편적인 표준 발음으로는 '앙' 발음이 더욱 정확합니다.)

in	vin (방) : 와인 enfin (엉팡) : 드디어	fin (팡) : 끝 printemps (프항땅) : 봄
im	simple (쌍쁠르) : 간단한	impossible (앙뽀씨블르) : 불가능한
ain	main (망) : 손 copain (꼬빵) : 친구	demain (드망) : 내일 américain (아메히깡) : 미국인
aim	faim (팡) : 배고픔	aimer (에메) : 좋아하다 (ai / mer)
ym	sympa (쌍빠) : 쿨한	symbole (쌍볼) : 상징
ein	plein (쁠랑) : 가득	ceinture (쌍뛰흐) : 벨트
un	un (앙) : 1	brun (브항) : 갈색머리의
um	parfum (빠흐팡) : 향수	humble (앙블르) : 겸손한
(i)en	bien (비앙) : 좋게	de rien (드 히앙) : 천만에요
oin	'오인'이 아닌 '우앙' 입니다 !	
	point (뿌앙) : 점 coin (꾸앙) : 구석	loin (루앙) : 멀리 besoin (브주앙) : 필요

4. Y 발음

y 발음이 나는 경우입니다.

y 마치 i가 2개가 있는 것처럼 읽습니다. voyage=voi(부아)+iage(이아쥬)

> voyage (부아이아쥬) : 여행　　royal (호아이알) : 왕의
> crayon (크헤이옹) : 연필　　yeux (이유으) : 눈 (복수)

ille ll이 l발음이 아닌 y같은 소리가 납니다. 마치 ll을 y로 바꾼 듯이 읽어주세요.

> famille (파미으) : 가족　　fille (피으) : 소녀

aille = ail '아이으'로 발음합니다.

> taille (따이으) : 신장　　Versailles (베흐싸이으) : 베르사유 궁전
> ail (아이으) : 마늘　　détail (데따이으) : 상세

eille = eil '에이으'로 발음합니다.

> meilleur (메이여흐) : 최고　　Marseille (마흐세이으) : 마르세이유
> soleil (쏠레이으) : 태양　　sommeil (쏘메이으) : 잠

euille '워이으'로 발음합니다.

> feuille (풔이으) : 잎　　veuillez (붜이예) : ~ 해 주시겠습니까

œil '어이으'로 발음합니다.

> œil (어이으) : 눈 (단수)　　œillet (어이예) : 카네이션

 Prononciation

5. C와 G의 발음

뒤에 오는 모음에 따른 두 가지 발음이 있습니다.

C

| k 발음 | ca 꺄 ('까'가 아닌 '꺄'입니다.)
co 꼬
cu 뀌 | cahier (꺄이에) : 공책
Corée (꼬헤) : 한국
cuisine (뀌진) : 부엌, 요리 |

| s 발음 | ce 쓰
ci 씨 | France (프헝쓰) : 프랑스
ciel (씨엘) : 하늘 |

단 C 아래에 cédille (쎄디으)를 붙히면 s발음이 납니다.

| | ça 싸
ço 쏘
çu 쒸 | français (프헝쎄) : 프랑스 사람
leçon (르쏭) : 과, 레슨
reçu (흐쒸) : 영수증 |

G

| g 발음 | ga 갸 ('가'가 아닌 '갸'입니다.)
go 고
gu 귀 | garçon (갸흐쏭) : 소년
goût (구) : 맛
guitare (기따흐) : 기타 |
| j 발음 | ge 쥬
gi 지 | ange (엉쥬) : 천사
gilet (질레) : 조끼 |

단 g 뒤에 e가 올 때는 g발음이 j로 바뀝니다.

| | gea, geo, geu 자, 조, 쥐 | largeur (라흐줘흐) : 넓이 |

또한 g 뒤에 u가 올 때는 j 발음을 g로 해 줍니다.

| | gue, gui 규, 기 | langue (렁규으) : 혀, 언어 |

6. 주의해야 할 발음

자음이 상황에 따라 원래의 발음이 아닌 다른 발음을 내는 경우를 알아두세요.

s s가 모음 사이에 있을 때에는 z발음이 납니다.

rose (호즈) : 장미   visage (비자쥬) : 얼굴

tion t가 s발음이 나서 '씨옹' 이라고 읽습니다.

action (악씨옹) : 액션   attention (아떵씨옹) : 조심

qu u발음 없이 k처럼 발음합니다.

qui (끼) : 누구 (ki)   question (께쓰치옹) : 질문 (kestion)

x 4가지 발음이 있습니다.

dix (디쓰) : 10 (s)   dixième (디지엠) : 열번째 (z)
taxe (딱쓰) : 세금(acs)   exercice (에그제흐씨쓰) : 연습 (cz)

ch '슈' 발음과 비슷합니다.

chanteur (셩뙤흐) : 가수   chocolat (쇼꼴라) : 초콜릿

gn '니으'를 한 음절로 빨리 발음하는 것과 유사합니다. 우리말로는 '뉴'로 표시하겠습니다.

cognac (꼬냑) : 코냑   champagne (셩빠뉴으) : 샴페인

ph f와 같습니다.

phrase (프하즈) : 문장   philosophie (필로조피) : 철학

sc 두 가지 발음이 있습니다.

science (씨엉쓰) : 과학(s)   sculpture (스뀔뛰흐) : 조각

h 무음입니다. 프랑스에는 'ㅎ' 발음이 없기 때문에 발음을 하지 않습니다.

homme (옴므) : 남자   hôpital (오삐딸) : 병원

à â ô ù î 의 발음은 알파벳 위에 '악썽'이 없는 것과 똑같이 발음합니다.

à (아) : ~에서   âme (암) : 영혼   hôtel (오뗄) : 호텔
où (우) : 어디   s'il vous plaît! (씰 부 쁠레) : 부탁합니다!

Leçon 1
Bonjour !
안녕하세요!

♥ **목표**
처음 만나는 사람과 대화하기

♥ **회화포인트**
인사하기
안부묻기
이름말하기

♥ **문법포인트**
어순
연음
s'appeler 동사 (1군 대명 동사)

실전회화 Bonjour !

1

A : Bonjour, Sophie !
봉쥬흐, 쏘피!

B : Bonjour, Nicolas !
봉쥬흐, 니꼴라!

A : 안녕하세요, 소피!
B : 안녕하세요, 니콜라!

기억해줘
- 프랑스에서는 아침부터 해지기 전까지 Bonjour !(좋은 하루!)라고 인사합니다.

2

A : Salut !
쌀뤼!

B : Salut !
쌀뤼!

A : Ça va ?
싸바?

B : Oui, ça va, merci !
위, 싸바, 메흐씨!

A : 안녕!
B : 안녕!
A : 잘 지내?
B : 응, 잘 지내, 고마워!

기억해줘
- 친구끼리는 Salut !라고 인사하고 Ça va ?, Ça va ! 하며 서로의 안부를 확인합니다.

3

A : Bonsoir, Alain !
　　봉쑤아흐,　　알랑!

B : Bonsoir, Isabelle !
　　봉쑤아흐,　　이자벨!

A : Comment allez-vous ?
　　꼬멍　　딸레　부?

B : Très bien, merci.
　　트헤　비앙,　메흐씨.

A : 안녕하세요, 알랭!
B : 안녕하세요, 이자벨!
A : 어떻게 지내세요?
B : 아주 좋아요. 고맙습니다.

기억해줘

- Bonsoir !는 '좋은 저녁'이라는 뜻으로 해가 지면 하는 인사입니다.

- 프랑스어에는 우리말처럼 존댓말이 있습니다.
  Comment allez-vous ?는 '잘 지내세요?'란 의미로 존댓말입니다.
  comment (의문사) + allez (동사) + vous (주어)

- 단어의 마지막에 t가 오는 경우 그 다음 단어가 모음으로 시작하면 연음을 해 주어야 합니다.
  comment allez-vous : 꼬멍 딸레 부 (O)　　꼬멍 알레 부 (X)

- 긍정문의 어순은 영어와 같이 보통 '주어 + 동사' 입니다.
  의문문의 어순은 주어와 동사의 위치를 바꾸어 '동사 + 주어' 입니다.
  의문사를 이용할 때는 '의문사 + 동사 + 주어' 입니다.
  자세한 설명은 문법편을 참고하세요.

단어

1 bonjour : (낮 인사) 안녕하세요, 안녕

2 salut : 안녕
Ça va ? : 잘 지내?
→ ça (주어) + va (동사)
oui : 응, 예
merci : 고마워, 고맙습니다, 감사합니다

3 bonsoir : (저녁 인사) 안녕하세요, 안녕
Très bien. : 아주 좋습니다.

실전회화 Bonjour !

4

A : Comment vous appelez-vous ?
꼬멍 부 자쁠레 부?

B : Je m'appelle Noémie, et vous ?
쥬 마뻴 노에미, 에 부?

A : Je m'appelle David. Enchanté !
쥬 마뻴 다빗. 엉성떼!

> **A** : 성함이 어떻게 되세요?
> **B** : 제 이름은 노에미입니다. 당신은요?
> **A** : 제 이름은 다비드입니다. 반갑습니다!

기억해줘

- Comment vous appelez-vous ?는 '성함이 어떻게 되세요?' 라는 의미입니다.
  Je m'appelle … : 제 이름은 ~입니다.

- s를 연음해 줄 경우 z로 발음합니다.
  Comment vous appelez-vous ? : 꼬멍 부 자쁠레 부 (O)   꼬멍 부 아쁠레 부 (X)

- 프랑스에서는 이름을 말할 때 s'appeler 동사(~로 불리다)를 써서 표현합니다. s'appeler는 목적보어를 필요로 하는 대명 동사인데, Comment vous appelez-vous ?를 직역하면 '당신은 당신을 어떻게 부르세요?' 가 됩니다.(→ 문법편 5과 3. 대명 동사)

5

A : Salut, tu t'appelles comment ?
쌀뤼, 뛰 따뻴 꼬멍?

B : Moi ? Je m'appelle Madeleine. Et toi ?
모아? 쥬 마뻴 마들렌. 에 뚜아?

Comment tu t'appelles ?
꼬멍 뛰 따뻴?

A : Je m'appelle Louis.
쥬 마뻴 루이.

B : Enchantée, Louis !
엉성떼, 루이!

A : Oui, enchanté, moi aussi.
위, 엉성떼, 모아 오씨.

A : 안녕, 네 이름이 뭐니?
B : 나? 나는 마들렌이라고 해. 너는? 이름이 뭐야?
A : 내 이름은 루이야.
B : 반가워, 루이!
A : 응, 나도 반가워.

Tu t'appelles comment ? = Comment tu t'appelles ? = Comment t'appelles-tu ?는 친한 사이나 학생, 젊은이들이 반말로 이름을 묻는 표현입니다.

6

A : Merci, au revoir, bonne journée !
　　　메흐씨,　 오 흐부아흐,　 본　　 주흐네!
B : Merci, bonne journée, au revoir !
　　　메흐씨,　 본　 주흐네,　 오 흐부아흐!

A : 감사합니다. 안녕히 계세요. 좋은 하루 되세요!
B : 감사합니다. 좋은 하루 되세요. 안녕히 계세요!

- 헤어질 때는 보통 Au revoir ! 라고 인사하는데 '오 흐부아흐' 를 빨리 말해서 거의 '어봐' 처럼 들립니다. 또한 Merci, au revoir !, Merci, bonne journée !, Au revoir, bonne journée ! 등은 가게, 식당, 학교 등 프랑스 어디서나 쉽게 들을 수 있는 인사말입니다.

4 vous : 당신
　　et : 그리고

5 moi : 나(강세형)
　　toi : 너(강세형)

6 Au revoir ! : 안녕히 계세요!
　　Bonne journée ! : 좋은 하루 되세요!

 **Dialogue**

A : Bonjour, comment allez-vous ?
   봉주흐, 꼬멍 딸레 부 ?

B : Ça va très bien, merci. Et vous ? Comment allez-vous ?
   싸 바 트헤 비앙, 메흐씨. 에 부 ? 꼬멍 딸레 부 ?

A : Je vais très bien, merci.
   쥬 베 트헤 비앙, 메흐씨.

B : Comment vous appelez-vous ?
   꼬멍 부 자쁠레 부 ?

A : Je m'appelle Marie, et vous ?
   쥬 마뻴 마히, 에 부 ?

B : Je m'appelle Jean, enchanté !
   쥬 마뻴 졍, 엉셩떼 !

A : Enchantée !
   엉셩떼 !

A : 안녕하세요. 어떻게 지내세요?
B : 아주 잘 지냅니다. 감사합니다. 당신은요? 어떻게 지내세요?
A : 아주 좋아요. 감사합니다.
B : 성함이 어떻게 되세요?
A : 제 이름은 마리에요. 당신은요?
B : 제 이름은 장입니다. 반갑습니다!
A : 반가워요!

꼭 필요해!

- Ça va très bien. = Très bien. = Je vais très bien. : 아주 좋습니다.
  Ça va. = Ça va bien. = Bien. = Je vais bien. : 좋습니다.
  Comme ci comme ça. (꼼씨꼼싸) : 그럭저럭 지냅니다.
  Ça va pas. (싸바빠) : 잘 못지냅니다. 안 좋다는 의미입니다.

- 프랑스에서는 처음 만나는 사람과도 Bonjour, comment allez-vous ?(안녕하세요, 어떻게 지내세요?)라고 서로 인사합니다.

- 말하는 사람이 여성인 경우에는 Enchanté의 마지막에 e를 붙이지만 발음은 같습니다.

Exercices

1 프랑스 사람과 대화를 나누어 보세요.

    Alain: Bonjour !

① Vous: _____

    Alain : Ça va ?

② Vous : _____

    Alain : Ça va très bien, merci. Tu t'appelles comment ?

③ Vous : _____

    Alain : Je m'appelle Alain. Enchanté !

④ Vous : _____

2 프랑스어로 표현해 보세요.

① 안녕하세요. _____

② 반갑습니다. _____

③ 안녕! _____

④ 안녕히 계세요! _____

⑤ 당신의 성함이 어떻게 되세요? _____

⑥ 내 이름은 ⋯ 입니다. _____

⑦ 어떻게 지내세요? _____

⑧ 아주 잘 지내요. _____

Leçon 2
Nationalité et profession
국적과 직업

♥ **목표**
국적과 직업 말하기

♥ **회화 포인트**
나라
국적
직업

♥ **문법 포인트**
être 동사(be 동사)
남성 명사와 여성 명사
단수 명사와 복수 명사

실전회화

Nationalité et profession

1

A : Salut, tu es français ?
쌀뤼, 뛰 에 프헝쎄?

B : Oui, je suis français. Tu es française ?
위, 쥬 쒸이 프헝쎄. 뛰 에 프헝쎄즈?

A : Oui, je suis française.
위, 쥬 쒸이 프헝쎄즈.

> **A** : 안녕, 너는 프랑스 사람(남성)이니?
> **B** : 응, 나는 프랑스 사람(남성)이야. 너는 프랑스 사람(여성)이니?
> **A** : 응, 나는 프랑스 사람(여성)이야.

기억해줘

- être 동사는 '~이다'라는 뜻으로 영어의 'be 동사'와 같이 아주 중요한 동사입니다.
  프랑스어의 모든 동사들은 주어에 알맞게 동사변화를 해 주어야 합니다.
  동사는 문법편 2과, 5과, 6과에 더욱 자세히 설명되어 있습니다.

  〈etre (에트흐) 동사의 현재 변화〉
  je suis ... (쥬 쒸이) : 나는 …이다   nous sommes ... (누 쏨) : 우리는 …이다
  tu es ... (뛰 에) : 너는 …이다   vous êtes ... (부 젯) : 당신은 …이다
  il/elle est ... (일/엘 레) : 그는/그녀는 …이다   ils/elles sont ... (일/엘 쏭) : 그들은/그녀들은…이다

- 연음 il est : 일레 (○) 일에 (×)   elle est : 엘레 (○) 엘에 (×)
        vous êtes : 부젯 (○) 부엣 (×)

- 국가명과 국가 형용사

	국가명	남성	여성
한국	Corée (꼬헤)	Je suis coréen. (쥬 쒸이 꼬헤양)	Je suis coréenne. (쥬 쒸이 꼬헤엔)
프랑스	France (프헝스)	Je suis français. (쥬 쒸이 프헝쎄)	Je suis française. (쥬 쒸이 프헝쎄즈)
중국	Chine (신)	Je suis chinois. (쥬 쒸이 시누아)	Je suis chinoise. (쥬 쒸이 시누아즈)
일본	Japon (자뽕)	Je suis japonais. (쥬 쒸이 자뽀네)	Je suis japonaise. (쥬 쒸이 자뽀네즈)
미국	Etats-Unis (에따쥐니)	Je suis américain. (쥬 쒸이 자메히꺙)	Je suis américaine. (쥬 쒸이 자메히껜)
영국	Angleterre (엉글르떼흐)	Je suis anglais. (쥬 쒸이 정글레)	Je suis anglaise. (쥬 쒸이 정글레즈)

'나는 한국 사람이다'는 남성일 경우는 Je suis coréen.(쥬 쒸이 꼬헤양)이라고 하고, 여성일 경우는 Je suis coréenne.(쥬 쒸이 꼬헤엔)이라고 꼭 구별해서 써야 합니다.
보통 남성형에 e를 넣어주면 여성형이 됩니다.
하지만 예외적으로 ne를 추가하는 경우도 있습니다.(→ 문법편 1과 1. 남성 명사/여성 명사)

- s는 z로 연음을 하는 것이 원칙이지만 일상적으로 연음을 안하는 경우도 있습니다.
  Je suis anglais. : 쥬 쒸이 정글레 (○) 쥬 쒸이 엉글레 (×)

2

A : Bonjour, je m'appelle Lisa. Je suis japonaise.
봉쥬흐, 쥬 마뻴 리자. 쥬 쒸이 자뽀네즈.

B : Bonjour, Lisa, vous êtes japonaise ?
봉쥬흐, 리자, 부 젯 자뽀네즈?

Moi, je m'appelle Martin. Je suis français.
모아, 쥬 마뻴 마흐땅. 쥬 쒸이 프헝쎄.

A : 안녕하세요. 제 이름은 리자입니다. 저는 일본 사람(여성)입니다.
B : 안녕하세요. 리자 씨. 당신은 일본 사람(여성)입니까? 저는 마르탱이라고 합니다. 저는 프랑스 사람(남성)입니다.

기억해줘

- moi(모아)는 '나'라는 의미의 강세형 인칭대명사로 주어를 강조할 때 쓰입니다.
  toi(뚜아)는 '너'라는 뜻이고 vous(부)는 '당신'이라는 뜻입니다.
  je(쥬), tu(뚜), vous(부)와 같은 주어 인칭대명사와는 구별해야 합니다.
  주어 인칭대명사는 문법편의 2과를, 강세형 인칭대명사는 문법편의 9과를 참고하세요.

- 질문을 할 때에는 문장 끝부분의 억양을 살짝 올려줍니다.
  Vous êtes français ?

3

A : David est coréen ?
다비 데 꼬헤양?

B : Oui, il est coréen.
위, 일 레 꼬헤양.

A : Marie est coréenne ?
마리 에 꼬헤엔?

B : Non, elle est chinoise.
농, 엘 레 시누아즈.

A : 다비드는 한국 사람입니까?
B : 네, 그는 한국 사람입니다.
A : 마리는 한국 사람입니까?
B : 아니요, 그녀는 중국인입니다.

기억해줘

- David를 반복하지 않기 위해 3인칭 단수 주어 인칭대명사인 il(그)을 이용하고, Marie는 elle(그녀)로 받습니다.

Nationalité et profession

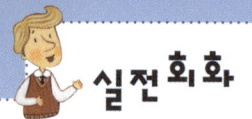

실전회화 — Nationalité et profession

4

A : Vous êtes professeur ?
부 젯 프호페쒸흐?

B : Non, je suis étudiant. Et vous ? Vous êtes professeur ?
농, 쥬 쒸이 제뛰디엉. 에 부? 부 젯 프호페쒸흐?

A : Non, moi aussi, je suis étudiant.
농, 모아 오씨, 쥬 쒸이 제뛰디엉.

A : 당신은 선생님인가요?
B : 아니요, 저는 학생입니다. 당신은요? 당신은 선생님인가요?
A : 아니요, 저 또한 학생입니다.

기억해줘

- être 동사는 국적뿐만 아니라 직업을 말할 때도 사용하며 그밖에 다양한 표현에 이용됩니다.
- **Profession**(프호페씨옹) : 직업

	남성		여성	
학생	étudiant	(에뛰디엉)	étudiante	(에뛰디엉뜨)
회사원	employé	(엉쁠로아이에)	employée	(엉쁠로아이에)
음악가	musicien	(뮈지씨앙)	musicienne	(뮈지씨엔)
정비사	mécanicien	(메꺄니씨양)	mécanicienne	(메꺄니씨엔)
무용가	danseur	(덩쒀흐)	danseuse	(덩쒀즈)
판매원	vendeur	(벙둬흐)	vendeuse	(벙둬즈)
농부	agriculteur	(아그히뀔뚸흐)	agricultrice	(아그히뀔트히쓰)
배우	acteur	(악뚸흐)	actrice	(악트히쓰)
요리사	cuisinier	(뀌지니에)	cuisinière	(뀌지니에흐)
제빵사	boulanger	(불렁제)	boulangère	(불렁제흐)
화가	peintre	(빵트흐)	peintre	(빵트흐)
기자	journaliste	(쥬흐날리쓰뜨)	journaliste	(쥬흐날리쓰뜨)

직업의 여성형을 만들 때에는 보통 e를 붙이지만 여성형이 불규칙적으로 바뀌는 경우도 있습니다.
professeur(프호페쒸흐, 선생님)나 médecin(멧쌍, 의사)은 항상 남성형으로 쓰입니다.

5

A : Est-ce que Marco est cuisinier ?
에쓰 끄 마흐꼬 에 뀌시니에?

B : Non, il est boulanger.
농, 일 레 불렁제.

A : Est-ce que Violette est peintre ?
에쓰 끄 비올렛 떼 빵트흐?

B : Non, elle est journaliste.
농, 엘 레 주흐날리쓰뜨.

A : 마르코는 요리사니?
B : 아니, 그는 제빵사야.
A : 비올렛은 화가니?
B : 아니, 그녀는 기자야.

기억해줘

- 억양으로 질문할 수도 있지만 문장 앞에 est-ce que를 넣어서 의문문을 만들 수도 있습니다.
  (→ 문법편 3과 1. 의문문)
- 연음 : Violette est peintre : 비올렛 떼 빵트흐(O)   비올렛 에 빵트흐(X)

6

A : Bernard et moi, nous sommes français.
　　　베흐나 　헤 모아, 　누 　쏨 　프헝쎄.

Et, nous sommes vendeurs.
에, 　누 　쏨 　벙둬흐.

B : Ah bon ? Isabelle et Corine, elles sont françaises
　　　아 봉? 　이자벨 레 꼬힌, 　엘 쏭 　프헝쎄즈

aussi. Et elles sont étudiantes.
오씨. 　에 　엘 　쏭 　떼뛰디엉뜨.

A : 베르나르와 나, 우리는 프랑스 사람입니다. 그리고 우리는 판매원입니다.
B : 그래요? 이자벨과 코린, 그녀들도 프랑스 사람입니다. 그리고 그녀들은 학생들이에요.

4
aussi : ~도, ~또한
moi aussi : 저도, 저 또한

6
Ah bon? : 아 그래요? 그렇습니까?

기억해줘

- lui + moi = nous : 그와 나를 말할 때는 nous(우리)를 씁니다.
  elle + elle = elles : 그녀와 그녀를 말할 때는 elles(그녀들)을 씁니다.
  (→ 문법편 9과 3. 강세형 인칭대명사)

- étudiant, français 같은 단어는 남성형과 여성형 그리고 단수형과 복수형으로 나눌 수 있습니다.
  (→ 문법편 1과 1. 남성 명사/여성 명사 2. 단수 명사/복수 명사)
  (→ 문법편 4과 2. être 동사와 형용사)

- 프랑스어에서는 단어 끝에 오는 s를 발음하지 않습니다.

- 연음 : être 동사의 est는 연음이 됩니다.
  Il est étudiant. : 일 레 떼뛰디엉 (O)   일 레 에뛰디엉 (X)
  하지만 '그리고'라는 뜻의 et는 연음이 되지 않습니다.
  et elle : 에 엘 (O)   에 뗄 (X)

 **Dialogue**

A : Un café, Suji ?
  엉   꺄페,   쒸지 ?

B : Oh oui, merci.
  오 위, 메흐씨.

A : De rien.
  드   히양.

B : Michael, est-ce que tu es français ?
  미꺄엘, 에쓰 끄 뛰 에 프헝쎄 ?

A : Non, je suis coréen et toi Suji ?
  농, 쥬 쒸이 꼬헤양   에 뚜아 쒸지 ?

B : Moi, je suis française.
  모아, 쥬 쒸이 프헝쎄즈.

A : Et Chris et Clara ? Ils sont américains ?
  에 크히쓰 에 클라하 ? 일 쏭   따메히깡 ?

B : Non, ils sont anglais.
  농,   일 쏭 떵글레.

A : Ils sont étudiants ?
  일 쏭   떼뛰디엉 ?

B : Non, Chris est musicien et Clara est fonctionnaire.
  농, 크히쓰 에 뮈지씨양 에 클라하 에   퐁씨오네흐.

단어
un café : 커피 한 잔, 커피숍
merci : 고마워, 고맙습니다
de rien : 천만에, 천만에요
fonctionnaire : 공무원

A : 커피 한 잔 마실래, 수지?
B : 그래, 고마워.
A : 천만에.
B : 미카엘, 너는 프랑스 사람이니?
A : 아니, 나는 한국 사람이야. 수지 너는?
B : 나, 나는 프랑스 사람이야.
A : 크리스와 클라라는? 그들은 미국 사람들이니?
B : 아니, 그들은 영국 사람들이야.
A : 그들은 학생이니?
B : 아니, 크리스는 음악가고 클라라는 공무원이야.

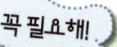 꼭 필요해!

- sont의 t 역시 연음이 됩니다.
  Ils sont américains ?: 일쏭 따메히깡 (○) 일쏭 아메히깡 (×)

Exercices

1 주어에 맞게 être 동사를 변화해 보세요.

① je _suis_ _____   ② nous _____
③ tu _____   ④ vous _____
⑤ il _____   ⑥ ils _____
⑦ elle _____   ⑧ elles _____

2 빈칸에 알맞은 동사 변화형을 채워 보세요.

① Je _suis_ étudiant et je _____ coréen. Vous _____ coréenne ?
② Il _____ anglais et nous _____ américains.
③ Elle _____ française ? Elle _____ étudiante ?
④ Tu _____ acteur. Ils _____ acteurs aussi.

3 알맞은 국적과 직업을 선으로 이어 보세요.

① Anne, elle est   *   * étudiantes et coréennes
② John, il est   *   * étudiants et anglais
③ Nina et Louise, elles sont   *   * étudiante et française
④ Lora et Bruce sont   *   * étudiant et américain

4 다음 사람들을 소개해 보세요.

> Brad Pitt et Angelina Jolie / américains / acteurs
> → Brad Pitt et Angelina Jolie sont américains et ils sont acteurs.
> 브핫 삣 떼 엉젤리나 졸리 쏭 따메히꺙 에 일 쏭 딱뙤흐.

① Boa / coréenne / chanteuse (가수/여성)
_____

② Bi / coréen / chanteur (가수/남성)
_____

③ Jin / japonais / étudiant
_____

④ Sylvie / française / étudiante
_____

Leçon 3

Ville et langue
도시와 언어

♥ **목표**
　도시와 언어에 대해 말하기

♥ **회화 포인트**
　언어
　도시
　질문하기

♥ **문법 포인트**
　habiter 동사(live 동사)
　parler 동사(speak 동사)
　의문문, 부정문

실전회화 — Ville et langue

1

A : Vous parlez français ?
부 빠흘레 프헝쎄 ?

B : Oui, je parle français.
위, 쥬 빠흘르 프헝쎄.

A : Vous parlez coréen ?
부 빠흘레 꼬헤양 ?

B : Oui, je parle coréen.
위, 쥬 빠흘르 꼬헤양.

A : 당신은 프랑스어를 하십니까?
B : 네, 저는 프랑스어를 합니다.
A : 당신은 한국어를 하십니까?
B : 네, 저는 한국어를 합니다.

기억해줘

- parler 동사는 '말하다'라는 뜻의 1군 동사입니다. 1군 동사 변화는 문법편을 참고하시기 바랍니다.
  (→ 문법편 5과 1. 1군 동사)

  〈parler (빠흘레) 동사의 현재 변화〉
  je parle … (쥬 빠흘르) : 나는 …말을 한다
  tu parles … (뛰 빠흘르) : 너는 … 말을 한다
  il/elle parle … (일/엘 빠흘르) : 그는/그녀는 … 말을 한다
  nous parlons … (누 빠흘롱) : 우리는 … 말을 한다
  vous parlez … (부 빠흘레) : 당신은 … 말을 한다
  ils/elles parlent … (일/엘 빠흘르) : 그들은/그녀들은 … 말을 한다

- 언어는 국적의 남성형과 같습니다.
  français : 프랑스 사람(남자), 프랑스어
  coréen : 한국 사람(남자), 한국어
  anglais : 영국 사람(남자), 영국어

2

A : Magalie, elle parle français, anglais, espagnol, chinois
마갈리, 엘 빠흘르 프헝쎄, 엉글레, 에쓰빠뇰, 시누아

et japonais.
에 자뽀네.

B : Oh là là ! Elle parle beaucoup de langues !
올 라 라! 엘 빠흘르 보꾸 드 렁규!

A : 마갈리는 프랑스어, 영어, 스페인어, 중국어 그리고 일본어를 합니다.
B : 와우, 그녀는 많은 언어를 하네요!

기억해줘

여러 가지를 나열할 때는 콤마를 찍고 마지막에는 콤마를 찍지 않고 et(그리고)를 씁니다.
Je parle coréen, anglais et français.

3

A : Est-ce que tu parles chinois ?
에쓰 끄 뛰 빠흘르 시누아 ?

B : Non, je ne parle pas chinois.
농, 쥬 느 빠흘르 빠 시누아.

A : Alors, parles-tu japonais ?
알로흐, 빠흘르뛰 자뽀네 ?

B : Non, je ne parle pas japonais.
농, 쥬 느 빠흘르 빠 자뽀네.

A : Tu ne parles pas vietnamien ?
뛰 느 빠흘르 빠 비에뜨나미양 ?

Tu ne parles pas indonésien ?
뛰 느 빠흘르 빠 앙도네지앙 ?

B : Je suis coréenne et je parle coréen !
쥬 쒸이 꼬헤엔 에 쥬 빠흘르 꼬헤양 !

A : 너는 중국어 하니?
B : 아니, 나는 중국어 못 해.
A : 그럼 일본어 하니?
B : 아니 나는 일본어 못 해.
A : 베트남어는 못 하니? 인도네시아어는 못 하니?
B : 나는 한국 사람이야. 그리고 나는 한국어를 해!

단어

2
oh là là : 놀라움을 나타내는 감탄사
beaucoup de : 많은
beaucoup de langues : 많은 언어들

3
vietnamien : 베트남 사람, 베트남어
Vietnam (비에뜨남) : 베트남
indonésien : 인도네시아 사람, 인도네시아어
Indonésie (앙도네지) : 인도네시아

기억해줘

- 질문하는 3가지 방법(→ 문법편 3과 1. 의문문)
  1. 억양으로 질문한다. Vous parlez français ?
  2. 문장의 앞부분에 est-ce que를 붙인다. Est-ce que vous parlez français ?
  3. 주어와 동사의 위치를 바꾼다. (도치할 때는 동사와 주어의 사이에 – 을 넣어준다.)
     Parlez-vous français ?

- 부정문을 만드는 방법 : ne와 pas를 동사의 앞과 뒤에 넣는다.(→ 문법편 3과 2. 부정문)
  Je ne parle pas français.
  Il ne parle pas anglais.
  Nous ne parlons pas coréen.
  Je ne suis pas français.

실전회화

Ville et langue

4

A : Est-ce que vous habitez à Paris ?
에쓰 끄 부 자비떼 아 빠히?

B : Non, j'habite à Séoul. Et vous ?
농, 쟈빗 따 쎄울. 에 부?

A : Moi aussi, j'habite à Séoul.
모아 오씨, 쟈빗 따 쎄울.

> **A** : 당신은 파리에서 사십니까?
> **B** : 아니요, 저는 서울에서 삽니다. 당신은요?
> **A** : 저도요. 서울에서 살아요.

기억해줘

- habiter 동사는 '살다'라는 뜻으로 er로 끝나는 1군 동사이므로 빨간색 부분만 주어에 맞게 바꾸면 됩니다.
  〈habiter(아비떼) 동사의 현재 변화〉
  j'habite … (쟈빗) : 나는 … 산다   nous habitons … (누 자비똥) : 우리는 … 산다
  tu habites … (뛰 아빗) : 너는 … 산다   vous habitez … (부 자비떼) : 당신은 … 산다
  il/elle habite … (일/엘 라빗) : 그는/그녀는 … 산다
  ils/elles habitent … (일/엘 자빗) : 그들은/그녀들은 … 산다

- je 다음에 모음이나 무음 h가 오는 경우 모음축약을 해서 j'라고 바꾸어 줍니다.
  Je habite : 쥬 자빗(×)   J'habite : 쟈 빗 (○)

- '어느 도시에서 산다'고 할 때는 habiter 동사 뒤 그리고 도시 앞에 전치사 à를 사용합니다. 여성 국가명 앞에는 en, 남성 국가명 앞에는 au를 씁니다.(→ 문법편 8과 1. 전치사 à /de 4. 다른 전치사)
  J'habite à Séoul. (저는 서울에서 삽니다.)
  J'habite en France. (저는 프랑스에서 삽니다.)

5

A : Bonjour ! Je m'appelle Roberto et je suis italien.
봉쥬흐! 쥬 마뻴 호베흐또 에 쥬 쒸이 지딸리앙.

Je parle italien et français. J'habite à Rome.
쥬 빠흘 리딸리앙 에 프헝쎄. 쟈빗 따 홈.

B : Salut ! Je m'appelle Lora. Je suis anglaise et j'habite
쌀뤼! 쥬 마뻴 로하. 쥬 쒸이 정글레즈 에 쟈빗

à Londres. Je parle anglais, espagnol et français.
딸 롱드흐. 쥬 빠흘 렁글레, 에쓰빠뇰 에 프헝쎄.

C : Salut ! Je m'appelle Jina et je suis coréenne.
쌀뤼! 쥬 마뻴 지나 에 쥬 쒸이 꼬헤엔느.

Je parle coréen, anglais et français. J'habite à Busan.
쥬 빠흘르 꼬헤양, 엉글레 에 프헝쎄. 쟈빗 따 부산.

A : 안녕! 내 이름은 로베르토이고 이탈리아 사람이야.
나는 이탈리아어와 프랑스어를 하고 로마에서 살아.
B : 안녕! 내 이름은 로라야. 나는 영국 사람이고 런던에서 살아.
나는 영어, 스페인어 그리고 프랑스어를 해.
C : 안녕! 내 이름은 지나이고 나는 한국 사람이야.
나는 한국어, 영어 그리고 프랑스어를 해. 나는 부산에서 살아.

기억해줘

- 도시의 이름 또한 프랑스식으로 말해야 하는 경우도 있습니다.
  예를 들면 서울은 Séoul (쎄울), 로마는 Rome (홈), 런던은 Londres (롱드흐)라고 합니다.

A : Est-ce que Marc habite à Séoul ?
에쓰 끄 마흐 까빗 따 쎄울?

B : Non, il n'habite pas à Séoul. Il habite à Paris.
농, 일 나빗 빠 자 쎄울. 일 라빗 따 빠히.

A : Et Marion ? Elle habite à Paris ?
에 마히용? 엘 라빗 따 빠히?

B : Non, elle n'habite pas à Paris. Elle habite à Berlin.
농, 엘 나빗 빠 자 빠히. 엘 라빗 따 베흘랑.

A : Et toi ? Habites-tu à Tokyo ?
에 뚜아? 아비뜨 뛰 아 또꾜?

B : Non, je n'habite pas à Tokyo. J'habite à Pékin.
농, 쥬 나빗 빠 자 또꾜. 자빗 따 뻬깡.

A : 마크는 서울에 사니?
B : 아니, 그는 서울에 살지 않아. 그는 파리에서 살아.
A : 마리옹은? 그녀는 파리에서 사니?
B : 아니, 그녀는 파리에서 살지 않아. 베를린에서 살아.
A : 너는? 너는 도쿄에서 사니?
B : 아니, 나는 도쿄에서 살지 않아. 나는 베이징에서 살아.

기억해줘

- il habite의 부정문은 동사의 앞뒤에 ne ~ pas를 넣어서 il n'habite pas가 됩니다.
  ne는 모음축약되어 n'가 됩니다.

단어

5 **italien** (이딸리양) : 이탈리아 사람, 이탈리아어
Italie (이딸리) : 이탈리아
espagnol (에쓰빠뇰) : 스페인 사람, 스페인어
Espagne (에쓰빠뉴) : 스페인

 **Dialogue**

A : Est-ce que tu parles français ?
에쓰 끄 뛰 빠흘르 프헝쎄?

B : Oui, je parle français.
위, 쥬 빠흘르 프헝쎄.

A : Es-tu français ?
에 뛰 프헝쎄?

B : Non, je ne suis pas français. Je suis coréen. Et j'habite en France.
농, 쥬 느 쒸이 빠 프헝쎄. 쥬 쒸이 꼬헤양. 에 자빗 떵 프헝쓰.

A : Ah d'accord. Est-ce que tu es étudiant ?
아 다꼬흐. 에쓰 끄 뛰 에 에뛰디엉?

B : Oui, je suis étudiant. Toi aussi ?
위, 쥬 쒸이 제뛰디엉. 뚜아 오씨?

A : Oui, moi aussi. Je suis étudiante en français.
위, 모아 오씨. 쥬 쒸이 제뛰디엉 떵 프헝쎄.

B : Vraiment ? Moi aussi.
브헤멍? 모아 오씨.

A : 너는 프랑스어를 하니?
B : 응, 나는 프랑스어 해.
A : 너는 프랑스 사람이니?
B : 아니, 나는 프랑스 사람이 아니야. 나는 한국 사람이야. 그리고 프랑스에서 살아.
A : 아 그렇구나. 너는 대학생이니?
B : 응, 대학생이야. 너도?
A : 응, 나도. 나는 프랑스어과 학생이야.
B : 정말? 나도.

단어
en France : 프랑스에서
d'accord : OK, 알겠습니다. 그렇군요
étudiant : 대학생
étudiant en français : 프랑스어과 학생
vraiment : 정말

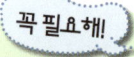 꼭 필요해!

- 일상 생활에서는 도치하는 방법보다 억양 또는 Est-ce que를 이용해서 질문을 하는 편입니다.
'당신은 프랑스어를 하십니까?'라는 질문을 한다면 Parlez-vous français ?라고 할 수도 있지만 Vous parlez français ?, Est-ce que vous parlez français ?라고 말할 수도 있습니다.
또한 Je ne suis pas français.에서도 ne가 생략되어 Je suis pas français.라고 흔히 말합니다.
하지만 우리는 문법적으로 정확히 'ne ~ pas'를 넣어서 연습합시다.

Exercices

1 세르주의 질문에 답해 보세요.

Serge : Vous parlez français ?
① Vous : Oui, _____.
Serge : Est-ce que vous habitez à Cannes ? (칸 : 프랑스 남부 도시)
② Vous : Non, _____.

2 이번에는 여러분이 세르주에게 질문해 보세요.

① Vous : _____ ?
Serge : Oui, j'habite à Lyon. (리옹 : 프랑스의 제2도시)
② Vous : _____ ?
Serge : Non, je ne parle pas anglais.

3 다음 사람들을 소개해 보세요.

① Patrick : Je suis français et je suis employé. J'habite à Londres et je parle français, anglais et espagnol.
→ Patrick est français et il _____
_____

② Marie-Anne : Je suis belge. J'habite à Bruxelles et je parle français et allemand.
→ _____
_____

③ Thomas : Je suis suisse. Je suis professeur et j'habite à Genève. Je parle français, anglais et italien.
→ _____
_____

★ belge(벨쥬) : 벨기에 사람
★ allemand(알멍) : 독일어
★ suisse(스위쓰) : 스위스 사람

Leçon 4

Amour
시랑

♥ **목표**
좋아하는 것 묻고 답하기

♥ **회화 포인트**
취미
좋아하다
싫어하다

♥ **문법 포인트**
aimer 동사(like 동사)
정관사
형용사

실전회화 Amour

1

A : Est-ce que tu aimes le shopping ?
에쓰 끄 뛰 엠 르 쇼삥?

B : Oui, j'aime beaucoup le shopping. Et toi ?
위, 젬 보꿉 르 쇼삥. 에 뚜아?

A : Moi aussi, j'adore le shopping.
모아 오씨, 자도흐 르 쇼삥.

> **A** : 너는 쇼핑을 좋아하니?
> **B** : 응, 나는 쇼핑을 아주 좋아해. 너는?
> **A** : 나도, 쇼핑을 아주 좋아해.

 기억해줘

- aimer는 '좋아하다, 사랑하다'라는 뜻의 동사로 er로 끝나기 때문에 1군 동사입니다. adorer(매우 좋아하다)도 마찬가지로 1군 동사입니다. (→문법편 5과 1. 1군 동사)

  〈aimer (에메) 동사의 현재 변화〉
  j'aime … (젬) : 나는 … 를 좋아한다
  tu aimes … (뛰 엠) : 너는 … 를 좋아한다
  il/elle aime … (일/엘 엠) : 그는/그녀는 … 를 좋아한다
  nous aimons … (누 제몽) : 우리는 … 를 좋아한다
  vous aimez … (부 제메) : 당신은 … 를 좋아한다
  ils/elles aiment … (일/엘 젬) : 그들은/그녀들은 … 를 좋아한다

- 프랑스어의 명사는 남성과 여성으로 나누어집니다. (→문법편 1과 4. 정관사)
  남성 명사 앞에는 le를 넣습니다.   le cinéma (르 씨네마) : 영화, le sport (르 스뽀흐) : 스포츠
  여성 명사 앞에는 la를 넣습니다.   la musique (라 뮈직) : 음악, la France (라 프헝쓰) : 프랑스
  모음으로 시작하는 명사 앞에는 l'를 넣습니다.   l'école (레꼴) : 학교, l'homme (롬) : 남자
  복수 명사 앞에는 les를 넣습니다.   les hommes (레 좀) : 남자들, les femmes (레 팜) : 여자들

- e로 끝나는 단어들은 대부분 여성이고 e로 끝나지 않는 단어들은 대부분 남성입니다. 하지만 예외도 있습니다. (→문법편 1과 1. 남성 명사 / 여성 명사)
  e로 끝나는 남성 명사 l'homme(롬) : 남자, le voyage(르 부아이야쥬) : 여행
  e로 끝나지 않은 여성 명사 la maison(라 메종) : 집, la mer(라 메흐) : 바다

2

A : Est-ce que vous aimez le sport ?
에쓰 끄 부 제멜 르 스뽀흐?

B : Non, je n'aime pas le sport.
농, 쥬 넴 빨 르 스뽀흐.

A : Vous aimez les voyages ?
부 제멜 레 부아이야쥬?

B : Non, je n'aime pas les voyages.
농, 쥬 넴 빨 레 부아이야쥬.

A : Et la lecture, aimez-vous la lecture ?
엘 랄 렉뛰흐, 에메 부 라 렉뛰흐?

B : Non, je n'aime pas la lecture.
농, 쥬 넴 빨 라 렉뛰흐.

A : Alors, aimez-vous la télévision ?
알로흐, 에메 부 라 뗄레비지옹?

B : Oui, j'aime la télévision.
위, 젬 라 뗄레비지옹.

> **A** : 당신은 스포츠를 좋아하십니까?
> **B** : 아니요, 저는 스포츠를 좋아하지 않습니다.
> **A** : 당신은 여행을 좋아하십니까?
> **B** : 아니요, 저는 여행을 좋아하지 않습니다.
> **A** : 그럼 독서는요, 독서를 좋아하십니까?
> **B** : 아니요, 저는 독서를 좋아하지 않습니다.
> **A** : 그럼, 텔레비전을 좋아하십니까?
> **B** : 네, 텔레비전을 좋아합니다.

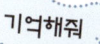

- le sport, la lecture, la télévision과 같은 경우 셀 수 없는 명사이기 때문에 단수로 쓰지만 le voyage는 셀 수 있기 때문에 복수로 씁니다.

- e로 끝나는 단어 외에 -tion이나 -sion으로 끝나는 단어들도 여성 명사입니다.

3

A : Elle aime le cinéma, la promenade et la musique.
엘 엠 르 씨네마, 라 프호므나드 엘 라 뮤직.

Mais elle n'aime pas le foot.
메 젤 넴 빨르 풋.

B : Il aime bien le foot. Mais il n'aime pas le shopping.
일 엠 비양 르 풋. 메 질 넴 빨르 쇼삥.

> **A** : 그녀는 영화와 산책 그리고 음악을 좋아해. 하지만 축구는 좋아하지 않아.
> **B** : 그는 축구를 좋아해. 하지만 쇼핑은 좋아하지 않아.

단어

1 le shopping : 쇼핑
aimer : 좋아하다
beaucoup : 많이
adorer : 매우 좋아하다

2 le voyage : 여행
la lecture : 독서
la télévision : 텔레비전, 텔레비전 시청

3 la promenade : 산책
le foot : 축구
mais : 그러나

실전회화 Amour

> **기억해줘**
>
> - **Les loisirs** (렐 로아지흐) : 취미
>   - le shopping(르 쇼삥) : 쇼핑
>   - le voyage(르 부아이야쥬) : 여행
>   - la télévision(라 뗄레비지옹) : TV
>   - le théâtre(르 떼아트흐) : 연극
>   - la randonnée(라 헝도네) : 등산
>   - le foot(르 풋) : 축구
>   - la musique(라 뮤직) : 음악
>   - le sport(르 스뽀흐) : 스포츠
>   - la lecture(랄 렉뛰흐) : 독서
>   - le cinéma(르 씨네마) : 영화
>   - la promenade(라 프호므나드) : 산책
>   - le jogging(르 조깅) : 조깅
>   - la pêche(라 뻬슈) : 낚시
>   - la cuisine(라 뀌진) : 요리

4

A : Vous parlez français ?
　　부　빠흘레　프헝쎄?

B : Oui, je parle français. J'adore le français.
　　위, 쥬 빠흘르　프헝쎄.　자도흐 르　프헝쎄.

A : 당신은 프랑스어를 하십니까?
B : 네, 저는 프랑스어를 해요. 저는 프랑스어를 아주 많이 좋아해요.

> **기억해줘**
>
> - parler 동사를 이용해서 '프랑스어를 말한다'고 표현할 때에는 관사를 붙이지 않습니다.
>   이름과 도시, 국적과 직업 앞에도 관사를 넣지 않습니다.
>   Je parle français. Je suis étudiant.
>   하지만 aimer나 adorer 동사를 이용해서 '프랑스어를 좋아한다'고 표현할 때는 관사를 넣어야 합니다.
>   J'aime le français. J'adore le français.

5

A : Aimez-vous le cinéma français ?
　　에메　　불 르　씨네마　　프헝쎄?

B : Oui, j'aime le cinéma français.
　　위, 젬　르　씨네마　프헝쎄.

A : Aimez-vous la musique coréenne ?
　　에메　　불 라　뮤직　　꼬헤엔?

B : Oui, j'aime la musique coréenne.
　　위, 젬　라　뮤직　꼬헤엔.

A : 프랑스 영화 좋아하세요?
B : 네, 저는 프랑스 영화를 좋아합니다.
A : 한국 음악 좋아하세요?
B : 네, 저는 한국 음악을 좋아합니다.

기억해줘

- 프랑스어에서 형용사는 명사 뒤에 가는 것이 규칙입니다. le cinéma français에서 français 역시 cinéma라는 명사 뒤에 왔습니다. 또한 형용사는 명사의 성에 일치시켜야 합니다. la musique coréenne에서 musique가 여성 명사이기 때문에 형용사도 coréenne으로 일치시켜 주었습니다. (→ 문법편 4과 1. 명사와 품질형용사)

le cinéma coréen   la musique coréenne

A : Je t'aime !
　　쥬　　　　뗌!
B : Moi aussi, je t'aime !
　　모아　　오씨,　쥬　　뗌!

A : 난 너를 사랑해!
B : 나도 사랑해!

기억해줘

- t'는 te가 모음축약된 것인데 '너를' 이라는 뜻으로써 주어와 동사 사이에 위치합니다.

Amour 51

 **Dialogue**

A : Est-ce que vous aimez la cuisine coréenne ?
에쓰 끄 부 제멜 라 뀌진 꼬헤엔 ?

B : Oui, j'aime la cuisine coréenne.
위, 젬 라 뀌진 꼬헤엔.

A : Et la cuisine japonaise ? Vous aimez bien la cuisine japonaise ?
엘 라 뀌진 자뽀네즈 ? 부 제메 비양 라 뀌진 자뽀네즈 ?

B : Oui, j'aime bien la cuisine japonaise.
위, 젬 비양 라 뀌진 자뽀네즈.

A : Est-ce que vous aimez la cuisine chinoise ?
에쓰 끄 부 제멜 라 뀌진 시누아즈 ?

B : Oui, j'aime beaucoup la cuisine chinoise.
위, 젬 보꿀 라 뀌진 시누아즈.

A : Aimez-vous aussi la cuisine italienne ?
에메 불 오씰 라 뀌지 니딸리엔 ?

B : Oui, j'adore aussi la cuisine italienne.
위, 자도흐 오씰 라 뀌지 니딸리엔.

A : Et la cuisine française ? Vous aimez aussi la cuisine française ?
엘 라 뀌진 프헝쎄즈 ? 부 제메 오씰 라 뀌진 프헝쎄즈 ?

B : Oui, bien sûr. J'aime beaucoup la cuisine française.
위, 비양 쒸흐. 젬 보꿀 라 뀌진 프헝쎄즈.

A : 한국 요리 좋아하세요?
B : 네, 한국 요리 좋아해요.
A : 일본 요리는요? 일본 요리 좋아하세요?
B : 네, 일본 요리 좋아해요.
A : 중국 요리 좋아하시나요?
B : 네, 중국 요리 아주 좋아해요.
A : 이탈리아 요리도 좋아하세요?
B : 네, 이탈리아 요리도 매우 좋아합니다.
A : 그럼 프랑스 요리는요? 프랑스 요리도 좋아하세요?
B : 네, 물론이죠. 프랑스 요리 정말 좋아합니다.

단어
bien sûr : 물론이죠, 당연하지

 꼭 필요해!

- j'aime는 '좋아한다, 사랑한다'의 의미이고, j'aime bien은 오히려 조금 약한 뉘앙스를 가지고 있습니다. '~를 좋아하세요?'라고 물을 때는 adorer 동사가 아닌 aimer 동사를 이용해서 Vous aimez~ ?라고 표현합니다.

Exercices

1 빈칸에 알맞은 관사를 넣으세요. (le / la)

① Pierre aime bien _le_ jogging et _____ natation. Il adore _____ sport.

② Il aime beaucoup aussi _____ musique et _____ cinéma.

③ Mais, Corine n'aime pas _____ sport. Elle aime _____ shopping et _____ lecture.

④ Moi, j'aime bien _____ randonnée.

⑤ Est-ce que vous aimez _____ pêche ?

2 위의 문장을 우리말로 해석해 보세요.

① 피에르는 조깅과 수영을 좋아합니다. _____

② _____

③ _____

④ _____

⑤ _____

3 질문에 답해 보세요.

① Vous aimez le sport ? – _Oui, j'aime le sport. / Non, je n'aime pas le sport._

② Aimez-vous le foot ? – _____

③ Est-ce que vous aimez la randonnée ? – _____

④ Et le théâtre, vous aimez le théâtre ? – _____

4 알맞은 형용사를 고르세요.

① J'aime la cuisine (coréen /(coréenne)).

② Tu aimes le cinéma (américain / américaine) ?

③ Nous aimons la télévision (français / française).

④ Vous aimez la musique (anglais / anglaise) ?

5 자기 소개를 해 보세요.

이름 (Je m'appelle~) / 국적 (Je suis ~) / 직업 (Je suis ~) / 사는 곳 (J'habite ~) / 구사하는 언어 (Je parle ~) / 좋아하는 것 (J'aime ~)

_____

_____

_____

Leçon 5
Personne
사람

♥ **목표**
사람에 대해 말하기

♥ **회화 포인트**
성격
모습
감정

♥ **문법 포인트**
être 동사 활용
의문사 qui(who)
의문사 comment(how)

실전회화 Personne

1

A : Tu aimes bien Aline ?
뛰 엠 비양 알린?

B : Oui, elle est très sympa.
위, 엘 레 트헤 쌍빠.

A : Et Antoine, il est sympa aussi, non ?
에 엉투안, 일 레 쌍빠 오씨, 농?

B : Antoine ? Non, il n'est pas sympa.
엉투안? 농, 일 네 빠 쌍빠.

A : 너 알린 좋아해?
B : 응, 그녀는 아주 좋아.
A : 앙투안은, 그도 좋지, 안 그래?
B : 아니, 그는 좋지 않아.

> **기억해줘**
> - sympa는 sympathique의 줄임말로써 cool과 같이 좋다는 의미의 형용사입니다.
> - 성격, 모습, 감정을 표현할 때는 être 동사를 이용합니다.

2

A : Philippe est gentil. Il est généreux et sérieux.
필리 뻬 정띠. 일 레 제네흐 에 쎄히으.

B : Violette, elle est très gentille aussi.
비올렛, 엘 레 트헤 정띠으 오씨.
Et elle est très aimable.
에 엘 레 트헤 제마블르.

A : Quentin, il n'est pas très gentil.
껑땅, 일 네 빠 트헤 정띠.
Il n'est pas aimable et il n'est pas sérieux.
일 네 빠 제마블르 에 일 네 빠 쎄히으.

A : 필리프는 착해. 그는 너그럽고 성실해.
B : 비올렛, 그녀도 매우 착해. 그리고 그녀는 매우 친절해.
A : 껑땅, 그는 착하지 않아. 그는 친절하지 않고 신중하지 않아.

> **기억해줘**
> - 형용사는 주어의 성에 일치시켜야 합니다. 이때 형용사의 여성형이 불규칙적일 때도 있기 때문에 주의해야 합니다. (→ 문법편 4과 2. être 동사와 형용사)

3

A : Boa est petite et mince. Elle est très belle.
보아 에 쁘띳 떼 망쓰. 엘 레 트헤 벨.

B : Bi est grand et mince. Il est très beau.
비 에 그헝 에 망쓰. 일 레 트헤 보.

A : 보아는 작고 날씬해. 그녀는 매우 아름다워.
B : 비는 크고 날씬해. 그는 매우 잘생겼어.

기억해줘

- 형용사의 남성형이 e로 끝나는 경우 여성형에서 e를 추가로 넣어주지 않습니다.
보통 여성형은 e를 추가하면 되지만 beau는 여성형이 불규칙적으로 만들어져서 belle이 됩니다.

- **Le caractère** (르 까학떼흐) : 성격

	남성형	여성형
착한	gentil (정띠)	gentille (정띠으)
똑똑한	intelligent (앙뗄리정)	intelligente (앙뗄리정뜨)
나쁜	mauvais (모베)	mauvaise (모베즈)
너그러운	généreux (제네흐)	généreuse (제네흐즈)
성실한, 신중한	sérieux (쎄리으)	sérieuse (쎄히으즈)
사교적인	sociable (쏘씨아블르)	남성형과 같음
정직한	honnête (오넷)	남성형과 같음
사랑스러운, 친절한	aimable (에마블르)	남성형과 같음
좋은	sympa (쌍빠)	남성형과 같음

- **L'aspect physique** (라쓰뻬 피직) : 모습

큰	grand (그헝)	grande (그헝드)
작은	petit (쁘띠)	petite (쁘띳)
예쁜	joli (졸리)	jolie (발음은 남성형과 같음)
아름다운, 멋진	beau (보)	belle (벨)
날씬한	mince (망쓰)	남성형과 같음
젊은	jeune (쥔느)	남성형과 같음
나이 많은	âgé (아제)	âgée (발음은 남성형과 같음)

단어

1 sympa : 좋은
non ? : 안그래?

2 gentil : 착한, 좋은
généreux : 너그러운, 많이 베푸는
sérieux : 신중한, 심각한
aimable : 친절한, 사랑스러운

3 petit : 작은
mince : 날씬한
grand : 큰
beau : 잘생긴, 아름다운

실전회화 Personne

4

A : Je ne suis pas heureux.
쥬 느 쒸이 빠 즈흐.
Je suis malheureux et je suis triste.
쥬 쒸이 말르흐 에 쥬 쒸이 트히스트.

B : Mais non. Tu n'es pas malheureux. Tu es amoureux.
메 농. 뛰 네 빠 말르흐. 뛰 에 아무흐.

A : 나는 행복하지 않아. 나는 불행하고 슬퍼.
B : 절대로 아니야. 너는 불행하지 않아. 너는 사랑에 빠졌어.

5

A : Je suis heureux de vous rencontrer.
쥬 쒸이 즈흐 드 부 헝꽁트헤.

B : Moi aussi, je suis très heureuse de vous rencontrer.
모아 오씨, 쥬 쒸이 트헤 즈흐즈 드 부 헝꽁트헤.

A : 만나서 기쁩니다.
B : 저도요, 만나서 매우 기쁩니다.

> **기억해줘**
>
> - 'être heureux de + 동사원형'은 '~를 해서 기쁘다'라는 표현입니다.
>   Je suis heureux d'habiter en France.(프랑스에 살아서 행복합니다.)
>
> - L'émotion (레모씨옹), Le sentiment (르 썽띠멍) : 감정, 느낌
>
> | | 남성형 | 여성형 |
> |---|---|---|
> | 즐거운, 기쁜 | content (꽁떵) | content**e** (꽁떵뜨) |
> | 슬픈 | triste (트히스뜨) | 남성형과 같음 |
> | 기쁜, 행복한 | heureux (으흐) | heureu**se** (으흐즈) |
> | 불행한 | malheureux (말르흐) | malheureu**se** (말르흐즈) |
> | 사랑하는 | amoureux (아무흐) | amoureu**se** (아무흐즈) |

6

A : Aujourd'hui, Alexandre est très content.
오주흐뒤이, 알렉썽드흐 에 트헤 꽁떵.

B : Ah bon ? Pourquoi ?
아 봉? 뿌흐꾸아?

A : Maintenant, il est étudiant.
망뜨넝, 일 레 떼뛰디엉.

B : C'est vrai ? Je suis contente !
쎄 브헤? 쥬 쉬이 꽁떵뜨!
Il est étudiant en français ?
일 레 떼뛰디엉 엉 프헝쎄?

A : Oui, il est étudiant en français à l'université
위, 일 레 떼뛰디엉 엉 프헝쎄 알 뤼니베흐씨떼
en France.
엉 프헝쓰.

> **A** : 오늘, 알렉산드르는 매우 기뻐.
> **B** : 그래? 왜?
> **A** : 이제, 그는 학생이야.
> **B** : 진짜? 너무 기쁘다. 불문과 학생이야?
> **A** : 응, 그는 프랑스 대학의 불문과 학생이야.

기억해줘

- '~과 학생'은 étudiant en ~ 으로 표현합니다.
  예를 들면 étudiant en anglais는 '영문과 학생'이고 étudiant en architecture은 '건축과 학생'입니다.

- **La spécialité** (라 쓰뻬씨알리떼) : 전공
  histoire (이쓰뚜아흐) : 역사   art plastique (아흐 쁠라쓰띡) : 미술
  musique (뮤직) : 음악   médecine (멧씬) : 의학
  psychologie (씨꼴로지) : 심리학   droit (드호아) : 법학
  science politique (씨엉쓰 뽈리띡) : 정치학   commerce (꼬메흐쓰) : 무역
  mathématiques (마떼마띡) : 수학   gestion (제쓰치용) : 경영
  économie (에꼬노미) : 경제   architecture (아흐시떽뛰흐) : 건축
  comptabilité (꽁따빌리떼) : 회계   design (디자인) : 디자인
  stylisme (스띨리슴므) : 패션   espagnol (에쓰빠뇰) : 스페인어
  français (프헝쎄) : 프랑스어   anglais (엉글레) : 영어
  littérature française (리떼라뛰흐 프헝쎄즈) : 프랑스 문학
  relation internationale (흘라씨용 앙떼흐나씨오날) : 국제교류학

단어

5 rencontrer : 만나다

6 aujourd'hui : 오늘
pourquoi : 왜(의문사)
maintenant : 지금
l'université : 대학

Dialogue

A : Qui est Charles ?
끼 에 샤홀르?

B : Charles est français. Il habite à Caen.
샤홀 레 프헝쎄. 일 라빗 따 껑.
Il est grand et beau. Il adore le sport et la musique.
일 에 그헝 에 보. 일 아도흐 르 스뽀 헬라 뮤직.

A : Qui est Serge ?
끼 에 쎄흐쥬?

B : Serge est français aussi. Il habite à Paris.
쎄흐 제 프헝쎄 오씨. 일 라빗 따 빠히.
Il est très sympa et honnête. Il aime beaucoup les chansons françaises.
일 레 트헤 쌍빠 에 오넷. 일 엠 보꿉 레 셩쏭 프헝쎄즈.

A : Qui sont Seb et Aurélie ?
끼 쏭 쎄 베 오헬리?

B : Seb et Aurélie sont français. Ils parlent français et anglais.
쎄 베 오헬리 쏭 프헝쎄. 일 빠흘르 프헝쎄 에 엉글레.
Ils sont très gentils et généreux. Ils adorent les fêtes.
일 쏭 트헤 졍띠 에 제네흐. 일 자도흐 레 펫.

A : Qui est Maéva ?
끼 에 마에바?

B : Maéva est française. Elle parle français, anglais et espagnol.
마에바 에 프헝쎄즈. 엘 빠흘르 프헝쎄, 엉글레 에 에스빠뇰.
Elle est sérieuse et très aimable. Elle adore les voyages.
엘 레 쎄히으즈 에트헤 제마블르. 엘 아도흐 레 부아이아쥬.

> **단어**
> qui : 누구
> Caen : 캉 (프랑스 북서쪽 노르망디 지역에 있는 도시)
> la chanson : 노래
> (les chansons françaises : 프랑스 노래)
> la fête : 파티, 축제

A : 샤를르는 누구입니까?
B : 샤를르는 프랑스 사람입니다. 그는 캉에서 삽니다. 키가 크고 잘생겼습니다. 스포츠와 음악을 매우 좋아합니다.
A : 세르주는 누구입니까?
B : 세르주도 프랑스 사람입니다. 파리에서 삽니다. 그는 좋고 정직한 사람입니다. 프랑스 노래를 아주 좋아합니다.
A : 셉과 오렐리는 누구입니까?
B : 셉과 오렐리는 프랑스 사람입니다. 그들은 프랑스어와 영어를 합니다. 그들은 매우 착하고 너그럽습니다. 그들은 파티를 매우 좋아합니다.
A : 마에바는 누구입니까?
B : 마에바는 프랑스 사람입니다. 그녀는 프랑스어, 영어 그리고 스페인어를 합니다. 그녀는 성실하고 매우 친절합니다. 여행을 매우 좋아합니다.

> **꼭 필요해!**
> • qui는 '누구' 라는 의미의 의문사로서 문장의 앞에 위치하고 그 뒤로 도치된 동사와 주어가 따라옵니다.
> 앞으로 que(끄 : 무엇), où(우 : 어디), pourquoi(뿌흐꾸아 : 왜), comment(꼬멍 : 어떻게), quand(껑 : 언제), combien(꽁비양 : 얼마나), quel(껠 : 어떤) 등의 의문사와 그것들을 이용한 문장을 보시게 됩니다. (→문법편 7과 의문사)

Exercices

1 형용사의 성과 수를 구별하여 알맞은 말을 고르세요.

① Natalie est (*gentil / gentille*). Elle est (*grand / grande*). Elle est très (*joli / jolie*).

② J'aime beaucoup Romain. Il est très (*gentil / gentille*). Et il est (*intelligent / intelligente*).

③ Marion est (*petit / petite*). Elle est (*beau / belle*) et elle est (*sérieux / sérieuse*).

④ Antoine, Christophe et Louis sont (*gentil / gentille / gentils / gentilles*) et (*intelligent / intelligente / intelligents / intelligentes*).

⑤ Isabelle et Mélanie sont (*grand / grande / grands / grandes*) et (*joli / jolie / jolis / jolies*).

2 다음 형용사를 이용해서 자유롭게 문장을 만들어 보세요.

① grand   *Je ne suis pas grand.*

② content _____

③ beau   _____

④ heureux _____

⑤ sympa   _____

3 다음 사람을 묘사해 보세요. (국적, 직업, 성격, 모습, 취미 등)

① Brad Pitt   *Brad Pitt est américain. Il est acteur et il est grand et beau.*

② Angelina Jolie _____

③ Tom Cruise   _____

④ Boa   _____

⑤ Bi   _____

⑥ Bae Yong-Joon _____

Leçon 6
Objet
시물

♥ 목표
물건에 대해 말하기

♥ 회화 포인트
소지품
색깔
형태

♥ 문법 포인트
c'est 표현(it's)
부정관사
의문사 que

실전회화 Objet

1

A : C'est un stylo bleu ?
쎄 떵 스틸로 블루?

B : Oui, c'est un stylo bleu.
위, 쎄 떵 스틸로 블루.

A : Est-ce que c'est un stylo rouge ?
에쓰 끄 쎄 떵 스틸로 후쥬?

B : Non, ce n'est pas un stylo rouge. C'est un stylo noir.
농, 쓰 네 빠 정 스틸로 후쥬. 쎄 떵 스틸로 누아흐.

> **A** : 이것은 파란색 볼펜이니?
> **B** : 응, 파란색 볼펜이야.
> **A** : 이것은 빨간색 볼펜이니?
> **B** : 아니, 빨간색 볼펜이 아니야. 검정색 볼펜이야.

기억해줘

- ce는 '이것'이라는 뜻으로써 영어의 it과 같고, 3인칭 단수 즉 il/elle과 같이 변화합니다.
  c'est ~는 '이것은 ~이다'라는 의미로 ce est가 모음축약된 형태입니다.

- **부정관사**
  정관사는 '그'를 명사 앞에 넣어 해석할 수 있고 부정관사는 '하나의'를 앞에 넣어 해석할 수 있습니다.
  남성 명사 앞에는 un을 넣습니다.   un homme (언 옴 : 한 남자)   un livre (엉 리브르 : 하나의 책)
  여성 명사 앞에는 une을 넣습니다.   une femme (윈 팜 : 한 여자)   une table (윈 따블르: 하나의 탁자)
  복수 명사 앞에는 des를 넣습니다.   des livres (데 리브흐 : 책들)   des tables (데 따블르 : 탁자들)
  (→문법편 1과 3. 부정관사)

- **Les couleurs** (꿀뢔흐) : 색깔
  파란색 bleu (블루) bleue (블루)   빨간색 rouge (후쥬) rouge (후쥬)
  초록색 vert (베흐) verte (베흐뜨)   노란색 jaune (존)   jaune (존)
  검정색 noir (누아흐) noire (누아흐)   흰색   blanc (블렁) blanche (블렁슈)

2

A : Est-ce que ce sont des crayons ?
에쓰 끄 쓰 쏭 데 크헤이용?

B : Oui, ce sont des crayons.
위, 쓰 쏭 데 크헤이용.

A : Est-ce que ce sont des gommes ?
에쓰 끄 쓰 쏭 데 곰?

B : Non, ce ne sont pas des gommes.
농, 쓰 느 쏭 빠 데 곰.

A : 이것들은 연필입니까?
B : 네, 이것들은 연필이에요.
A : 이것들은 지우개인가요?
B : 아니요, 이것들은 지우개가 아닙니다.

기억해줘

- 여러 개의 물건을 말할 때는 3인칭 복수 즉 ils/elles와 같이 변화되어 ce sont이 됩니다.
  ils sont, elles sont, ce sont

3

A : Est-ce que c'est le portefeuille de Béatrice ?
에쓰 끄 쎌 르 뽀흐뜨풔이으 드 베아트히쓰?

B : Non, ce n'est pas le portefeuille de Béatrice. C'est
농, 쓰 네 빨 르 뽀흐뜨풔이으 드 베아트히쓰. 쎌

le portefeuille de Théo.
르 뽀흐뜨풔이으 드 떼오.

A : 이것은 베아트리스의 지갑입니까?
B : 아니요. 이것은 베아트리스의 지갑이 아닙니다. 이것은 테오의 지갑입니다.

기억해줘

- de는 영어의 of와 같이 '~의'라는 의미입니다.
  '레오의 가방'을 프랑스어로 표현하면 le sac de Léo입니다.

단어

1 un stylo : 볼펜

2 un crayon : 연필
une gomme : 지우개

3 un portefeuille : 지갑

실전회화 Objet

4

A : Qu'est-ce que c'est ?
　　　께쓰　끄　쎄?

B : C'est un sac.
　　　쎄 떵 싹.

A : Qu'est-ce que c'est ?
　　　께쓰　끄　쎄?

B : Ce sont des cahiers.
　　　쓰 쏭 데 꺄이에.

> **A** : 이것이 무엇입니까?
> **B** : 가방입니다.
> **A** : 이것들은 무엇입니까?
> **B** : 공책들입니다.

기억해줘

- Qu'est-ce que c'est ?는 '이것은 무엇입니까?'라는 의미로 '무엇'이라는 뜻의 의문사 que의 모음축약 형태와 질문 앞에 들어가는 est-ce que 그리고 c'est가 합쳐진 것입니다.
  que + est-ce que + c'est = qu'est-ce que c'est ?
  이 표현은 단수와 복수에 모두 사용하며, 사물이 단수일 때는 C'est …, 복수일 때는 Ce sont …으로 대답합니다. (→ 문법편 7과 1. 의문대명사)

- **Les affaires** (레 자페흐) : 소지품
  un stylo (엉 스틸로) : 볼펜　　　une règle (윈 헤글르) : 자
  un crayon (엉 크헤이옹) : 연필　　une gomme (윈 곰) : 지우개
  un livre (엉 리브흐) : 책　　　　un cahier (엉 꺄이에) : 공책
  un sac (엉 싹) : 가방　　　　　　une clé (윈 끌레) : 열쇠
  un portefeuille (엉 뽀흐뜨풔이으) : 지갑　un téléphone portable (엉뗄레폰뽀흐따블르): 핸드폰

5

A : C'est très grand et très joli.
　　　쎄 트헤 그헝 에 트헤 졸리.

B : Est-ce que c'est à Paris ?
　　　에쓰 끄 쎄 따 빠히?

A : Oui, c'est à Paris.
　　　위, 쎄 따 빠히.

B : C'est la Tour Eiffel ?
　　　쎄 라 뚜 헤펠?

A : Oui, c'est ça ! Bravo !
　　　위, 쎄 싸! 브하보!

A : 그것은 매우 크고 아주 멋집니다.
B : 파리에 있나요?
A : 네, 파리에 있습니다.
B : 에펠탑인가요?
A : 네, 맞습니다. 브라보!

기억해줘

- C'est 다음에 관사와 명사가 오는 경우 : C'est une table. (탁자입니다.)
  C'est 다음에 형용사가 오는 경우 : C'est joli. (예쁘네요.)
  C'est 다음에 전치사가 오는 경우 : C'est à New York. (뉴욕에 있는 것입니다.)
  C'est 다음에 지시형용사가 오는 경우 : C'est moi. (저예요.)

A : C'est le sac de Joseph ? Il est noir et joli.
쎌 르 싹 드 조제프? 일 레 누아 헤 졸리.

B : Non, ce n'est pas le sac de Joseph. Le sac de Joseph
농, 쓰 네 빨 르 싹 드 조제프. 르 싹 드 조제프
n'est pas noir. Il est gris.
네 빠 누아흐. 일 레 그히.

A : 이거 조제프의 가방이니? 이것은 검정색이고 예뻐.
B : 아니, 이건 조제프의 가방이 아니야. 조제프의 가방은 검정색이 아니야. 회색이야.

기억해줘

- Il est noir et joli.에서 il은 le sac de Joseph 즉 조제프의 가방을 나타냅니다.
  인칭대명사 il / elle / ils / elles은 사람뿐만 아니라 묘사하고 있는 사물을 나타낼 수도 있습니다.

4 un sac : 가방
un cahier : 공책

5 ça : 이것, 그것(지시대명사)
la Tour Eiffel : 에펠탑

6 noir : 검은
gris : 회색의

Dialogue

A : Qu'est-ce que c'est ?
께쓰 끄 쎄?

B : Ce sont des sacs et des portefeuilles.
쓰 쏭 데 싹 께 데 뽀흐뜨풔이으.

A : Le sac est très joli. En plus, ce n'est pas cher.
르 싹 께 트헤 졸리. 엉 쁠뤼쓰, 쓰 네 빠 셰흐.

B : C'est vrai. Le sac noir est vraiment magnifique.
쎄 브헤. 르 싹 누아 헤 브헤멍 마니픽.

A : J'aime beaucoup aussi le portefeuille rouge.
젬 보꾸 오씰 르 뽀흐뜨풔이으 후쥬.

B : Oh non, il est trop petit. Et il n'est pas très joli.
오 농, 일 레 트호 쁘띠. 에 일 네 빠 트헤 졸리.

A : Le portefeuille rouge est très joli. Il est magnifique, non ?
르 뽀흐뜨풔이으 후쥬 에 트헤 졸리. 일 레 마니픽, 농?

B : Ce n'est pas un portefeuille rouge. C'est un portefeuille rose.
쓰 네 빠 정 뽀흐뜨풔이으 후쥬. 쎄 떵 뽀흐뜨풔이으 호즈.
Il est trop petit et il n'est pas joli.
일 레 트호 쁘띠 에 일 네 빠 졸리.

단어
en plus : 게다가
cher : 비싼 (여성형 chère)
magnifique : 매우 아름다운, 아주 예쁜
trop : 너무
rose : 장미빛의, 분홍의

A : 이것이 무엇입니까?
B : 가방하고 지갑들입니다.
A : 가방이 참 예쁘네요. 게다가 비싸지 않아요.
B : 맞아요. 검정색 가방이 아주 예쁘네요.
A : 빨간색 지갑도 좋은데요.
B : 아니에요. 너무 작아요. 그리고 아주 예쁘지는 않아요.
A : 이 빨간색 지갑은 참 예쁜데요. 아주 예쁘지요, 안 그래요?
B : 이건 빨간색 지갑이 아니에요. 분홍색 지갑이에요. 너무 작고 예쁘지 않아요.

꼭 필요해!

- 프랑스어에서는 일반적으로 형용사가 명사 뒤에 위치하지만 grand, petit, joli, beau, jeune과 같은 형용사는 예외적으로 명사의 앞에 위치합니다. (→문법편 4과 4. 명사 앞에 오는 형용사)
  un grand livre (큰 책)   une jolie maison (예쁜 집)
  물론 이는 예외이고 색깔을 포함한 다른 모든 형용사는 명사의 뒤에 위치합니다.
  un livre rouge (빨간 책)   une maison sympa (좋은 집)
  또한 두 가지 종류의 형용사가 같이 쓰일 수 있습니다.
  un grand livre rouge (크고 빨간 책)   une jolie maison sympa (예쁘고 좋은 집)

Exercices

1 빈칸을 채워 보세요.

① Qu'est-ce que c'est ?
   – C'est _____ stylo noir. _____ est très joli.

② Est-ce que ce _____ des gommes ?
   – Oui, ce sont _____ gommes. Elles sont grand___ et très joli___.

③ Est-ce que c'est le sac de Nathan ?
   – Non, ce _____ est _____ le sac de Nathan.

2 Qu'est-ce que c'est ?

① 볼펜 *C'est un stylo.*   ② 연필 _____
③ 지우개 _____   ④ 가방 _____
⑤ 핸드폰 _____   ⑥ 지갑 _____

3 다음 두 가지 방법으로 문장을 만들어 보세요.

stylo / vert	Le stylo est vert. : 그 볼펜은 초록색입니다. (être와 정관사 이용)
	C'est un stylo vert. : 이것은 초록색 볼펜입니다. (C'est와 부정관사 이용)

① sac / noir _____
② maison / jolie _____
③ livres / petits _____

4 프랑스어로 표현해 보세요.

① 이것이 뭐예요? _____
② 이것은 Pierre의 연필입니다. _____
③ 이 자동차는 예쁘네요. _____
④ 이 빨간색 자동차는 너무 커요. _____
⑤ 이것은 예쁜 빨간색 자동차입니다. _____
⑥ 이것들은 Pierre의 자동차들이에요. _____
⑦ 나는 이 작은 하얀색 차를 많이 좋아해요. _____

Leçon 7

Maison
집

♥ **목표**
집에 대해 말하기

♥ **회화 포인트**
집
구조
가구

♥ **문법 포인트**
avoir 동사(have 동사)
il y a 표현(there is)

실전회화 Maison

1

A : Jean-Pierre a une maison ou un appartement ?
정삐에흐 아 윈 메종 우 어 나빠흐뜨멍?

B : Il a une maison. Elle est grande et très jolie.
일 라 윈 메종. 엘 레 그헝 데 트헤 졸리.

A : 장피에르는 개인 주택을 가지고 있나요 아파트를 가지고 있나요?
B : 그는 개인 주택을 가지고 있어요. 그 집은 크고 매우 예뻐요.

기억해줘

- avoir (아부아흐, 소유하다, 가지고 있다) 동사의 현재 변화 (→ 문법편 2과 3. avoir 동사)
  j'ai ... (제) : 나는 … 를 가지고 있다
  tu as ... (뛰 아) : 너는 … 를 가지고 있다
  il/elle a ... (일/엘 라) : 그는/그녀는 … 를 가지고 있다
  nous avons ... (누 자봉) : 우리는 … 를 가지고 있다
  vous avez ... (부 자베) : 당신은 … 를 가지고 있다
  ils/elles ont ... (일/엘 종) : 그들은/그녀들은 … 를 가지고 있다

2

A : Est-ce que vous avez une voiture ?
에쓰 끄 부 자베 윈 부아뛰흐?

B : Non, je n'ai pas de voiture, mais j'ai une moto.
농, 쥬 네 빠 드 부아뛰흐, 메 제 윈 모또.

A : 당신은 자동차를 가지고 있습니까?
B : 아니요, 저는 자동차를 가지고 있지는 않지만 오토바이를 가지고 있어요.

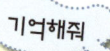

기억해줘

- avoir 동사를 부정으로 쓸 때는 부정관사 un, une, des를 de로 바꿔야 합니다.
  (→ 문법편 3과 3. 부정의 de)
  J'ai une maison. → Je n'ai pas de maison.
  J'ai un appartement. → Je n'ai pas d'appartement.

3

A : Dans la maison de Jean-Pierre, il y a un grand salon.
덩 라 메종 드 정삐에흐, 일리아엉 그헝 쌀롱.

B : Est-ce qu'il y a un jardin aussi ?
에쓰 낄리아엉 자흐당 오씨?

A : Oui, il y a un jardin dans sa maison.
위, 일리아엉 자흐당 덩 싸 메종.

B : Est-ce qu'il y a un balcon dans l'appartement de Marie ?
에쓰 낄리아엉 발꽁 덩 라빠흐뜨멍 드 마히?

A : Non, il n'y a pas de balcon dans son appartement.
농, 일니아빠 드 발꽁 덩 쏘 나빠흐뜨멍.

> **A** : 장피에르의 집에는 큰 거실이 있어요.
> **B** : 그곳에 정원도 있나요?
> **A** : 네, 그의 집에는 정원이 있어요.
> **B** : 마리의 아파트에는 발코니가 있나요?
> **A** : 아니요, 그녀의 아파트에는 발코니가 없어요.

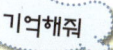 기억해줘

- son(쏭), sa(싸)는 '그의, 그녀의'라는 뜻의 소유형용사로 남성 명사 앞에는 son, 여성 명사 앞에는 sa를 씁니다.
  son sac (그의/그녀의 가방), sa maison (그의/그녀의 집)
  (→ 문법편 9과 1. 소유형용사)

- être 동사에 c'est가 있다면 avoir 동사에는 il y a가 있습니다. il y a는 '저기에 ~가 있다'라는 뜻입니다.
  Il y a un stylo. (저기 볼펜 하나가 있다.)
  Il y a un stylo dans le sac. (그 가방 안에는 볼펜 하나가 있다.)

- Une maison (윈 메종) : 집
  une entrée (윈 넝트헤) : 입구   un salon (엉 쌀롱) : 거실
  une salle à manger (윈 쌀라멍제) : 식당   une cuisine (윈 뀌진) : 부엌
  une chambre (윈 셩브흐) : 방   des toilettes (데 뚜알렛) : 화장실
  une salle de bain (윈 쌀드방) : 욕실   un balcon (엉 발꽁) : 발코니
  un jardin (엉 자흐당) : 정원   un garage (엉 갸하쥬) : 차고
  le rez-de-chaussée (르 헤드쇼쎄) : 0층 le premier étage (르 프흐미에 에따쥬) : 1층

  ★ 프랑스는 0층부터 세기 때문에 프랑스에서의 1층은 한국에서는 2층이 됩니다.

 단어

1	**la maison** : 집, 개인 주택	2	**la voiture** : 자동차	3	**dans** : ~ 안에
le appartement : 아파트		**la moto** : 오토바이		
ou : 또는				

Maison 73

 실전회화 **Maison**

4

A : Qu'est-ce qu'il y a dans la chambre de Sophie ?
께쓰 낄리아 덩 라 셩브흐 드 쏘피?

B : Dans sa chambre, il y a un lit, un bureau, une chaise,
덩 싸 셩브흐, 일리아엉 리, 엉 뷔호, 윈 셰즈,
une armoire, une bibliothèque et une étagère.
위 나흐모아흐, 윈 비블리오떽 에 위 네따제흐.

A : Et qu'est-ce qu'il y a dans le salon ?
에 께쓰 낄리아 덩 르 쌀롱?

B : Il y a un canapé, une table basse et une télévision.
일리아 엉 꺄나뻬, 윈 따블르 바쓰 에 윈 뗄레비지옹.

> **A** : 소피의 방 안에는 무엇이 있나요?
> **B** : 그녀의 방 안에는 침대, 책상, 의자, 옷장, 책꽂이 그리고 선반이 있어요.
> **A** : 거실 안에는 무엇이 있나요?
> **B** : 소파와 낮은 탁자와 텔레비전이 있어요.

 기억해줘

- que+est-ce que+il y a = qu'est-ce qu'il y a (○) que est-ce qu'il y a (×)
  의문사 que는 qu'로 모음축약됩니다.
  Qu'est-ce qu'il y a ? (저기 무엇이 있습니까?)
  Qu'est-ce qu'il y a dans le sac ? (가방 안에는 무엇이 있습니까?)

- **Une chambre** (윈 셩브흐) : 방
  un lit (엉 리) : 침대   une armoire (위 나흐모아흐) : 옷장
  une étagère (위 네따제흐) : 선반   un bureau (엉 뷔호) : 책상
  une chaise (윈 셰즈) : 의자   une bibliothèque (윈 비블리오떽) : 책꽂이
  une porte (윈 뽀흐뜨) : 문   une fenêtre (윈 프네트흐) : 창문
  une lampe (윈 렁쁘) : 램프   un ordinateur (어 노흐디나뚸흐) : 컴퓨터

- **Un salon** (엉 쌀롱) : 거실
  un canapé (엉 꺄나뻬) : 긴 소파   un fauteuil (엉 포뙤이) : 안락의자
  une table basse (윈 따블르 바쓰) : 낮은 탁자   une table (윈 따블르) : 테이블
  une cheminée (윈 슈미네) : 벽난로 un tapis (엉 따삐) : 카펫
  un rideau (엉 히도) : 커튼

5

A : Qu'est-ce qu'il y a dans la cuisine ?
께쓰 낄리아 덩 라 뀌진?

B : Dans la cuisine, il y a un évier, une cuisinière, un
덩 라 뀌진, 일리아 어 네비에, 윈 뀌지니에흐, 엉
réfrigérateur, un four à micro-ondes, un lave-linge et
헤프히제하뙤흐, 엉 푸 하 미크호옹드, 엉 라블랑쥬 에
des placards.
데 쁠라꺄흐.

A : Est-ce qu'il y a une baignoire dans la salle de bain ?
에쓰 낄리아 윈 베뉴아흐 덩 라 쌀 드 방?

B : Oui, bien sûr. Il y a une baignoire.
위, 비앙 쒸흐. 일 리 아 윈 베뉴아흐.
Il y a aussi une douche, un lavabo et un miroir.
일리아 오씨 윈 두슈, 엉 라바보 에 엉 미호아흐.

A : 부엌 안에는 무엇이 있나요?
B : 부엌 안에는 싱크대, 가스레인지, 냉장고, 전자레인지, 세탁기 그리고 벽장들이 있어요.
A : 욕실에는 욕조가 있나요?
B : 네, 물론이지요. 욕조가 있습니다. 샤워대, 세면대 그리고 거울도 있어요.

기억해줘

- **Une cuisine** (윈 퀴진) : 부엌
  - un évier (어 네비에) : 싱크대
  - un réfrigérateur (엉 헤프히제하뚜흐) : 냉장고
  - un lave-vaisselle (엉 라브베쎌) : 식기세척기
  - un placard (엉 쁠라꺄흐) : 벽장
  - un four à micro-ondes (엉 푸 하 미크호옹드) : 전자레인지
  - une cuisinière (윈 퀴지니에흐) : 가스레인지
  - un lave-linge (엉 라블랑쥬) : 세탁기
  - un four (엉 푸흐) : 오븐
  - une poubelle (윈 뿌벨) : 쓰레기통

- **Une salle de bain** (윈 쌀드방) : 욕실
  - une baignoire (윈 베뉴아흐) : 욕조
  - un lavabo (엉 라바보) : 세면대
  - un savon (엉 싸봉) : 비누
  - une douche (윈 두슈) : 샤워대
  - un miroir (엉 미호아흐) : 거울
  - une serviette (윈 쎄흐비엣) : 수건

A : J'ai un appartement à Paris. Et dans mon appartement,
제 어 나빠흐뜨멍 아 빠히. 에 덩 모 나빠흐뜨멍,
il y a une grande chambre. Et dans ma chambre, il y a
일 리 아 윈 그헝드 셩브흐. 에 덩 마 셩브흐, 일 리 아
un grand lit.
엉 그헝 리.

B : Non, tu n'as pas d'appartement à Paris. Et dans ton
농 뛰 나 빠 다빠흐뜨멍 아 빠히. 에 덩 또
appartement, il n'y a pas de grande chambre.
나빠흐뜨멍, 일 니 아 빠 드 그헝드 셩브흐.
Ta chambre est petite.
따 셩브흐 에 쁘띳.

A : 나는 파리에 아파트를 가지고 있어요. 그리고 내 아파트에는 큰 방이 있어요.
그리고 내 방에는 큰 침대가 있어요.
B : 아니, 너는 파리에 아파트가 없어. 그리고 너의 아파트에는 큰 방이 없어.
너의 방은 작아.

기억해줘

- mon (몽), ma (마)는 '나의' ~라는 뜻의 소유형용사로 남성 명사 앞에는 mon, 여성 명사 앞에는 ma를 씁니다. ton (똥), ta (따)는 '너의' 라는 뜻으로 남성 명사 앞에는 ton, 여성 명사 앞에는 ta를 씁니다.
  - mon sac (몽 싹) : 내 가방
  - ton sac (똥 싹) : 너의 가방
  - ma maison (마 메종) : 내 집
  - ta maison (따 메종) : 너의 집

Dialogue

A : Tu habites dans une maison ou dans un appartement ?
뛰 아빗 덩 쥔 메종 우 덩 저 나빠흐뜨멍?

B : A Paris, j'habite dans une maison et à Séoul, j'habite dans un appartement.
아 빠히, 자빗 덩 쥔 메종 에아 쎄울, 자빗 덩 저 나빠흐뜨멍.

A : Qu'est-ce qu'il y a dans ta maison à Paris ?
께쓰 낄리아 덩 따 메종 아 빠히?

B : Dans ma maison, il y a un petit salon, une petite chambre, une cuisine et
덩 마 메종, 일리아엉 쁘띠 쌀롱, 윈 쁘띳 셩브흐, 윈 뀌진 에
une salle de bain. C'est une petite maison.
윈 쌀 드 방. 쎄 뛴 쁘띳 메종.

A : Qu'est-ce qu'il y a dans ta chambre ?
께쓰 낄리아 덩 따 셩브흐?

B : Dans ma chambre, il y a un grand lit, un joli bureau et beaucoup de livres.
덩 마 셩브흐, 일리아엉 그헝 리, 엉 졸리 뷔호 에 보꾸 드 리브흐.

A : Est-ce qu'il y a beaucoup de livres de français dans ta chambre ?
에쓰 낄리아 보꾸 드 리브흐 드 프헝쎄 덩 따 셩브흐?

B : Oui, il y a beaucoup de livres de français.
위, 일리아 보꾸 드 리브흐 드 프헝쎄.
Et dans mon sac aussi, il y a beaucoup de livres de français.
에 덩 몽 싹 꼬씨, 일리아 보꾸 드 리브흐 드 프헝쎄.

A : 너는 개인 주택에 사니, 아파트에 사니?
B : 파리에서는 개인 주택에서 살고, 서울에서는 아파트에서 살아.
A : 프랑스에 있는 집에는 뭐가 있어?
B : 나의 집에는 작은 거실, 작은 방, 부엌 그리고 욕실이 있어. 작은 집이야.
A : 네 방에는 뭐가 있어?
B : 내 방에는 큰 침대, 예쁜 책상과 많은 책들이 있어.
A : 네 방에는 프랑스어 책들이 많이 있니?
B : 응, 프랑스어 책들이 많이 있어. 내 가방에도 프랑스어 책들이 많이 있어.

> **꼭 필요해!**
> - beaucoup de ~ : 많은 ~
> - beaucoup de maisons(많은 집들), beaucoup d'appartements(많은 아파트들)
> - beaucoup de 뒤에는 관사(les) 없이 복수 명사가 옵니다.

Exercices

1 다음 사물들은 집의 어디에 있나요?

① la chambre •　　　　　• l'évier
　　　　　　　　　　　• le réfrigérateur
② la cuisine •　　　　　• le lit
　　　　　　　　　　　• le bureau
③ la salle de bain •　　• la baignoire
　　　　　　　　　　　• le miroir et le lavabo

2 아래 사물을 이용해서 다음의 두 가지 방법으로 문장을 만들어 보세요.

> être 동사 + la télévision → La télévision est dans le salon.(텔레비전은 거실 안에 있습니다.)
> avoir 동사 + une télévision → Il y a une télévision dans le salon.(거실 안에 텔레비전이 있습니다.)

① le lit : _____ / _____
② le réfrigérateur : _____ / _____
③ la baignoire : _____ / _____

3 빈칸에 알맞은 말을 넣어 보세요.

① 당신은 파리에 집을 가지고 있나요?　　Est-ce que vous _avez_ une maison à Paris ?
② 그 방 안에는 큰 침대가 있나요?　　　　Est-ce qu'il y a un grand _____ dans la chambre ?
③ 아니요, 그 방 안에는 큰 침대가 없어요.　Non, il n'y a pas _____ grand _____ dans la chambre.
④ 그 욕실에는 욕조가 있나요?　　　　　　Est-ce qu'il y a ___ _____ dans la salle de bain ?
⑤ 아니요, 그 욕실에는 욕조가 없어요.　　Non, il n'y a pas ___ _____ dans la salle de bain.

4 다음 질문에 답해 보세요.

① Est-ce que vous habitez dans une maison ? _____
② Est-ce que vous avez une voiture ? _____
③ Qu'est-ce qu'il y a dans la cuisine ? _____
④ Qu'est-ce qu'il y a dans le salon ? _____
⑤ Qu'est-ce qu'il y a dans la chambre ? _____

Leçon 7

Leçon 8
Ville
도시

♥ **목표**
도시에 대해 말하기

♥ **회화 포인트**
도시
건물
위치

♥ **문법 포인트**
축약관사
지시형용사
소유형용사

실전회화 Ville

1

A : Est-ce que l'hôtel est loin du parc ?
에쓰 끄 로뗄 렐 로앙 뒤 빠흐끄?

B : Oui, il est loin du parc.
위, 일 렐 로앙 뒤 빠흐끄.

A : 그 호텔이 공원에서 멀리 있습니까?
B : 네, 공원에서 멀리 있어요.

기억해줘

- loin de는 '~에서 멀리'라는 뜻입니다.
  loin de + le parc = loin du parc (공원에서 멀리)

- 축약관사 : de 뒤에 le가 오는 경우에는 du, de 뒤에 les가 오면 des를 씁니다.
  (→ 문법편 8과 1. 전치사 à/de 2. 축약관사)
  de + le = du   → le livre du professeur (르 리브흐 뒤 프호페쒸흐) : 그 선생님의 책
  de + la = de la → la voiture de la femme (라 부아뛰흐 들 라 팜) : 그 여성의 책
  de + les = des → la maison des étudiants (라 메종 데 제뛰디엉) : 그 학생들의 집
  de + le 또는 la가 모음으로 시작하는 단어 앞에 있을 때 = de l'
  → le stylo de l'étudiant (르 스틸로 드 레뛰디엉) : 그 학생의 볼펜

2

A : Est-ce que ta maison est loin d'ici ?
에쓰 끄 따 메종 엘 로앙 디씨?

B : Non, elle n'est pas loin d'ici, elle est près d'ici.
농, 엘 네 빨 로앙 디씨, 엘 레 프헤 디씨.

A : Est-ce que le cinéma est à côté de ta maison ?
에쓰 끌 르 씨네마 에 따 꼬떼 드 따 메종?

B : Oui, le cinéma aussi, il est près d'ici.
위, 르 씨네마 오씨, 일 레 프헤 디씨.

A : 너희 집은 이곳에서 멀리 있어?
B : 아니, 여기서 멀지 않아. 여기서 가까워.
A : 영화관은 너희 집 옆에 있니?
B : 응, 영화관도 여기서 가까워.

3

A : Où est l'église ?
우 엘 레글리즈?

B : L'église, c'est ici devant vous.
레글리즈, 쎄 띠씨 드벙 부.

A : Oh, elle est magnifique.
　　　오, 엘 레　　　마니픽.

B : Oui, vous avez raison. Elle est vraiment très belle.
　　　위　부　자베　헤종.　엘 레　브헤멍 트헤　벨.

A : Qu'est-ce qu'il y a derrière l'église ?
　　　께쓰　　킬 리 아 데히에흘　레글리즈 ?

B : Derrière l'église, il y a une école.
　　　데히에흘　레글리즈,　일 리 아 위　네꼴.
　　　Et à côté de l'école, il y a la mairie.
　　　에 아 꼬떼 들　레꼴,　일리알라　메히.

A : 교회가 어디 있나요?
B : 교회는 여기 있어요. 당신 앞에요.
A : 아, 이 교회는 매우 아름답군요.
B : 네, 맞아요. 정말 매우 아름다워요.
A : 교회 뒤에는 무엇이 있나요?
B : 교회 뒤에는 학교가 있어요. 학교 옆에는 시청이 있고요.

기억해줘

- **La ville** (라 빌) : 도시
  - le restaurant (르 헤쓰또헝) : 레스토랑
  - le bar (르 바흐) : 술집
  - l'avenue (라브뉘) : 큰길
  - l'hôtel (로뗄) : 호텔
  - la mairie (라 메히) : 시청
  - le musée (르 뮈제) : 박물관
  - la pharmacie (라 파흐마씨) : 약국
  - le collège (르 꼴레쥬) : 중학교
  - l'université (뤼니베흐씨떼) : 대학교
  - l'appartement (라빠흐뜨멍) : 아파트
  - la boulangerie (라 불렁쥬히) : 빵집
  - la station de métro (르 메트호) : 지하철
  - le cinéma (르 씨네마) : 영화관
  - les magasins (레 마갸장) : 가게
  - la boutique de vêtements (라 부띡 드 베뜨멍) : 옷가게
  - le commissariat de police (르 꼬미싸히아 드 뽈리쓰) : 경찰서
  - le café (르 꺄페) : 커피숍
  - la rue (라 휘) : 길
  - le parc (르 빠흐끄) : 공원
  - le grand magasin (르 그헝 마갸장) : 백화점
  - le supermarché (르 쒸뻬흐마흐세) : 슈퍼마켓
  - l'école (레꼴) : 학교
  - l'hôpital (로삐딸) : 병원
  - le lycée (를 리쎄) : 고등학교
  - la maison (라 메종) : 집
  - l'église (레글리즈) : 교회
  - l'arrêt de bus (라헤드 뷔쓰) : 버스정류장
  - la gare (라 갸흐) : 역
  - le théâtre (르 떼아트흐) : 극장
  - la librairie (랄 리브헤히) : 서점

단어

1 l'hôtel : 호텔
　le parc : 공원

2 ici : 여기
　près de ~ : ~ 에서 가까이
　à côté de ~ : ~ 옆에

3 où : 어디 (의문사)
　devant ~ : ~ 앞에
　avoir raison : 옳다
　la raison : 이유
　derrière : ~ 뒤에

 실전회화 **Ville**

4

A : Excusez-moi monsieur. Je cherche la gare, s'il vous plaît.
엑스뀌제 모아   무씨으. 쥬 셰흐슐 라 갸흐, 씰 부 쁠레.

B : La gare ? Elle est en face du grand magasin.
라 갸흐? 엘 레 떵 파쓰 뒤 그헝   마갸쟝.

A : Où est le grand magasin, s'il vous plaît ?
우 엘 르 그헝 마갸쟝, 씰 부 쁠레?

B : Le grand magasin, c'est loin. C'est à côté de la mairie.
르 그헝 마갸쟝, 쎌 루앙. 쎄 따 꼬떼 들 라 메히.

> **A** : 실례합니다 아저씨. 역을 찾고 있습니다.
> **B** : 역이요? 백화점 맞은편에 있어요.
> **A** : 백화점은 어디 있나요?
> **B** : 백화점은 멀리 있어요. 시청 옆에 있지요.

5

A : Ce musée est génial. C'est un musée vraiment très
쓰   뮈제 에 제니알.   쎄 떵   뮈제   브헤멍   트헤
intéressant.
장떼헤썽.

B : J'aime beaucoup aussi le parc devant le musée.
젬   보꾸   오씨 르 빠흐끄 드벙 르 뮈제.
Il est très grand et il y a beaucoup de jolies fleurs.
일 레 트헤 그헝 에 일 리 아   보꾸   드 졸리 플뤄흐.

> **A** : 이 박물관은 대단해. 정말 매우 흥미로운 박물관이야.
> **B** : 나는 박물관 앞의 공원도 좋아해. 그 공원은 매우 크고, 예쁜 꽃들이 많이 있어.

> **기억해줘**
>
> ● 지시형용사 ce(쓰) / cet(쎗) / cette(쎗) / ces(쎄)는 명사 앞에서 쓰여 구체적인 사물이나 인물을 가르키며 '이 (명사)'라는 뜻이 됩니다. 명사의 성과 수에 일치시켜야 하며 관사 대신 명사 앞에 넣어줍니다.
> (→문법편 9과 2. 지시형용사)
> 남성 단수 앞은 ce → ce stylo (쓰 스틸로) : 이 볼펜
> 모음이나 무음 h로 시작하는 남성 단수 앞은 cet → cet appartement (쎗 따빠흐뜨멍) : 이 아파트
> 여성 단수 앞은 cette → cette maison (쎗 메종) : 이 집
> 남성, 여성 복수 명사 앞은 ces → ces restaurants (쎄 헤쓰또헝) : 이 레스토랑들

6

A : Où habitez-vous ?
우   아비떼 부?

B : J'habite à Séoul et c'est une ville très animée.
자빗 따 쎼울 에 쎄 뛴 빌 트헤 자니메.

단어

4
chercher : 찾다
en face de ~ : ~ 맞은편에

5
génial : 대단한, 훌륭한
intéressant : 흥미로운
la fleur : 꽃

6
animé : 활기찬
bruyant : 시끄러운
le quartier : 동네
calme : 조용한
habitant : 사는 사람, 시민
comment : 어떻게 (의문사)
la campagne : 시골, 농촌

Elle est bruyante et il y a beaucoup de magasins.
엘 레 브휘이영뜨 에 일 리 아 보꾸 드 마갸장.
Et votre ville ?
에 보트흐 빌?

A : C'est une grande ville, mais mon quartier est calme.
쎄 뛴 그헝드 빌, 메 몽 꺄흐치에 에 꺌므.
Il n'y a pas beaucoup de magasins.
일 니 아 빠 보꾸 드 마갸장.

B : Est-ce qu'il y a beaucoup d'habitants ?
에쓰 낄 리 아 보꾸 다비떵?
Il est comment votre quartier ?
일 레 꼬멍 보트흐 꺄흐치에?

A : Il n'y a pas beaucoup d'habitants.
일 니 아 빠 보꾸 다비떵.
C'est la campagne. Il y a juste une mairie,
쎌 라 껑빠뉴. 일 리 아 쥐쓰 뛴 메히,
une église et un supermarché. C'est très calme.
윈 네글리즈 에 엉 쉬뻬흐마흐셰. 쎄 트헤 꺌므.

A : 당신은 어디 사십니까?
B : 저는 서울에서 살아요. 매우 활기찬 도시에요. 서울은 시끄럽고 많은 가게들이 있어요. 당신의 도시는요?
A : 큰 도시예요. 하지만 우리 동네는 조용해요. 가게들이 많지 않아요.
B : 사는 사람이 많은가요? 어때요 당신 동네는?
A : 사는 사람이 많지 않아요. 시골이예요. 시청, 교회, 슈퍼밖에 없어요. 아주 조용해요.

기억해줘

● 소유형용사 : 소유 관계를 나타내는 형용사로 소유자의 인칭과 소유하는 대상의 성과 수에 따라 변화 합니다.(→ 문법편 9과 1. 소유형용사)

	남성 / 모음으로 시작하는 단어 앞	여성	복수
je	mon (몽)	ma (마)	mes (메)
tu	ton (똥)	ta (따)	tes (떼)
il/elle	son (쏭)	sa (싸)	ses (쎄)
nous	notre (노트흐)	notre (노트흐)	nos (노)
vous	votre (보트흐)	votre (보트흐)	vos (보)
ils/elles	leur (뤄흐)	leur (뤄흐)	leurs (뤄흐)

mon ami (모 나미) : 내 친구
mes enfants (메 정펑) : 내 아이들
ta voiture (따 부아뛰흐) : 너의 차
son stylo (쏭 스틸로) : 그의/그녀의 볼펜
ses clés (쎄 끌레) : 그의/그녀의 열쇠들
notre ville (노트흐 빌) : 우리의 도시
votre hôtel (보트 호뗄) : 당신의 호텔
vos chambres (보 셩브흐) : 당신의 방들
leur vie (뤄흐 비) : 그들의/그녀들의 인생

ma maison (마 메종) : 내 집
ton école (또 네꼴) : 너의 학교
tes crayons (떼 크헤이용) : 너의 연필들
sa chaise (싸 셰즈) : 그의/그녀의 의자
notre père (노트흐 뻬흐) : 우리의 아버지
nos livres (놀 리브흐) : 우리의 책들
votre table (보트흐 따블르) : 당신의 테이블
leur magasin (뤄흐 마갸장) : 그들의/그녀들의 가게
leurs cahiers (뤄흐 꺄이에) : 그들의/그녀들의 공책들

Dialogue

A : Où habitez-vous ? Vous habitez loin d'ici ?
우 아비떼 부? 부 자비뗄 로앙 디씨?

B : Oui, j'habite en Corée. C'est très loin de la France.
위, 자빗 떵 꼬헤. 쎄 트헬 로앙 들 라 프헝쓰.

A : C'est comment la Corée ?
쎄 꼬멍 라 꼬헤?

B : C'est un pays magnifique. Et à Séoul, il y a beaucoup de personnes,
쎄 떵 뻬이 마니픽. 에 아 쎄울, 일 리 아 보꾸 드 뻬흐쏜,

beaucoup d'immeubles et beaucoup de voitures.
보꾸 디뭐블르 에 보꾸 드 부아뛰흐.

A : Est-ce que c'est grand ?
에쓰 끄 쎄 그헝?

B : Oui, Séoul est une très grande ville.
위, 쎄울 레 뛴 트헤 그헝드 빌.

A : Est-ce que Séoul est près de Pékin ?
에쓰 끄 쎄울 레 프헤 드 뻬꺙?

B : Oui, Séoul n'est pas loin de Pékin. Séoul est entre Pékin et Tokyo.
위, 쎄울 네 빨 로앙 드 뻬꺙. 쎄울 레 엉트흐 뻬꺙 에 또꾜.

A : 당신은 어디 사세요? 여기서 멀리 사세요?
B : 네, 한국에서 살아요. 프랑스에서 아주 멀어요.
A : 한국은 어떻습니까?
B : 매우 아름다운 나라예요. 서울은 사람들이 많고, 많은 건물들과 많은 자동차들이 있습니다.
A : 큽니까?
B : 네, 서울은 매우 큰 도시입니다.
A : 서울은 베이징과 가까운가요?
B : 네, 서울은 베이징에서 멀지 않아요. 서울은 베이징과 도쿄 사이에 있습니다.

꼭 필요해!

- **en Corée** : 한국에서
  여성 국명 앞에는 **en** 을 넣습니다.   → en France, en Angleterre
  남성 국명 앞에는 **au** 를 넣습니다.   → au Japon, au Brésil
  복수인 국명 앞에는 **aux** 를 넣습니다. → aux Etats-Unis, aux Emirats Arabes
  e로 끝나는 나라들은 대부분 여성이고 그렇지 않는 나라들은 남성입니다.(→ 문법편 8과 4. 다른 전치사)

Exercices

1 알맞은 의문사를 넣어 보세요. (que : 무엇 , où : 어디 , comment : 어떻게)

① _Où_ est votre université ? – Elle est près de la station de métro.
② _____'est-ce que c'est ? – C'est une école.
③ Il est _____ l'appartement ? – Il est magnifique.
④ _____ est l'hôtel ? – Il est grand, calme et confortable.

2 알맞은 지시형용사를 넣어 보세요. (ce / cet / cette / ces)

① _Ce_ stylo est très joli. Et j'aime beaucoup aussi _____ sac.
② _____ appartement est magnifique. Et _____ école aussi.
③ Nous sommes dans _____ maison. Et nous sommes heureux.
④ _____ chaises sont très grandes mais _____ table est trop petite.

3 알맞은 소유형용사를 넣어 보세요. (mon / ma / mes)

① _Mon_ stylo est très joli. Et j'aime beaucoup aussi _____ sac.
② _____ appartement est magnifique. Et _____ école aussi.
③ Nous sommes dans _____ maison. Et nous sommes heureux.
④ _____ chaises sont très grandes mais _____ table est trop petite.

4 알맞은 소유형용사를 넣어 보세요. (ton / ta / tes)

① _Ton_ stylo est très joli. Et j'aime beaucoup aussi _____ sac.
② _____ appartement est magnifique. Et _____ école aussi.
③ Nous sommes dans _____ maison. Et nous sommes heureux.
④ _____ chaises sont très grandes mais _____ table est trop petite.

5 알맞은 소유형용사를 넣어 보세요. (votre / votre / vos)

① _Votre_ stylo est très joli. Et j'aime beaucoup aussi _____ sac.
② _____ appartement est magnifique. Et _____ école aussi.
③ Nous sommes dans _____ maison. Et nous sommes heureux.
④ _____ chaises sont très grandes mais _____ table est trop petite.

6 대답에 알맞은 질문을 써 보세요.

① _____ ? – Oui, ma maison est près du parc.
② _____ ? – Non, il n'y a pas de gare dans cette ville.
③ _____ ? – La pharmacie est à côté de l'hôpital.
④ _____ ? – Oui, il y a beaucoup de personnes dans le grand magasin.

Leçon 9
Café
키페

♥ **목표**
음료 주문하기

♥ **회화 포인트**
음료
s'il vous plaît 표현(please)
계산서

♥ **문법 포인트**
vouloir 동사(want 동사)
prendre 동사(take 동사)

실전회화 Café

1

A : Bonjour, je voudrais un café, s'il vous plaît.
봉쥬흐, 쥬 부드헤 엉 꺄페, 씰 부 쁠레.

B : Très bien, madame.
트헤 비앙, 마담.

A : 안녕하세요. 커피 한 잔 주세요.
B : 네, 알겠습니다.

> **기억해줘**
>
> - 주문할 때는 Je voudrais ~ , s'il vous plaît.(~ 주세요)라고 하면 됩니다.
> - je voudrais 를 생략할 수도 있지만 s'il vous plaît 하시는 것은 꼭 잊지 마세요.

2

A : Est-ce qu'il est bon ce café ?
에쓰 낄 레 봉 쓰 꺄페?

B : Oui, c'est très bon. Il est vraiment bon.
위, 쎄 트헤 봉. 일 레 브헤멍 봉.
J'aime beaucoup. Et toi, tu aimes bien ce thé ?
젬 보꾸. 에 뚜아, 뛰 엠 비앙 쓰 떼?

A : Comme ci comme ça. Il n'est pas excellent, mais il
꼼 씨 꼼 싸. 일 레 빠 엑썔렁, 메 일
n'est pas mal. Comment il est le chocolat chaud ?
네 빠 말. 꼬멍 일 렐 르 쇼꼴라 쇼?

C : C'est vraiment délicieux. J'adore !
쎄 브헤멍 델리씨으. 자도흐!

A : 이 커피 맛있어?
B : 응, 매우 맛있어. 진짜 맛있다. 아주 마음에 들어. 너는 이 차 마음에 들어?
A : 그럭저럭. 아주 맛있지는 않지만 나쁘지는 않아. 핫초코는 어때?
C : 정말 아주 맛있어. 너무 좋아.

> **기억해줘**
>
> - c'est bon은 '맛있다, 좋다, 다됐다' 등의 다양한 의미로 쓰입니다.
>   comme ci comme ça : 그럭저럭
>   pas mal : 나쁘지 않은

3

A : Bonjour, vous désirez ?
봉쥬흐, 부 데지헤?

B : Un jus d'orange, s'il vous plaît. Et toi David ?
엉 쥐 도헝쥬, 씰 부 쁠레. 에 뚜아 다빗?

C : Moi, je voudrais une bière, une pression.
모아, 쥬 부드헤 윈 비에흐, 윈 프헤씨옹.

A : Vous désirez une bière japonaise ?
부 데지헤 윈 비에흐 자뽀네즈?

C : Oui, pourquoi pas. Une bière japonaise, s'il vous plaît.
위, 뿌흐꾸아 빠. 윈 비에흐 자뽀네즈, 씰 부 쁠레.

A : 안녕하세요. 주문하시겠어요?
B : 오렌지 주스 하나요. 다비드 너는?
C : 나는 맥주 하나, 생맥주로.
A : 일본 맥주로 드릴까요?
C : 네, 그러죠. 일본 맥주로 주세요.

기억해줘

- désirer 동사는 '바라다' 라는 의미이며, er로 끝나는 1군 동사입니다.
  '주문하시겠어요?'는 주로 Vous désirez ?라고 표현합니다.

- pourquoi pas는 영어의 why not으로 '그러죠 뭐' 정도의 뉘앙스입니다.

- **Les boissons** (레 부아쏭) : 음료, 마실 것
  un café (엉 꺄페) : 커피
  un double café (엉 두블르 꺄페) : 더블 커피, 양이 2배인 커피
  un café allongé (엉 꺄페 알롱제) : 물을 타서 연하게 만든 커피
  un café au lait (엉 꺄페 올 레) : 밀크 커피
  un thé (엉 떼) : 차   un chocolat chaud (엉 쇼꼴라 쇼) : 핫초코
  un coca (엉 꼬까) : 콜라   un jus d'orange (엉 쥐 도헝쥬) : 오렌지 주스
  un jus d'ananas (엉 쥐 다나나) : 파인애플 주스 un jus de pomme (엉 쥐 드 뽐) : 사과 주스
  un jus de raisin (엉 쥐 드 헤장) : 포도 주스   une bière (윈 비에흐) : 맥주
  de l'eau (들 로) : 물   du vin (뒤 방) : 와인
  une bouteille de vin (윈 부떼이으 드 방) : 와인 한 병
  ★ de 는 물과 포도주 같은 셀 수 없는 명사 앞에 붙습니다. → de l'eau, du vin
    하지만 물병이나 포도주 병은 셀 수 있습니다. → une bouteille d'eau, une bouteille de vin

 단어

1 un café : 커피, 커피숍
  madame : 아주머니
  (monsieur : 아저씨
  mademoiselle : 아가씨)

2 bon : 맛있는, 좋은 (여성형 bonne)
  excellent : 매우 좋은
  délicieux : 매우 맛있는

3 une pression : 생맥주

실전회화   Café

4

A : Tu veux un café ?
뛰 브 엉 꺄페?

B : Non merci. C'est très gentil.
농 메흐씨. 쎄 트헤 정띠.

A : Et vous monsieur, voulez-vous un café ?
에 부 무씨으, 불레 부 엉 꺄페?

C : Oui, je veux bien un café. Merci.
위, 쥬 브 비앙 엉 꺄페. 메흐씨.

> **A** : 커피 한 잔 마실래?
> **B** : 아니 고마워. 참 친절하구나.
> **A** : 아저씨는요, 커피 한 잔 하실래요?
> **C** : 네, 그럽시다. 고마워요.

 기억해줘

- **vouloir** (불루아흐, 원하다) 동사의 현재 변화 (→ 문법편 6과 2. 주요 3군 동사)
  je veux … (쥬 브) : 나는 … 를 원한다
  tu veux … (뛰 브) : 너는 … 를 원한다
  il/elle veut … (일/엘 브) : 그는/그녀는 … 를 원한다
  nous voulons … (누 불롱) : 우리는 … 를 원한다
  vous voulez … (부 불레) : 당신은 … 를 원한다
  ils/elles veulent … (일/엘 뵐) : 그들은/그녀들은 … 를 원한다

- 거절할 때는 Non만 하지 말고 Non merci.라고 말하는 것이 더욱 좋습니다.
  승낙할 때는 Oui merci. 또는 Oui, s'il vous plaît. (존댓말) / Oui, s'il te plaît.(반말)라고 합니다.

5

A : Tu veux prendre un café à la terrasse ?
뛰 브 프헝드 헝 꺄페 알 라 떼하쓰?

B : Oui, c'est une bonne idée. C'est agréable de prendre
위, 쎄 뛴 보 니데. 쎄 따그헤아블르 드 프헝드흐
un café à la terrasse.
엉 꺄페 알 라 떼하쓰.

> **A** : 테라스에서 커피 한 잔 마실래?
> **B** : 그래, 좋은 생각이야. 테라스에서 커피 마시는 건 참 좋아.

> **기억해줘**
>
> - prendre (프헝드흐, 잡다, 먹다, 마시다, 타다) 동사의 현재 변화 (➜ 문법편 6과 2. 주요 3군 동사)
>   je prends… (쥬 프헝) : 나는 … 를 마신다
>   tu prends… (뛰 프헝) : 너는 … 를 마신다
>   il/elle prend … (일/엘 프헝) : 그는/그녀는 … 를 마신다
>   nous prenons … (누 프흐농) : 우리는 … 를 마신다
>   vous prenez … (부 프흐네) : 당신은 … 를 마신다
>   ils/elles prennent … (일/엘 프헨) : 그들은/그녀들은 … 를 마신다
>
> - C'est agréable de ~(동사원형) : ~ 하는 것이 좋다
>   C'est bon de ~(동사원형)과 비슷합니다.

A : S'il vous plaît !
씰 부 쁠레!

B : …

A : S'il vous plaît !
씰 부 쁠레!

B : Oui, pardon !
위, 빠흐동!

A : Je voudrais l'addition, s'il vous plaît.
쥬 부드헬 라디씨옹, 씰 부 쁠레.

B : Très bien, monsieur.
트헤 비앙, 무씨으.

> **A** : 여기요!
> **B** : …
> **A** : 여기요!
> **B** : 네, 죄송합니다!
> **A** : 계산서 부탁드립니다.
> **B** : 네, 알겠습니다, 손님.

단어

5
la terrasse : 테라스
une idée : 생각, 아이디어
une bonne idée : 좋은 생각, 좋은 아이디어

6
pardon : 죄송합니다, 실례합니다
l'addition : 계산서

> **기억해줘**
>
> - 주문할 때나 웨이터를 부를 때는 S'il vous plaît.라고 합니다.
>   프랑스의 카페에서는 L'addition, s'il vous plaît.라고 계산서를 달라고 한 다음 계산서가 담겨 있는 작은 바구니 안에 돈을 넣습니다. 웨이터가 오면 계산을 하고 거스름돈을 받습니다.

Dialogue

A : Est-ce que vous voulez un café ?
에쓰 끄 부 불레 엉 꺄페?

B : Oh oui, je veux bien un café, s'il vous plaît.
오 위, 쥬 브 비앙 엉 꺄페, 씰 부 쁠레.

A : Un café au lait, ça vous va ?
엉 꺄페 올레, 싸 부 바?

B : Oui, c'est parfait. Merci beaucoup.
위 쎄 빠흐페. 메흐씨 보꾸.

A : Avec du sucre ?
아벡 뒤 쒸크흐?

B : Oui, avec un peu de sucre, s'il vous plaît.
위, 아벡 껑 쁘 드 쒸크흐, 씰 부 쁠레.

단어
avec ~ : ~와 함께, ~와 같이
avec du sucre : 설탕이랑 같이, 설탕도 넣어서
du sucre : 설탕(셀 수 없는 명사이므로 de를 씁니다.)
parfait : 완벽한
un peu de ~ : 조금의 ~
(↔ Beaucoup de ~ 많은 ~)

A : 커피 한 잔 드시겠어요?
B : 네, 좋지요.
A : 카페오레 괜찮아요?
B : 네, 딱 좋습니다. 감사합니다.
A : 설탕도 같이요?
B : 네, 설탕 조금도 같이 주세요.

꼭 필요해!

- Ça vous va ? : 괜찮습니까? (당신에게)
  Ça me va. : 괜찮습니다. 괜찮아. (나에게)
  Ça te va ? : 괜찮아? (너에게)

1 그림 아래에 알맞은 단어를 넣어 보세요.

① 　② 　③ 　④

un café (커피숍)

⑤ 　⑥ 　⑦ 　⑧

2 다음 우리말 지시에 맞게 프랑스어로 말해 보세요.

① 웨이터를 불러서 커피 한 잔을 주문해 보세요. _____

② 계산서를 달라고 해 보세요. _____

③ '맛있어?' 라고 해 보세요. _____

④ '맛이 없어요.' 라고 해 보세요. _____

⑤ '이 차는 매우 맛있네요.' 라고 해 보세요. _____

3 다음 질문에 알맞은 대답을 써 보세요.

① Est-ce que vous aimez le café ? _____

② Et le coca. Est-ce que vous aimez le coca ? _____

③ Voulez-vous un jus d'orange ? _____

④ Est-ce que c'est agréable de prendre un café à la terrasse ?
_____

Leçon 10
Restaurant
레스토랑

Nous sommes 4 personnes.

♥ **목표**
  음식 주문하기

♥ **회화 포인트**
  테이블
  음식
  주문

♥ **문법 포인트**
  숫자(1~10)
  aller 동사(go 동사)
  의문사 combien(how much/how many)

실전회화 Restaurant

1

A : Bonjour, vous êtes combien ?
봉쥬흐, 부 젯 꽁비앙 ?

B : Bonjour, nous sommes quatre personnes.
봉쥬흐, 누 쏨 꺄트흐 뻬흐쏜.

A : Fumeur ou non-fumeur ?
퓌뭐흐 우 농 퓌뭐흐 ?

B : Non-fumeur, s'il vous plaît.
농 퓌뭐흐 씰 부 쁠레.

> **A** : 안녕하세요. 몇 분이십니까?
> **B** : 안녕하세요. 우리는 4명입니다.
> **A** : 흡연석이요 금연석이요?
> **B** : 금연석으로 부탁드립니다.

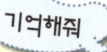 기억해줘

- Vous êtes combien ?은 '몇 분이신가요?' 라고 묻는 표현입니다. 이와 같이 도치를 하지 않고 의문사를 뒤에 넣어서 질문할 수도 있고, Combien êtes-vous ?라고 의문사를 앞에 놓고 도치 즉 주어와 동사의 위치를 바꾸어 질문할 수도 있습니다. (→ 문법편 7과 2. 의문부사)

- **Les nombres** (레 농브흐) : 숫자 (→ 문법편 9과 4. 수사)
  1 un (엉)   2 deux (드)   3 trois (트호아)   4 quatre (꺄트흐)   5 cinq (쌍끄)
  6 six (씨쓰)   7 sept (쎗)   8 huit (윗)   9 neuf (뉘프)   10 dix (디쓰)

- Nous sommes quatre personnes.은 personnes을 생략해서 Nous sommes quatre.라고도 합니다.
  Nous sommes quatre personnes. = Nous sommes quatre. (우리는 4명입니다.)

2

A : Je voudrais cette table près de la fenêtre.
쥬 부드헤 쎗 타블르 프헤 들 라 프네트흐.

B : Je suis désolé monsieur. Cette table est déjà réservée.
쥬 쒸이 데졸레 무씨으. 쎗 따블르 레 데자 헤제흐베.
Est-ce que vous voulez la table à côté de la terrasse ?
에쓰 끄 부 불레 라 따블르 라 꼬떼 들 라 떼하쓰 ?

A : Oui, très bien. Merci.
위, 트헤 비앙. 메흐씨.

> **A** : 창문 가까이에 있는 저 테이블로 주십시오.
> **B** : 죄송합니다. 이 테이블은 이미 예약되었습니다. 테라스 옆의 테이블을 원하십니까?
> **A** : 네, 좋습니다. 감사합니다.

기억해줘

- Je suis désolé.는 '죄송합니다. 유감입니다' 라는 의미입니다. (영어의 I'm sorry.)

3

A : Qu'est-ce que tu prends ?
께쓰   끄 뛰   프헝?

B : Je vais prendre le menu avec l'entrée, le plat, le
쥬 베 프헝드흐 르 므뉴 아벡 렁트헤, 르 쁠라, 르
fromage et le dessert. Et toi ?
프호마쥬 엘 르 데쎄흐. 에 뚜아?

A : Moi aussi. Je vais prendre ce menu. On commande ?
모아 오씨. 쥬 베 프헝드흐 쓰 므뉴. 옹 꼬멍드?

> **A** : 뭐 먹을 거니?
> **B** : 전채 요리, 주 요리, 치즈 그리고 디저트로 된 세트 메뉴로 할래. 너는?
> **A** : 나도. 이 세트 메뉴로 먹을래. 주문할까?

단어

1
combien 얼마나, 몇 명
(수나 양을 묻는 의문사)
une personne : 사람, ~명
fumeur 흡연자
non-fumeur 비흡연자

2
déjà : 이미, 벌써
réservé : 예약된

3
prendre : 잡다, 고르다, 먹다,
마시다, 타다 등(영어의 take)
le menu : 메뉴, 세트 메뉴
(메뉴판은 la carte라고 합니다.)
commander : 주문하다
(1군 동사)

기억해줘

● Qu'est-ce que tu prends ?(무엇을 먹을래?)는 의문사 que(무엇)와 질문 앞에 들어가는 est-ce que가 합쳐진 표현입니다. (→ 문법편 7과 1. 의문대명사)

● **aller** (알레, 가다) 동사의 현재 변화
  je **vais** … (쥬 베) : 나는 … 간다   nous **allons** … (누 잘롱) : 우리는 … 간다
  tu **vas** … (뛰 바) : 너는 … 간다   vous **allez** … (부 잘레) : 당신은 … 간다
  il/elle **va**… (일/엘 바) : 그는/그녀는 … 간다
  ils/elles **vont** … (일/엘 봉) : 그들은/그녀들은 … 간다

● 가까운 미래를 표현할 때는 'aller + 동사원형'을 쓸 수 있습니다. 이를 근접미래 시제라고 합니다.
Je vais prendre ~는 '저는 ~ 로 하겠습니다'라는 뜻입니다. (→ 문법편 10과 2 근접미래)

● 프랑스에서 on이라는 표현을 많이 쓰는데 nous와 같은 의미를 가지면서 동사변화는 3인칭 단수 즉 il / elle과 같이 변화합니다.

● **L'entrée** (엉트헤) : 전채 요리, 에피타이저
  la salade verte (라 쌀라드 베흐뜨) : 초록 샐러드
  la tarte aux oignons (라 따흐 또 조뇽) : 양파 파이
  la soupe à l'ail (라 쑤 빨 라이) : 마늘 수프
  le foie gras maison (르 푸아그하 메종) : 직접 만든 푸아그라
  les huîtres au citron (레 쥐이트흐 오 씨트홍) : 레몬 굴
  le saumon fumé (르 쏘몽 퓌메) : 훈제 연어

● **Le plat** (르 쁠라) : 주 요리
  le bœuf bourguignon (르 뵈프 부흐기뇽) : 부르고뉴 지방의 쇠고기 요리
  l'escalope de veau (레쓰꺌롭 드 보) : 송아지 고기를 얇게 썰은 요리
  la côte de porc (라 꼬뜨 드 뽀흐) : 돼지고기 갈비살 요리
  l'escalope de poulet (레쓰꺌롭 드 뿔레) : 닭고기를 얇게 썰은 요리
  le coq au vin (르 꼭꼬방) : 와인에 끓인 수탉 요리
  le gratin savoyard (르 그하땅 싸부아이야흐) : 사부아 지방식의 그라탕
  la truite aux amandes (라 트휘 또 자먼드) : 아몬드를 곁들인 송어 요리
  la ratatouille (라 하따뚜이으) : 라따뚜이(야채를 볶아 만든 요리)
  le plateau de fruits de mer (르 쁠라또 드 프휘이 드 메흐) : 해산물 요리
  les spaghettis bolognaises (레 스빠게띠 볼로녜즈) : 쇠고기 토마토 스파게티
  la fondue savoyarde (라 퐁뒤 싸부아이야흐드) : 사부아 지방식 퐁듀
  la pizza aux quatre fromages (라 피자 오 꺄트흐 프호마쥬) : 4가지 치즈 피자

Restaurant

실전회화 — Restaurant

4

A : Vous désirez un apéritif ?
부 데지헤 어 나뻬히띠프 ?

B : Oui, je voudrais un jus de fruit, s'il vous plaît.
위, 쥬 부드헤 엉 쥐 드 프휘이, 씰 부 쁠레.

A : 식전주를 원하십니까?
B : 네, 과일 주스 하나 주세요.

> 기억해줘
>
> ● 프랑스의 모든 레스토랑에서는 요리를 주문하기 전에 apéritif를 원하는지 물어보는데 식사 전에 입맛을 돋구는 역할을 합니다. 다양한 술 종류와 음료를 간단한 요리 또는 과자 등과 함께 맛볼 수 있습니다.

5

A : Vous avez choisi ?
부 자베 쇼아지 ?

B : Oui. Comme entrée, je voudrais le foie gras maison
위, 꼬 멍트헤, 쥬 부드헬 르 푸아 그하 메종
et comme plat principal, je vais prendre de la ratatouille,
에 꼼 쁠라 프항씨빨, 쥬 베 프헝드흐 들 라 하따뚜이으,
s'il vous plaît.
씰 부 쁠레.

A : Très bien. Et pour vous monsieur ?
트헤 비앙. 에 뿌흐 부 무씨으 ?

C : Pour moi, la tarte aux oignons et le gratin savoyard,
뿌르 모아, 라 따흐 또 조뇽 엘 르 그하땅 싸부아이야흐,
s'il vous plaît.
씰 부 쁠레.

A : Et comme boisson ?
에 꼼 부아쏭 ?

C : Une grande bouteille d'eau minérale et une bouteille
윈 그헝드 부떼이 도 미네할 레 윈 부떼이
de vin de Bordeaux, s'il vous plaît.
드 방 드 보흐도, 씰 부 쁠레.

A : 주문하시겠어요?
B : 네, 전채 요리는 직접 만든 푸아그라로 하고, 주 요리는 라따뚜이로 하겠습니다.
A : 네 알겠습니다. 손님은 무엇으로 하시겠습니까?
C : 저는 양파 파이와 사부아 지방식 그라탕으로 주십시오.
A : 음료는 무엇으로 하시겠습니까?
C : 미네랄워터 큰 병 하나하고 보르도 와인 한 병 주십시오.

> **기억해줘**
> - 웨이터가 주문을 받을 때는 '다 고르셨나요?' 라는 뜻의 Vous avez choisi?라고 하기도 합니다. 이 문장은 복합과거 시제입니다. (→ 문법편 10과 3. 복합과거)
> - comme은 영어의 like와 같이 '~처럼'이라는 뜻인데 '~로는' 이라는 뜻도 있습니다.
>   comme entrée(전채 요리로는), comme plat principal(주 요리로는)
>   Comme boisson ?(음료는 무엇으로 하시겠습니까?)

A : Tu veux aller au restaurant italien ?
뛰 브 알레 오 헤쓰또헝 이딸리앙 ?

B : Oui, d'accord. On y va.
위, 다꼬흐. 오 니 바.

A : Qu'est-ce que tu vas prendre ?
께쓰 끄 뛰 바 프헝드흐 ?

B : Je vais prendre une pizza. Elles sont très bonnes
쥬 베 프헝드흐 윈 핏자. 엘 쏭 트헤 본
dans ce restaurant.
덩 쓰 헤쓰또헝.

> **A** : 이탈리아 레스토랑에 가고 싶니?
> **B** : 응, 그러자. 가자
> **A** : 뭐 먹을래?
> **B** : 피자 먹을 거야. 그 레스토랑은 피자가 아주 맛있어.

> **기억해줘**
> - aller 동사 다음에는 전치사 à가 오는 경우가 많습니다.
>   예를 들어 '나는 파리로 간다'는 Je vais à Paris.라고 표현합니다. 도시 앞에는 관사가 붙지 않습니다. (→ 문법편 8과 1. 전치사 à/de)
>   하지만 à 다음에 le가 오는 경우에는 au, 그리고 à와 les가 올 때는 aux를 씁니다. 이를 축약관사라고 합니다. (→ 문법편 8과 2. 축약관사)
>   à + le = au → Je vais au restaurant. (쥬 베 오 레쓰또헝.) : 나는 레스토랑에 간다.
>   à + la = à la → Je vais à la maison. (쥬 베 알 라 메종.) : 나는 집에 간다.
>   à + les = aux → Je vais aux Etats-Unis. (쥬 베 오 제따쥐니.) : 나는 미국에 간다.
>   à + le 또는 la가 모음으로 시작하는 단어 앞에 있을 때 = à l'
>   → Je vais à l'école. (쥬 베 알 레꼴.) : 나는 학교에 간다.
> - On y va. 는 '갑시다, 시작합시다, 가자' 등의 뜻으로 On va(우리는 간다)라는 주어와 동사 사이에 '그곳으로'라는 뜻의 y가 들어간 표현입니다. (영어의 Let's go와 같습니다.)
> - aller 동사 뒤에 동사원형을 넣어 근접미래를 만듭니다.
>   예를 들어 '나는 파리에서 살 것입니다.'는 Je vais habiter à Paris.로 매우 간단하게 미래를 표현할 수 있습니다. (→ 문법편 10과 2. 근접미래)
>   Je prends une pizza. (나는 피자를 먹는다.)
>   Je vais prendre une pizza. (나는 피자를 먹을 것이다.)

5 pour : ~ 위해서 (영어의 for)
pour vous : 당신은 무엇을 드시겠습니까 ? 당신의 것으로는요 ?
une bouteille d'eau : 물 한 병
une bouteille de vin de Bordeaux : 보르도 와인 한 병
(une bouteille de Bordeaux라고도 합니다.)

6 restaurant + 국적 : ~ 나라 레스토랑
(restaurant italien : 이탈리아 레스토랑)

Dialogue

A : Vous avez choisi ? Désirez-vous prendre un apéritif ?
부 자베 쇼아지? 데지헤 부 프헝드흐 어 나뻬히띠프?

B : Oui, 2 kirs, s'il vous plaît.
위, 두 끼흐, 씰 부 쁠레.

A : Et comme entrée ?
에 꼬 멍트헤?

B : Une assiette de crudités et des huîtres au citron, s'il vous plaît.
위 나씨엣 드 크휘디떼 에 데 쥐이트흐 오 씨트홍, 씰 부 쁠레.

A : Très bien. Et comme plat principal ?
트헤 비앙. 에 꼼 쁠라 프항씨빨?

B : Pour moi, un steak-frites, s'il vous plaît.
뿌흐 모아, 엉 스떽 프히뜨, 씰 부 쁠레.

A : Quelle cuisson voulez-vous ?
껠 뀌이쏭 불레 부?

B : Bien cuit, s'il vous plaît.
비양 뀌이, 씰 부 쁠레.

C : Moi, je vais prendre le plat du jour.
모아, 쥬 베 프헝드흐 르 쁠라 뒤 주흐.

A : Très bien. Et voulez-vous un peu de vin ?
트헤 비앙. 에 불레 부 엉 쁘 드 방?

B : Oui, on va prendre une bouteille de Sauvignon.
위, 옹 바 프헝드 휜 부떼이으 드 쏘비뇽.

 단어

un kir : 와인 칵테일
une assiette : 접시
une assiette de crudités
: 여러 가지의 샐러드 한 접시
un steak-frites
: 스테이크와 감자튀김 (프렌치 프라이)
le plat du jour : 오늘의 요리

A : 다 고르셨습니까? 식전주를 하시겠어요?
B : 네, 키르 두 잔 주세요.
A : 전채 요리는 무엇을 드시겠습니까?
B : 샐러드 한 접시와 레몬 굴로 주세요.
A : 네, 알겠습니다. 그리고 주 요리로는요?
B : 저는 스테이크 감자튀김으로 하겠습니다.
A : 얼마나 익혀 드릴까요?
B : 잘 익혀 주세요.
C : 저는 오늘의 요리로 하겠습니다.
A : 네, 알겠습니다. 그리고 와인을 곁들이시길 원하십니까?
B : 네, 소비뇽 한 병 주세요.

꼭 필요해!

- 스테이크의 굽는 정도를 물을 때는 Quelle cuisson ?이라고 표현합니다.
  살짝 익히는 것을 원하면 Saignant.(쎄녕)이라고 하고, 중간 정도는 A point.(아 뿌앙), 잘 익힌 것은 Bien cuit.(비앙 뀌이) 라고 하면 됩니다.

Exercices

1 다음 대화의 빈칸에 알맞은 말을 넣어 보세요.

① Bonjour, vous êtes combien ?
– Je voudrais une table pour _____ _____, s'il vous plaît.
(2명을 위한 테이블을 주십시오.)

② Voulez-vous la table près de la terrasse ?
– Non, _____ _____ une table à _____ _____, s'il vous plaît.
(아니요, 테라스에 있는 테이블을 주십시오.)

③ Désirez-vous un apéritif ?
– Oui, 2 _____, _____ _____ _____.
(네, 키르 두 잔 주세요.)

④ Vous avez choisi ?
– Oui, en _____, je voudrais _____ _____ _____, s'il vous plaît.
(네, 전채 요리로는 훈제 연어를 주세요). (saumon fumé)

⑤ Et, comme plat principal ?
– Je vais prendre _____ _____ _____.
(사부아 지방식 퐁듀로 하겠습니다.) (fondue savoyarde)

⑥ Et comme boisson ?
– Un _____ et une _____ d' _____, s'il vous plaît.
(콜라 하나와 물 한 병 주세요.) (un coca / bouteille d'eau)

2 빈칸에 알맞은 축약관사를 넣어 보세요.
(à + le = au / à + la = à la / à + les = aux / 모음 단어 앞의 à + le 또는 à + la = à l')

① On va _____ cinéma ? (영화관에 갈까?) – le cinéma

② Vous allez _____ école ? (너희들은 학교에 가니?) – l'école

③ Je vais _____ maison de Marc. (나는 마크의 집에 간다.) – la maison

④ Il va _____ toilettes ? (그는 화장실에 가고 있습니까?) – les toilettes

⑤ Tu vas _____ marché ? (너는 시장에 가고 있니?) – le marché

⑥ Elles vont _____ café de l'université. (그녀들은 대학교 카페에 갑니다.) – le café

⑦ Nous allons _____ magasins. (우리는 가게에 갑니다.) – les magasins

⑧ Ils vont _____ restaurant japonais. (그들은 일본 레스토랑에 갑니다.) – le restaurant japonais

Leçon 11
Marché
시장

♥ **목표**
장보기

♥ **회화 포인트**
빵과 케이크
과일과 야채
고기와 생선

♥ **문법 포인트**
미래 시제
숫자 (11~200)
가격

실전회화 Marché

1

A : Bonjour, je voudrais une baguette, un pain au chocolat
봉쥬흐, 쥬 부드헤 윈 바겟, 엉 빵 오 쇼꼴라
et deux croissants, s'il vous plaît.
에 드 크호아썽, 씰 부 쁠레.

B : Oui, très bien, madame. Vous désirez autre chose ?
위, 트헤 비앙, 마담. 부 데지헤 오트흐 쇼즈 ?

A : Non, ce sera tout. Merci.
농, 쓰 쓰하 뚜. 메흐씨.

  A : 안녕하세요, 바게트빵 하나 하고, 초콜릿빵 하나, 그리고 크루아상 두 개 주세요.
  B : 네, 알겠습니다. 다른 필요한 거 있으세요?
  A : 아니요, 이것이 다입니다. 감사합니다.

기억해줘

- Vous désirez autre chose ?는 '다른 거 원하는 거 있으세요?'라는 뜻으로 Ce sera tout ?(이게 다입니까?)도 같은 상황에서 쓰여집니다.
- Ce sera tout.의 sera는 être 동사 est의 미래형이고, tout는 '모든'이라는 뜻의 대명사로, '이것이 다입니다'라는 의미입니다.
- la boulangerie에서는 식사나 간식 때에 먹을 빵을 살 수 있고 la pâtisserie에서는 디저트용 파이나 케이크 등을 살 수 있습니다. 이 두 가지를 모두 취급하는 La boulangerie-pâtisserie도 많이 있습니다.

2

A : Bonjour, je voudrais un gâteau au chocolat, s'il vous plaît.
봉쥬흐, 쥬 부드헤 엉 갸또 오 쇼꼴라, 씰 부 쁠레.

B : Oui, monsieur, et avec ceci ?
위, 무씨으, 에 아벡 쓰씨 ?

A : Je vais prendre aussi une tarte aux fraises.
쥬 베 프헝드 호씨 윈 따흐 또 프헤즈.

  A : 안녕하세요, 초콜릿 케이크 하나 주세요
  B : 네, 그리고 더 필요한 거 있으세요?
  A : 딸기 파이도 하나 주세요.

기억해줘

- Le dessert (르 데쎄흐) : 디저트
  un gâteau (엉 갸또) : 케이크, 과자   des gâteaux (데 갸또) : 케이크들, 과자들
  une glace (윈 글라쓰) : 아이스크림   une tarte (윈 따흐뜨) : 파이
  une tarte aux fraises (윈 따흐 또 프헤즈) : 딸기 파이   le chocolat (르 쇼꼴라) : 초콜릿
  une tarte aux pommes (윈 따흐 또 뽐) : 사과 파이   des bonbons (데 봉봉) : 사탕
  un gâteau au chocolat (엉 갸또 오 쇼꼴라) : 초콜릿 케이크
- Avec ceci ?는 Ce sera tout ?와 같은 뜻입니다.
- 디저트는 보통 식사 후 치즈를 먹은 다음에 먹습니다.

3

A : Bonjour, du camembert et du fromage de chèvre, s'il vous plaît.
봉쥬흐, 뒤 꺄멍베흐 에 뒤 프호마쥬 드 쉐브흐, 씰 부 쁠레.

B : Et avec ceci ?
에 아벡 쓰씨?

A : Ce sera tout. Ça fait combien ?
쓰 쓰하 뚜. 싸 페 꽁비앙?

B : Ça fait 7 euros 30, s'il vous plaît.
싸 페 쎗 뙤호 트헝뜨, 씰 부 쁠레.

A : 안녕하세요, 카망베르와 염소치즈 주세요.
B : 더 필요한 거 있으세요?
A : 이것이 다입니다. 다 합해서 얼마에요?
B : 다 합해서 7유로 30상팀입니다.

단어

1
une baguette : 바게트빵
un pain au chocolat : 초콜릿빵
un croissant : 크루아상
autre : 다른
une chose : 것, 물건

2
avec : ~ 와 함께
ceci : 이것

기억해줘

- **Le fromage** (르 프호마쥬) : 치즈
  le camembert (르 꺄멍베흐) : 카망베르(흰곰팡이 치즈)   le brie (르 브히) : 브리(흰곰팡이 치즈)
  le roquefort (르 호끄포흐) : 로크포르(푸른곰팡이 치즈)   le comté (르 꽁떼) : 콩테(딱딱한 치즈)
  le fromage de chèvre (르 프호마쥬 드 쉐브흐) : 염소 치즈

- 가격을 물을 때는 Ça coûte combien ? 또는 Combien ça coûte ?라고 하고 '다 합해서 얼마에요?'는 Ça fait combien ? 또는 Combien ça fait ?라고 묻습니다.
  대답은 Ça coûte ~ euros. 또는 Ça fait ~ euros.라고 합니다.
  2유로 10상팀이라면 2 euros 10(드 쥐호 디쓰)라고 상팀을 생략해서 말합니다.

- 물과 빵처럼 셀 수 없는 명사 앞에는 de를 넣어 주어야 합니다. 치즈 같은 경우도 치즈 한 통은 셀 수 있지만 치즈 그 자체는 셀 수 없습니다.

- **Les nombres** (레 농브흐) : 숫자 (→ 문법편 9과 4. 수사)
  11 onze (옹즈)   12 douze (두즈)   13 treize (트헤즈)   14 quatorze (꺄또흐즈)
  15 quinze (꺙즈)   16 seize (쎄즈)   17 dix-sept (디쎗)   18 dix-huit (디즈윗)
  19 dix-neuf (디즈뇌프)   20 vingt (방)
  ★ 11부터 16까지는 하나의 단어로 되어 있습니다. 17부터는 10 − 7과 같이 나타냅니다.
  18과 19에서는 '즈' 발음을 해야 하는 것 잊지 마세요.

  21 vingt et un (방떼엉)   22 vingt-deux (방드)   23 vingt-trois (방트호아)
  24 vingt-quatre (방꺄트흐)   25 vingt-cinq (방쌍끄)   26 vingt-six (방씨쓰)
  27 vingt-sept (방쎗)   28 vingt-huit (방트윗)   29 vingt-neuf (방뜨뇌프)
  30 trente (트헝뜨)
  ★ 21은 '20 그리고 1' 이라고 하기 때문에 et (그리고)를 넣어주어야 합니다.
  22부터는 바로 '20 − 2' '20 − 3' 이라 하고, 28, 29는 '뜨' 발음을 꼭 해야 합니다. 이밖에 38, 39, 48, 49, 58, 59, 68, 69도 마찬가지로 '뜨' 발음을 꼭 해 줍니다.

  40 quarante (꺄헝뜨)   41 quarante et un (꺄헝 떼 엉)   49 quarante-neuf (꺄헝뜨 뇌프)
  50 cinquante (쌍껑뜨)   60 soixante (쑤아썽뜨)   70 soixante-dix (쑤아썽 디쓰)
  71 soixante et onze (쑤아썽 떼 옹즈)   80 quatre-vingts (꺄트흐 방)
  81 quatre-vingt-un (꺄트흐 방 엉)   90 quatre-vingt-dix (꺄트흐 방 디쓰)
  91 quatre-vingt-onze (꺄트흐 방 옹즈)   92 quatre-vingt-douze (꺄트흐 방 두즈)
  ★ 31, 41, 51, 61, 71 은 중간에 et를 넣어주어야 하지만 81과 91에는 et를 넣지 않습니다.
  프랑스어에는 70이 없고 60+10이 되어 soixante-dix라고 합니다. 71은 60+11로 표현하여 soixante et onze가 됩니다.
  80은 4 x 20이기 때문에 quatre-vingt, 90은 4 x 20 + 10으로 quatre-vingt-dix가 됩니다.

실전회화 Marché

4

A : Bonjour, madame, vous désirez ?
봉쥬흐,   마담,   부   데지헤?

B : Oui, je voudrais un kilo de pommes, s'il vous plaît.
위, 쥬 부드헤 엉 킬로 드 뽐,   씰 부 쁠레.

A : Voilà, madame. Et avec ceci ?
부알라,   마담. 에 아벡 쓰씨?

B : Je vais prendre aussi 100 grammes de fraises, s'il
쥬 베 프헝드   호씨 썽   그함   드 프헤즈, 씰
vous plaît.
부   쁠레.

A : 안녕하세요, 주문하시겠어요?
B : 네, 사과 1킬로 주세요.
A : 여기 있습니다. 더 필요한 것 있으세요?
B : 딸기 100그램 주세요.

> **기억해줘**
>
> - Un fruit (엉 프휘이) : 과일
>   une pomme (윈 뽐) : 사과   une poire (윈 뿌아흐) : 배   une orange (위 노헝쥬) : 오렌지
>   une pêche (윈 뻬슈) : 복숭아 une fraise (윈 프헤즈) : 딸기   une banane (윈 바난) : 바나나
>   un melon (엉 믈롱) : 멜론   un ananas (어 나나스) : 파인애플
>
> - 사과 1킬로는 un kilo de pommes라고 하는데 de 뒤에 관사가 붙지 않고 명사(사과는 복수형이 사용됩니다. 딸기 100그램은 100 grammes de fraises라고 하는데 딸기도 마찬가지로 관사 없이 복수로 쓰입니다.
>
> - Les nombres (레 농브흐) : 숫자
>   100 cent (썽)   101 cent un (썽 엉)   200 deux cents (드 썽)
>   199 cent quatre-vingt-dix-neuf (썽 꺄트흐방 디즈뉘프)
>
> - 무언가를 건네줄 때는 '여기 있습니다.'라는 의미로 Voilà.(부알라)라고 하며 존댓말은 Tenez.(뜨네), 반말은 Tiens.(치앙)이라고 합니다.

5

A : Bonjour, je voudrais 5 carottes et 200 grammes de
봉쥬흐, 쥬 부드헤 쌍끄 꺄홋 떼 드썽   그함   드
pommes de terre, s'il vous plaît.
뽐   드 떼흐, 씰 부 쁠레.

B : Alors, ça fait 3 euros 50, s'il vous plaît.
알로흐, 싸 페 트호아 쥐호 쌍껑뜨, 씰 부 쁠레.

A : 안녕하세요, 당근 5개 하고 감자 200그램 주세요.
B : 3유로 50상팀입니다.

> **기억해줘**
>
> - Des légumes (델 레귐) : 야채
>   des pommes de terre (데 뽐 드 떼흐) : 감자   des carottes (데 꺄홋) : 당근
>   des tomates (데 또맛) : 토마토   des oignons (데 조뇽) : 양파
>   des salades (데 쌀라드) : 샐러드   des poireaux (데 뿌아호) : 파
>   des haricots (데 자히꼬) : 콩   des champignons (데 셩삐뇽) : 버섯

6

A : Qu'est-ce qu'il y a au marché du village ?
께쓰 낄리아오 마흐셰 뒤 빌라쥬?

B : Au marché, il y a des légumes, des fruits, du pain,
오 마르셰, 일리아 델 레귐, 데 프휘이, 뒤 빵,
des gâteaux, de la viande, du poisson, des fruits de
데 갸또, 들 라 비엉드, 뒤 뿌아쏭, 데 프휘이 드
mer et du fromage.
메흐 에 뒤 프호마쥬.

A : Est-ce qu'il y a aussi du yaourt ?
에쓰 낄리아 오씨 뒤 야우흐뜨?

B : Oui, bien sûr, il y a du yaourt. Il y a aussi du lait,
위, 비앙 쒸흐, 일리아 뒤 야우흐뜨. 일리아 오씨 뒬 레,
des œufs... Il y a beaucoup de choses au marché.
데 즈. 일리아 보꾸 드 쇼즈 오 마흐셰.

A : 마을의 시장에는 무엇이 있나요?
B : 시장에는 야채, 과일, 빵, 케이크, 고기, 생선, 해산물 그리고 치즈가 있어요.
A : 요구르트도 있나요?
B : 네, 물론이죠. 요구르트 있어요. 우유도 있고 달걀도 있고. 시장에는 많은 것들이 있어요.

기억해줘

- **La viande** (라 비엉드) : 고기
  le bœuf (르 붜흐) : 쇠고기   le porc (르 뽀흐) : 돼지고기   le poulet (르 뿔레) : 닭고기
  le canard (르 까나흐) : 오리고기   le cheval (르 슈발) : 말고기   le mouton (르 무똥) : 양고기

- **Le poisson** (르 뿌아쏭) : 생선
  le saumon (르 쏘몽) : 연어   le thon (르 똥) : 참치   la truite (라 트휘잇) : 송어

- **Les fruits de mer** (레 프휘이 드 메흐) : 해산물
  une huître (윈 뉘이트흐) : 굴   un crabe (엉 크합) : 게   une moule (윈 물) : 홍합
  une crevette (윈 크흐벳) : 새우   un coquillage (엉 꼬끼야쥬) : 조개

- **Les produits de base** (레 프호뒤이 드 바즈) : 기본 음식
  le riz (르 히) : 쌀   les pâtes (레 빠뜨) : 면   la farine (라 파힌) : 밀가루
  le sucre (르 쒸크흐) : 설탕   le sel (르 쎌) : 소금   le poivre (르 뿌아브흐) : 후추

- **Les produits frais** (레 프호뒤이 프헤) : 신선한 음식
  le lait (르 레) : 우유   le beurre (르 붜흐) : 버터   le jambon (르 정봉) : 햄
  le yaourt (르 야우흐뜨) : 요구르트   les œufs (레 즈) : 계란

단어

6   le marché : 시장
    le village : 마을

Dialogue

A : Bonjour monsieur, je voudrais 3 ananas et un kilo de fraises, s'il vous plaît.

B : Oh, vous aimez les fraises !

A : C'est pour une fête d'anniversaire.

B : Ah, d'accord. Et c'est votre anniversaire ?

A : Non, c'est l'anniversaire d'un ami. Il va adorer. Est-ce que les fraises sont bonnes aujourd'hui ?

B : Oui, elles sont délicieuses. Et ça, c'est un cadeau. Ces melons sont très bons aussi.

A : Oh, merci beaucoup. C'est très gentil.

단어
un cadeau : 선물
un anniversaire : 생일, 기념일
un accord : 동의
délicieuse : 맛있는

A : 안녕하세요. 파인애플 3개하고 딸기 1킬로 주세요.
B : 딸기를 좋아하시나 봐요!
A : 생일 파티를 위한 거에요.
B : 아 그렇군요. 당신 생일인가요?
A : 아니요. 친구 생일이에요. 그가 좋아할 거예요. 오늘 딸기가 맛있나요?
B : 네, 아주 맛있어요. 그리고 이것은 선물이에요. 이 멜론도 아주 맛있어요.
A : 오 감사합니다. 정말 친절하시네요.

꼭 필요해!

- C'est l'anniversaire d'un ami.(친구의 생일입니다.)
  → C'est pour l'anniversaire d'un ami.(친구의 생일을 위해서입니다.)

Exercices

1 다음 품목들을 알맞은 칸에 채워 보세요.

du roquefort	des crevettes	du porc	des baguettes
des bonbons	des coquillages	du poulet	des croissants
du thon	du bœuf	des tartes	du camembert
du saumon	des pommes	des gâteaux	des bananes
des carottes	des pêches	du cheval	des glaces
des pains au chocolat	des pommes de terre	du fromage de chèvre	

① A la boulangerie-pâtisserie, il y a _____.

   (알 라 불렁쥬히 빠띠쓰히 : 빵과 케이크 파는 곳에서)

② A la fromagerie, il y a _____.

   (알 라 프호마쥬히 : 치즈 파는 곳에서)

③ A la boucherie, il y a _____.

   (알 라 부슈히 : 고기 파는 곳에서)

④ A la poissonnerie, il y a _____.

   (알 라 뿌아쏘느히 : 생선 파는 곳에서)

⑤ Chez le marchand de fruits et légumes, il y a _____.

   (셀 르 마흐셩 드 프휘이 젤 레귐 : 과일과 야채 파는 곳에서)

2 주문해 봅시다.

① 닭 한 마리 _____

② 파인애플 2개 _____

③ 토마토 500그램 _____

④ 염소치즈 50그램 _____

3 프랑스어로 말해 보세요.

① 다 합해서 2유로입니다.   *Ça fait* _____

② 다 합해서 7유로 50상팀입니다. _____

③ 모두 합해서 12유로 25상팀입니다. _____

④ 24유로 80상팀입니다. _____

Leçon 12
Magasin
상점

♥ **목표**
쇼핑하기

♥ **회화 포인트**
옷과 사이즈
액세서리
가격 묻기

♥ **문법 포인트**
pouvoir 동사(can 동사)
faire 동사(do 동사)
대명 동사

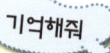

실전회화 Magasin

1

A : Je peux vous aider ?
쥬 쁘 부 제데?

B : Oui, est-ce que je peux essayer ?
위, 에쓰 끄 쥬 쁘 에쎄이에?

A : 도와드릴까요? (무엇을 도와드릴까요?)
B : 네, 입어봐도 될까요?

> **기억해줘**
>
> - **pouvoir** (뿌부아흐, 할 수 있다) 동사의 현재 변화 (can)
>   je peux … (쥬 쁘) : 나는 … 를 할 수 있다
>   tu peux … (뛰 쁘) : 너는 … 를 할 수 있다
>   il/elle peut … (일/엘 쁘) : 그는/그녀는 … 를 할 수 있다
>   nous pouvons … (누 뿌봉) : 우리는 … 를 할 수 있다
>   vous pouvez … (부 뿌베) : 당신은 … 를 할 수 있다
>   ils/elles peuvent … (일/엘 쀄브) : 그들은/그녀들은 … 를 할 수 있다
>   pouvoir 동사 다음에는 동사원형이 올 수 있습니다. (→ 문법편 6과 3. 조동사)
>
> - 가게에 가면 종업원이 Je peux vous aider ?(도와드릴까요?)라고 묻습니다.
>   그냥 구경만 하고 싶을 때는 Non, merci. Je regarde.(농 메흐씨. 쥬 흐갸흐드.)라고 하고, 옷을 입어보거나 신발을 신어보고 싶을 때는 Est-ce que je peux essayer ?라고 물어봅니다.

2

A : Quelle taille faites-vous ?
껠 따이으 펫 부?

B : Je fais du 36.
쥬 페 뒤 트헝씨쓰.

A : 사이즈가 어떻게 되세요?
B : 36입니다.

> **기억해줘**
>
> - **faire** (페흐, 하다) 동사의 현재 변화 (do)
>   je fais … (쥬 페) : 나는 … 를 한다
>   tu fais … (뛰 페) : 너는 … 를 한다
>   il/elle fait … (일/엘 페) : 그는/그녀는 … 를 한다
>   nous faisons … (누 프종) : 우리는 … 를 한다
>   vous faites … (부 펫) : 당신은 … 를 한다
>   ils/elles font … (일/엘 퐁) : 그들은/그녀들은 … 를 한다
>   nous faisons 을 '페종'이 아니라 '프종'이라고 읽는 것에 주의하세요.
>
> - 사이즈를 말할 때는 faire 동사를 이용해서 Je fais du + (사이즈). 라고 말합니다.
>   옷 사이즈를 물어볼 때는 Quelle taille faites-vous ?라고 하는데 quelle은 의문사 quel(어떤)의 여성형이고 taille는 '사이즈'라는 뜻입니다.
>   신발 사이즈는 pointure라고 하기 때문에 Quelle pointure faites-vous ?(껠 뿌앙뛰흐 펫 부 ?)라고 묻고 대답은 옷과 같이 Je fais du ~. 라고 하시면 됩니다. (→ 문법편 7과 3. 의문형용사)

3

A : Est-ce que ça va ?
에쓰 끄 싸 바 ?

B : Non, c'est trop petit.
농, 쎄 트호 쁘띠

A : Ça va mieux ?
싸 바 미으 ?

B : Oui, c'est beaucoup mieux.
위, 쎄 보꾸 미으.

A : 괜찮으세요?
B : 아니요. 너무 작아요.
A : 더 나은가요?
B : 네, 훨씬 낫네요.

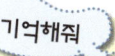

- 너무 작으면 c'est trop petit, 너무 크면 c'est trop grand.이라고 합니다.

- **Les vêtements** (레 베뜨멍) : 옷
  un manteau (엉 멍또) : 코트   une veste (윈 베스뜨) : 재킷
  un pull (엉 쀨) : 스웨터   une chemise (윈 슈미즈) : 셔츠
  un t-shirt (엉 티셔흐뜨) : 티셔츠   une robe (윈 호브) : 원피스
  un pantalon (엉 뻥딸롱) : 바지   une jupe (윈 쥡) : 치마
  un jean (엉 진) : 청바지   un costume (엉 꼬스뜜) : 양복
  des chaussettes (데 쇼쎗) : 양말   des chaussures (데 쇼쉬흐) : 신발
  des sandales (데 썽달) : 샌들   des bottes (데 봇) : 부츠
  des chaussures de sport (데 쇼쉬흐 드 스뽀흐) : 운동화

- **Des accessoires** (데 작쎄쑤아흐) : 액세서리
  une cravate (윈 크하밧) : 넥타이   une ceinture (윈 쌍뛰흐) : 벨트
  un mouchoir (엉 무슈아흐) : 손수건   un foulard (엉 풀라흐) : 스카프
  un parapluie (엉 빠하쁠뤼이) : 우산   un chapeau (엉 샤뽀) : 모자

단어

1 **aider** : 도와주다 (**help** 동사)
essayer : 입어보다, 신어보다, 시도해보다 (**try** 동사)

3 **trop** : 너무
mieux : 더 나은

실전회화 Magasin

4

A : Excusez-moi, est-ce que je peux essayer ?
엑스뀌제 모아, 에쓰 끄 쥬 쁘 에쎄이에?

B : Oui, bien sûr. Qu'est-ce que vous voulez essayer ?
위, 비앙 쒸흐. 께쓰 끄 부 불레 에쎄이에?
Des colliers ? Des bagues ?
데 꼴리에? 데 바규?

A : Je voudrais essayer ce bracelet, s'il vous plaît.
쥬 부드헤 에쎄이에 쓰 브하쓸레, 씰 부 쁠레.

B : Tenez.
뜨네.

A : Merci.
메흐씨

B : Ça vous va bien. C'est très joli.
싸 부 바 비앙. 쎄 트헤 졸리.

A : Oui, c'est vrai. Ce bracelet est vraiment magnifique.
위, 쎄 브헤. 쓰 브하쓸레 에 브헤멍 마니픽.

A : 죄송합니다, 해봐도 될까요?
B : 네, 물론이죠. 무엇을 해보고 싶으세요? 목걸이요? 반지요?
A : 이 팔찌를 해보고 싶습니다.
B : 여기요.
A : 감사합니다.
B : 잘 어울리네요. 아주 예뻐요.
A : 네, 맞아요. 이 팔찌는 정말 아름답네요.

기억해줘

- **Des bijoux** (데 비주) : 보석, 액세서리
  un collier (엉 꼴리에) : 목걸이   une bague (윈 바규) : 반지
  un bracelet (엉 브하쓸레) : 팔찌   des boucles d'oreilles (데 부끌르 도헤이으) : 귀걸이

5

A : J'aime beaucoup ton collier.
젬 보꾸 똥 꼴리에

B : Merci, c'est un cadeau d'anniversaire de Marc.
메흐씨, 쎄 떵 꺄도 다니베흐쎄흐 드 마흐끄.

A : 네 목걸이 너무 예쁘다.
B : 고마워, 마크의 생일 선물이야.

> 기억해줘
>
> - 어떤 것이 '예쁘다, 마음에 든다' 라고 말할 때는 J'aime beaucoup ~라고 표현합니다.

6

A : Combien coûte ce collier ?
꽁비앙 꼿 쓰 꼴리에 ?

B : Il coûte 150 euros, monsieur.
일 꼿 썽쌍껑뜨 워호,   무씨으.

A : Est-ce que je peux regarder ?
에쓰 끄 쥬 쁘 흐갸흐데 ?

B : Oui, bien sûr. Tenez. C'est un collier en or.
위, 비앙 쒸흐. 뜨네. 쎄 떵 꼴리에 어 노흐.

A : Je peux payer par carte bleue ?
쥬 쁘 뻬이에 빠흐 꺄흐뜨 블르?

B : Oui, vous pouvez payer par carte bleue, par chèque
위,   부   뿌베   뻬이에 빠흐 꺄흐뜨 블르, 빠흐 섹
ou en espèce.
꾸 어 네쓰뻬쓰.

A : 이 목걸이 얼마에요?
B : 150유로입니다. 손님.
A : 봐도 될까요?
B : 네, 물론이죠. 여기 있습니다. 금목걸이입니다.
A : 신용카드로 내도 됩니까?
B : 네, 신용카드, 수표, 현금으로 지불하실 수 있습니다.

단어

6

regarder : 보다, 살펴보다
payer : 값을 내다, 지불하다

> 기억해줘
>
> - 가격을 물을 때는 '값이 나가다'라는 뜻의 coûter 동사와 '얼마'라는 의미의 의문사 combien을 이용하며, 의문사를 자유롭게 문장 앞이나 뒷부분에 넣어서 질문할 수 있습니다.
>   ça를 이용하여 Combien ça coûte ? 또는 Ça coûte combien ?이라고 질문이나 답할 수 있고 il이나 elle을 이용하기도 합니다. (→문법편 7과 2. 의문부사)
>   Combien ça coûte ?   Combien il coûte ?   Combien elle coûte ?
>
> - 전치사 en은 재료를 나타냅니다.
>   en or (어 노흐) : 금으로 된   en argent (어 나흐정) : 은으로 된
>   en bois (엉 부아) : 나무로 된   en verre (엉 베흐) : 유리로 된
>
> - 프랑스에서는 신용카드를 carte bleue(파란색 카드)라고 합니다.
>   카드로 지불할 때는 par carte bleue라고 하고 수표로 지불할 때는 par chèque, 그리고 현금으로는 en espèce라고 합니다.

Dialogue

A : Excusez-moi.
엑쓰뀌제 모아.

B : Oui, madame, je peux vous aider ?
위 마담, 쥬 쁘 부 제데?

A : Oui, je voudrais essayer le manteau noir, s'il vous plaît.
위, 쥬 부드헤 에쎄이엘 르 멍또 누아흐, 씰 부 쁠레.

B : Alors, quelle taille faites-vous ?
알로흐, 껠 따이으 펫부?

A : Je fais du 40.
쥬 페 뒤 꺄헝뜨.

B : Tenez madame, ça vous va bien.
뜨네 마담, 싸 부 바 비앙.

A : Ça me va bien ? Est-ce que je peux essayer aussi un manteau rouge ?
싸 므 바 비앙? 에쓰 끄 쥬 쁘 에쎄이에 오씨 엉 멍또 후쥬?

B : Nous n'avons pas de manteau rouge. Je suis désolé.
누 나벙 빠 드 멍또 후쥬. 쥬 쒸이 데졸레.
Mais nous avons des manteaux blancs. Vous voulez essayer ?
메 누 자벙 데 멍또 블렁. 부 불레 에쎄이에?

A : Oui, je veux bien. Merci.
위, 쥬 브 비앙. 메흐씨.

  A : 죄송합니다.
  B : 네, 손님, 무엇을 도와드릴까요?
  A : 저 검정색 코트를 입어보고 싶습니다.
  B : 사이즈가 어떻게 되십니까?
  A : 40입니다.
  B : 여기 있습니다. 잘 어울리네요.
  A : 잘 어울리나요? 빨간색 코트도 입어봐도 될까요?
  B : 빨간색 코트는 없습니다. 죄송합니다. 하지만 하얀색 코트는 있습니다. 입어보시겠어요?
  A : 네, 좋습니다. 감사합니다.

> **꼭 필요해!**
>
> - excusez-moi 는 1군 동사 s'excuser의 명령문입니다.
> - aussi 는 '~도' 라는 뜻으로써 동사 뒤에 또는 문장 뒤에 올 수 있습니다.
>   Je peux essayer ce manteau ?(이 코트를 입어봐도 될까요?)
>   Je peux essayer aussi ce manteau ? = Je peux essayer ce manteau aussi ?(이 코트도 입어봐도 될까요?)
> - 바로 구입을 하지 않을 경우 Je vais réfléchir.(생각해 보겠습니다.)라고 하면 되는데, 시제는 aller 동사를 이용한 근접미래이고 réfléchir(헤플레시흐)는 '생각하다'라는 의미의 2군 동사입니다.

Exercices

1 프랑스어로 표현해 보세요.

① 그냥 구경만 하는 것입니다. _____

② 이 바지를 입어볼 수 있을까요? _____

③ 이 바지는 얼마입니까? _____

④ 청바지도 가지고 계십니까? _____

⑤ 제 사이즈는 38입니다. _____

⑥ 사이즈가 너무 크네요. _____

⑦ 잘 어울리나요? _____

⑧ 신용카드로 지불해도 되겠습니까? _____

⑨ 생각해 보겠습니다. _____

2 빈칸에 알맞은 대답이나 질문을 넣어 보세요.

① A : Bonjour, je peux vous aider ?
B : _____. (구경만 하고 싶을 때)

② A : _____ ?
B : Bien sûr. Qu'est-ce que vous voulez essayer ?

③ A : _____ ?
B : Ce pantalon coûte 80 euros.

④ A : Quelle taille faites-vous ?
B : _____.

⑤ A : _____ ?
B : Oui, ça vous va très bien.

⑥ A : _____ ?
B : Non, je suis désolé. Vous ne pouvez pas payer par carte bleue.

Leçon 13
Bonne journée !
좋은 하루!

♥ **목표**
하루 일과 말하기

♥ **회화 포인트**
일, 공부
나이
가족

♥ **문법 포인트**
travailler 동사 (work, study 동사)
전치사 à (être à~, travailler à~, aller à~)
의문사 où (where)

실전회화 — Bonne journée !

1

A : Allô ? André ? Vous allez bien ?
B : Oui, ça va bien, merci. Et vous ?
A : Je vais bien aussi. Alors, vous êtes où ?
B : Je suis au bureau. Je travaille. Et vous ? Où est-ce que vous êtes ?
A : Moi aussi, je suis au bureau et je travaille.

> **A** : 여보세요? 앙드레? 잘 지내셨어요?
> **B** : 네, 잘 지냈어요. 고맙습니다. 당신은요?
> **A** : 저도 잘 지냈어요. 어디세요?
> **B** : 사무실에 있어요. 일하고 있지요. 당신은요? 어디세요?
> **A** : 저도 사무실에 있어요. 일하고 있어요.

기억해줘

- '~에 있다'는 표현은 être à ~ 를 이용합니다.
  Je suis à Paris.(나는 파리에 있다.)   Je suis à la maison.(나는 집에 있다.)
  Je suis au bureau.(나는 사무실에 있다.)   Je suis à l'école.(나는 학교에 있다.)

- travailler는 '일하다'와 '공부하다'의 의미를 가지고 있습니다. travailler à는 '~에서 일하다, ~에서 공부하다'라는 의미입니다. (→ 문법편 8과 1. 전치사 à/de 2. 축약관사)
  Je travaille à Paris.(나는 파리에서 일한다.)
  Je travaille à la maison.(나는 집에서 일한다 / 공부한다.)
  Je travaille au bureau.(나는 사무실에서 일한다.)
  Je travaille à l'école.(나는 학교에서 공부한다.)

2

A : Où est Nicolas ?
B : Il est à l'école.
A : Il travaille bien à l'école ?
B : Oui, il travaille bien et il a beaucoup d'amis aussi.
A : Ses amis sont sympas ?
B : Oui, ils sont adorables. Ils jouent souvent ensemble.
A : Il a beaucoup de devoirs à l'école ?
B : Oui, il a beaucoup de devoirs à l'école.

A : 니콜라 어디 있어요?
B : 학교에 있어요.
A : 학교에서 공부 잘 하나요?
B : 네, 공부도 잘 하고 친구들도 많아요.
A : 친구들이 좋은가요?
B : 네, 너무 사랑스러워요. 자주 같이 놀아요.
A : 학교에 숙제가 많나요?
B : 네, 숙제가 많아요.

3

A : Quel âge avez-vous ?
B : J'ai 36 ans.
A : Quel âge a votre mari ?
B : Il a 37 ans.
A : Est-ce que vous avez des enfants ?
B : Oui, j'ai 2 enfants.
A : Quel âge ont-ils ?
B : Ma fille a 7 ans et mon fils a 5 ans.

A : 당신은 몇 살이세요?
B : 36살입니다.
A : 당신 남편은 몇 살이에요?
B : 37살이에요.
A : 아이 있으신가요?
B : 네, 아이가 둘 있어요.
A : 그들은 몇 살입니까?
B : 제 딸은 7살이고 제 아들은 5살입니다.

단어

1
allô : 여보세요.
le bureau : 사무실, 책상

2
adorable : 귀여운, 사랑스러운
jouer : 놀다 (play)
souvent : 자주
ensemble : 함께
un devoir : 숙제, 과제

3
quel : 어떤
un âge : 나이
avoir : 가지다
un an : 년, 해, 살

기억해줘

- 나이를 물어볼 때는 avoir 동사를 이용해서 Quel âge avez-vous ?라고 합니다. 의문사를 문장 뒤에 놓고 주어와 동사를 도치하지 않고 Vous avez quel âge ?라고 물을 수도 있습니다. 대답은 J'ai …… ans.이라고 합니다. (→ 문법편 7과 3. 의문형용사)

- **La famille** : 가족
  les parents : 부모님   le père : 아버지 (papa : 아빠)   la mère : 어머니 (maman : 엄마)
  les enfants : 아이들   le fils : 아들   la fille : 딸
  le mari : 남편   la femme : 부인
  le grand-père : 할아버지   la grand-mère : 할머니
  le oncle : 삼촌   la tante : 숙모
  le frère : 남자 형제   la sœur : 여자 형제
  le petit frère : 남동생   le grand frère : 형, 오빠
  la petite sœur : 여동생   la grande sœur : 언니, 누나

실전회화 Bonne journée !

4

A : Qu'est-ce que vous faites le matin ?
B : Le matin, je prends une douche et je lis le journal.
A : Est-ce que vous prenez le petit déjeuner ?
B : Non, je ne prends pas le petit déjeuner. Je prends un café.
A : Pourquoi vous ne prenez pas le petit déjeuner ?
B : Je ne prends pas le petit déjeuner parce que je n'ai pas faim le matin.

> A : 아침에 무엇을 하시나요?
> B : 아침에는 씻고 신문을 봐요.
> A : 아침 식사를 하세요?
> B : 아니요, 아침을 먹지 않아요. 커피 한 잔 마셔요.
> A : 왜 아침 식사를 안 하세요?
> B : 아침에는 배가 고프지 않기 때문에 안 먹어요.

기억해줘

- prendre une douche는 '샤워하다'라는 뜻으로써 se doucher라는 1군 대명 동사로 표현할 수도 있습니다.
  Je prends une douche. = Je me douche.
  Vous prenez une douche. = Vous vous douchez.
- le petit déjeuner는 '아침 식사'라는 뜻이며, prendre le petit déjeuner는 '아침 식사를 하다'입니다.
  Je prends le petit déjeuner.   Vous prenez le petit déjeuner.
- le déjeuner는 '점심 식사'이고, '점심 식사를 하다'는 prendre le déjeuner 또는 1군 동사 déjeuner를 씁니다.
  Je prends le déjeuner.   Je déjeune.
- le dîner는 '저녁 식사'이고, '저녁 식사를 하다'는 prendre le dîner 또는 1군 동사 dîner입니다.
  Je prends le dîner.   Je dîne.
- pourquoi는 '왜' 라는 뜻의 의문사입니다. '왜냐하면' 이라고 답할 때는 parce que라고 합니다.
  Pourquoi vous ne regardez pas la télévision ?
  Je ne regarde pas la télévision parce que je préfère l'ordinateur.

5

A : On déjeune ensemble ?
B : Oui, qu'est-ce que tu veux manger ?
A : Je ne sais pas. Et toi, qu'est-ce que tu veux manger ?
B : On va au restaurant chinois ?
A : D'accord. On y va.

A : 점심 식사 같이 할까?
B : 그래, 뭐 먹고 싶어?
A : 모르겠어(글쎄). 너는 뭐 먹고 싶어?
B : 중국 식당에 갈까?
A : 그래. 가자.

A : Est-ce que tu as un stylo rouge, s'il te plaît ?
B : Oui, j'ai un stylo rouge. Tiens !
A : Merci.
B : De rien.
A : Est-ce que tu as un stylo vert, s'il te plaît ?
B : Je suis désolé. Je n'ai pas de stylo vert.
A : Ce n'est pas grave.

A : 빨간색 볼펜 있니?
B : 응, 빨간색 볼펜 있어. 자!
A : 고마워.
B : 천만에.
A : 초록색 볼펜 있니?
B : 미안해. 초록색 볼펜은 없어.
A : 괜찮아.

기억해줘

- ~ 를 가지고 있는지 물어볼 때는 Est-ce que tu as ~ 라고 합니다. 도치해서 질문하면 As-tu ~ ? 가 됩니다.
  Est-ce que tu as une gomme ?(지우개를 가지고 있니?)
  As-tu un dictionnaire ?(사전을 가지고 있니?)
  존댓말을 쓸 때는 Est-ce que vous avez ~ 라고 합니다. 도치하면 Avez-vous ~ ?가 됩니다.
  Est-ce que vous avez un stylo ?(볼펜을 가지고 계십니까?)

- 무언가를 건네줄 때는 존댓말은 Tenez !, 반말은 Tiens !이라고 합니다.
  s'il te plaît는 s'il vous plaît의 반말입니다.

- Merci.(고마워)라고 하면 De rien.(천만에)이라고 대답합니다.
  Je suis désolé.(미안해)라고 하면 Ce n'est pas grave.(괜찮아)라고 대답합니다.

 단어

4 lire : 읽다
le journal : 신문
avoir faim : 배고프다

5 manger : 먹다
Je ne sais pas : 모른다, 글쎄 (**savoir** 알다 동사 참고)
on y va : 갑시다 (**let's go**)

Dialogue

A : Salut, Jean-Michel, tu vas bien ?
B : Oui, je vais bien, merci. Et vous, monsieur ?
A : Je vais très bien, merci. Et tes parents, ils vont bien aussi ?
B : Oui, mes parents vont bien. Mon père est au travail et ma mère est à la maison.
A : Et ton grand frère, comment va-t-il ?
B : Comme ci comme ça. Il travaille trop et il est très fatigué.
A : Et ta petite sœur ?
B : Elle va bien. Elle est contente parce que c'est son anniversaire aujourd'hui.
A : Elle a quel âge maintenant ?
B : Elle a 9 ans. C'est une grande fille maintenant.
A : Elle travaille bien à l'école ?
B : Oui, elle travaille bien. Elle est très sérieuse.
A : Où est-ce que tu vas là ?
B : Là, je vais à l'université. J'ai un cours de français.
A : D'accord. Allez. Bonne journée, Jean-Michel.
B : Merci, vous aussi. Bonne journée, monsieur.

A : 안녕, 장미셸, 잘 지내니?
B : 네, 잘 지내요. 고맙습니다. 아저씨는요?
A : 나도 잘 지낸다, 고맙다. 부모님은 잘 지내시지?
B : 네, 저희 부모님 잘 지내세요. 저희 아버지는 일터에 계시고 어머니는 집에 계세요.
A : 너희 형은 어떻게 지내?
B : 그럭저럭요. 일을 너무 많이 해서 많이 피곤해해요.
A : 너희 여동생은?
B : 잘 지내요. 오늘이 생일이라서 좋아해요.
A : 이제 몇 살이지?
B : 9살이요. 이제 큰 소녀에요.
A : 학교에서 공부 잘하니?
B : 네, 공부 잘해요. 아주 성실해요.
A : 너는 지금 어디 가니?
B : 지금 대학교에 가는 거예요. 프랑스어 수업이 있어요.
A : 그렇구나. 그럼, 좋은 하루 보내라, 장미셸.
B : 감사합니다. 아저씨도요. 좋은 하루 되세요.

단어

être fatigué : 피곤해하다
un anniversaire : 생일
(Bon anniversaire! : 생일 축하해!)
aujourd'hui : 오늘
maintenant : 지금, 이제
sérieuse : 성실한, 진지한
là : 지금, 여기
un cours : 수업

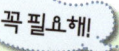

- Tu vas bien ?(너는 잘 지내고 있어?)은 안부를 묻는 표현으로 Ça va bien ? (잘 지내고 있어?) 이라고 물을 수도 있습니다. ça는 '그것'이라는 뜻이고 va는 aller 동사(가다, 지내다)의 3인칭 단수로서 직역하면 '그것은 잘가고 잘지내고) 있어?'라는 뜻입니다. 또 의문사 comment(어떻게)을 이용하여 안부를 물을 수도 있는데 Comment va-t-il ?(그는 어떻게 지내고 있어?)에서 t는 발음상 넣어줍니다.

Exercices

1 다음 단어를 순서대로 나열하여 문장을 만들어 보세요.

① bureau / au / suis / je
_____

② travaille / à / il / l' / bien / école
_____

③ a / école / beaucoup / ?/ à / devoirs / il / de / l'
_____

④ le/ ? / prenez / petit / vous / déjeuner / est-ce que
_____

⑤ chinois / va / on / restaurant / au / ?
_____

⑥ université / à / vais / l' / je
_____

2 파랑색 볼펜이 필요합니다. 옆 사람에게 파란색 볼펜이 있는지 물어봐 보세요.

① Est-ce que _____ s'il te plaît ?
② Merci. 라고 하면 뭐라고 대답할까요? _____
③ Je suis désolé. 라고 하면 뭐라고 대답할까요? _____

3 프랑스어로 표현해 보세요.

① 나의 부모님은 서울에 사십니다. _____
② 우리 아버지는 화가이시다. _____
③ 당신의 어머니는 쇼핑을 좋아하십니까? _____
④ 그의 부인은 영어를 합니다. _____
⑤ 그녀의 여동생은 학생입니다. _____
⑥ 그녀는 사무실에서 일하고 있습니다. _____
⑦ 제 딸은 학교에서 공부하고 있어요. _____
⑧ 그는 대학교에 가고 있어요. _____
⑨ 너는 오늘 숙제가 많니? _____
⑩ 나이가 어떻게 되십니까? _____

Leçon 14

Bonne soirée !
좋은 저녁!

♥ 목표
  저녁 일과 말하기

♥ 회화 포인트
  휴식
  소개하기
  oui, non, si

♥ 문법 포인트
  명령문
  직접 목적보어 인칭대명사
  의문사 pourquoi (why)

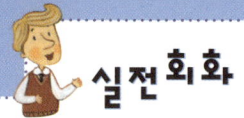

실전회화

Bonne soirée !

1

A : Ce soir, on dîne au restaurant italien.

B : Pourquoi tu veux dîner au restaurant italien ?

A : Parce que je ne veux pas faire la cuisine.

> A : 오늘 저녁은 이탈리아 레스토랑에서 저녁 식사해.
> B : 왜 이탈리아 레스토랑에서 저녁 식사하고 싶은데?
> A : 왜냐하면 요리하기 싫으니까.

기억해줘

- '~하기를 원한다'는 'Je veux + 동사원형', '~하기를 원하지 않는다'는 'Je ne veux pas + 동사원형'을 씁니다.
  Je veux travailler.(나는 일하고 싶다.)   Je ne veux pas travailler.(일하기 싫다, 공부하기 싫다.)
  Je veux déjeuner.(점심 먹고 싶다.)   Je ne veux pas déjeuner.(점심 먹기 싫다.)

2

A : Qu'est-ce que tu fais ce soir ?

B : Ce soir, je vais dîner avec mes parents. Ensuite, on va aller au cinéma.

A : Ils vont bien tes parents ?

B : Oui, ils vont bien. Mais, ils sont un peu fatigués parce qu'ils travaillent trop.

A : Ils travaillent beaucoup ?

B : Oui, ils travaillent tous les jours du matin au soir.

> A : 너 오늘 저녁에 뭐 할 거니?
> B : 오늘 저녁에는 부모님이랑 저녁 먹을 거야. 그 다음에 영화관에 갈 거야.
> A : 너희 부모님 잘 지내셔?
> B : 응, 잘 지내셔. 그런데 일을 너무 많이 하셔서 조금 피곤해하셔.
> A : 일 많이 하셔?
> B : 응, 매일 아침부터 저녁까지 일하셔.

기억해줘

- 'aller + 동사원형'을 이용하여 근접미래 즉 가까운 미래를 표현할 수 있습니다.
  Je vais à l'école.(나는 학교에 간다.) → Je vais aller à l'école.(나는 학교에 갈 것이다.)
  Vous parlez français.(당신은 프랑스어를 합니다.)
  → Vous allez parler français.(당신은 프랑스어를 할 것입니다.)

- tout 는 '모든'이란 의미의 형용사로서 뒤에 오는 명사의 성과 수에 일치시켜 주어야 합니다.
  남성형 단수 : tout le week-end (온 주말)   여성형 단수 : toute la journée (온 종일)
  남성형 복수 : tous les jours (모든 날들, 매일)   여성형 복수 : toutes les voitures (모든 자동차들)
- de ~ à ~ 는 '~부터 ~까지'라는 뜻으로 시간이나 장소를 나타낼 수 있습니다.
  du matin au soir (아침부터 저녁까지)
  de Paris à New York (파리에서 뉴욕까지)

3

A : Oh, il y a beaucoup de monde ce soir.
B : C'est normal. C'est Noël aujourd'hui.
A : Les rues et les magasins sont magnifiques. Et, tout le monde est heureux.
B : Oui, et nous, on est dans la voiture.
A : Oui, il y a trop de voitures.
B : On va arriver bientôt ?
A : Oui, on va arriver bientôt.
B : Ce soir, on va passer une bonne soirée.
A : Oh oui, ça va être bien.

A : 오, 오늘 저녁 사람이 많네.
B : 그럼, 당연하지. 오늘이 크리스마스잖아.
A : 거리하고 가게들이 아름답다. 그리고 모두들 행복해해.
B : 응, 그리고 우리는 차 안에 있어.
A : 맞아, 차가 너무 많아.
B : 곧 도착해?
A : 응, 곧 도착할 거야.
B : 오늘 저녁에 좋은 저녁을 보낼 거야.
A : 오 그럼, 좋을 거야.

단어

1
le soir : 저녁
ce soir : 오늘 저녁
faire la cuisine : 요리하다

2
avec : ~와 함께
ensuite : 그리고, 그 다음에
mais : 그러나, 그런데
un peu : 조금
fatigué : 피로한
le matin : 아침

3
le monde : 사람들, 많은 사람들, 세계
normal : 정상, 당연
Noël : 크리스마스
la rue : 길
heureux : 행복한
dans ~ : ~ 안에 (in)
arriver : 도착하다(1군 동사)
bientôt : 곧
passer : 보내다(1군 동사)
la soirée : 저녁, 밤

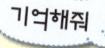
기억해줘

- beaucoup de, trop de 다음에는 관사 없이 명사의 복수형이 오게 되는데 le monde 같은 경우는 복수가 될 수 없는 셀 수 없는 명사이기 때문에 단수로 쓰입니다.
  Le monde : 세상   la voiture : 자동차
  beaucoup de ~   beaucoup de monde (많은 사람들)   beaucoup de voitures (많은 자동차들)
  trop de ~   trop de monde (너무 많은 사람들)   trop de voitures (너무 많은 자동차들)
  tout   tout le monde (모든 사람들)   toutes les voitures (모든 자동차들)
- Ça va être bien. 은 C'est bien. (좋아)의 근접미래형입니다. (aller + 동사원형)

실전회화   Bonne soirée !

4

A : Bonsoir. Comment allez-vous ce soir?

B : Bonsoir, je vais très bien, merci. Je suis très heureuse d'être ici ce soir.

A : Moi aussi, c'est une très belle soirée, n'est-ce pas ?

B : Oui, vous avez raison. Je m'appelle Nathalie. Je suis ravie de vous rencontrer.

A : Moi aussi, je suis très heureux de vous rencontrer. Je m'appelle Christophe.

> A : 좋은 저녁입니다. 오늘 저녁 어떠세요?
> B : 안녕하세요. 아주 좋아요, 감사합니다. 이 밤에 여기 있어서 너무 행복해요.
> A : 저도요. 아주 아름다운 저녁이네요, 그렇죠?
> B : 네, 맞아요. 저는 나탈리라고 합니다. 만나서 기쁩니다.
> A : 저도 만나게 되어서 행복합니다. 크리스토프라고 합니다.

기억해줘

- rencontrer는 '만나다'라는 뜻의 1군 동사로써 Je rencontre Pierre. 하면 '나는 피에르를 만난다'가 됩니다. 하지만 '나는 당신을 만난다'라고 표현할 때는 다음의 직접 목적보어 인칭대명사를 이용해야 하며 주어와 동사 사이에 위치하게 합니다.

  〈직접 목적보어 인칭대명사〉
  me(m') : 나를   te(t') : 너를   el(l') : 그를, 그것을 / la(l') : 그녀를, 그것을
  nous : 우리를   vous : 당신을   les : 그들을, 그녀들을, 그것들을
  Je te rencontre.(나는 너를 만난다.)   Je vous rencontre.(나는 당신을 만난다.)
  Il la rencontre.(그는 그녀를 만난다.)   Je t'aime.(나는 너를 사랑한다.)
  Je vous aime.(나는 당신을 사랑한다.)   Il l'aime.(그는 그녀를 사랑한다.)

- 'être heureux de + 동사원형'은 '~라서 행복하다'라는 뜻입니다. 'être ravi de + 동사원형'은 '~라서 기쁘다' 입니다.
  Je suis ici.(나는 여기 있다.) → Je suis heureux d'être ici.(여기 있어서 행복합니다.)
  Je vous rencontre.(나는 당신을 만납니다.)
  → Je suis ravi de vous rencontrer.(당신을 만나서 기쁩니다.)

5

A : Vous n'êtes pas fatigué, monsieur Martin ?

B : Non, je ne suis pas fatigué. Et vous, madame Lemaire, vous n'êtes pas fatiguée ?

A : Si, je suis fatiguée.

> A : 마르탱 씨 피곤하지 않으세요?
> B : 네, 안 피곤해요. 당신은요, 르메르 부인, 안 피곤하세요?
> A : 아니요, 피곤해요.

> **기억해줘**
>
> - ne ... pas를 이용하여 부정문으로 질문했을 때는 si 또는 non으로 대답합니다.
> Vous n'êtes pas fatigué ?(피곤하지 않으세요?)
>   – Si, je suis fatigué.(아니요, 피곤해요.) – Non, je ne suis pas fatigué.(네, 피곤하지 않아요.)
> Vous êtes fatigué ?(피곤하세요?)
>   – Oui, je suis fatigué.(네, 피곤해요.)   – Non, je ne suis pas fatigué.(아니요, 피곤하지 않아요.)
> (→ 문법편 3과 4. 부정 의문문)

A : Comment vas-tu ? Ça va ?

B : Oui, ça va très bien, merci. Alors, voici Sophie. C'est une très bonne amie et elle travaille avec moi.

A : Je suis ravi de vous rencontrer Sophie.

B : Et, je te présente aussi mon petit ami Jean-Michel.

A : Ravi de vous rencontrer.
Passez une très bonne soirée ! A tout à l'heure.

B : Merci. Bonne soirée vous aussi ! A tout à l'heure.

단어

4
ici : 여기, 이곳
belle : 아름다운 (beau의 여성형)

6
tout à l'heure : 잠시 후
à tout à l'heure ! : 잠시 후에 봐요.

A : 어떻게 지냈어? 괜찮아?
B : 응, 아주 잘 지내, 고마워. 아, 여기는 소피야. 아주 좋은 친구야. 그리고 나하고 같이 일해.
A : 만나서 기쁩니다, 소피 씨.
B : 내 남자 친구 장미셸도 소개할게.
A : 만나서 기쁩니다. 좋은 저녁 보내세요! 잠시 후에 봐요.
B : 감사합니다. 당신도 좋은 저녁 보내세요! 잠시 후에 봐요.

> **기억해줘**
>
> - 다른 사람을 소개할 때는 Voici ~ (여기는 ~ 입니다)라고 하거나, présenter(소개하다) 동사를 이용합니다. présenter를 쓸 때는 te, vous 등의 간접 목적보어 인칭대명사를 함께 써야 합니다.
> Je te présente ~.(너한테 ~ 를 소개한다.) Je vous présente ~.(당신에게 ~ 를 소개한다.)
>
> - Je suis ravi de vous rencontrer.를 줄여 Ravi de vous rencontrer.라고도 많이 합니다.
>
> - le petit ami는 작은 친구가 아니라 '남자 친구'를 의미합니다. la petite amie는 '여자 친구'입니다.
>
> - '좋은 저녁 보내세요'라고 인사할 때는 Bonne soirée !라고 하는데 passer(보내다) 동사를 이용해서 '좋은 시간을 보내다'라는 표현을 할 수도 있습니다.
> Je passe une bonne journée.(좋은 하루를 보내고 있습니다.)
> Vous passez une bonne soirée ?(당신은 좋은 저녁을 보내고 있습니까?)
>
> - 명령문을 만들 때는 주어를 생략하면 됩니다. (→ 문법편 10과 1. 명령문)
> Passez une très bonne journée !(좋은 하루 보내세요!)
> Parlez !(말하세요!)   Regardez !(보세요!)   Travaillez !(일하세요, 공부하세요!)
> 2인칭 단수, 즉 tu로 명령문을 만들 때는 동사 뒤의 s를 넣지 않습니다.
> Tu passes → Passe !(보내!) Parle !(말해!)

Bonne soirée ! 131

 **Dialogue**

A : Je suis fatigué. Je vais rentrer et je vais me reposer.
B : Moi aussi je suis trop fatigué. Je vais dormir tôt ce soir.
A : Tu te lèves tôt demain matin ?
B : Oui, je me lève tôt. J'ai un cours de français le matin. Et toi ?
A : Moi, je me lève tard. Je n'ai pas de cours demain matin.
B : Tu as de la chance. Moi, j'ai trop de cours et trop de devoirs à l'université.
A : C'est bien d'avoir beaucoup de cours et beaucoup de devoirs.
B : Oui, mais c'est bien aussi de dormir de temps en temps.
A : C'est vrai. Allez, rentre bien et bon courage.
B : Merci, toi aussi, bon courage. A bientôt.

A : 피곤하다. 집에 들어가서 쉴래.
B : 나도 피곤해. 오늘 저녁은 일찍 잘래.
A : 내일 아침 일찍 일어나?
B : 응, 일찍 일어나. 아침에 프랑스어 수업이 있어. 너는?
A : 나는 늦게 일어나. 내일 아침 수업이 없어.
B : 좋겠다. 나는 학교에 수업하고 과제가 너무 많아.
A : 수업하고 과제가 많은 게 좋은 거야.
B : 응, 그런데 가끔씩 잠을 자는 것도 좋아.
A : 맞아. 자, 잘 들어가고 내일 힘내.
B : 고마워, 너도, 힘내. 다음에 보자.

단어

se reposer : 쉬다(1군 대명 동사)
dormir : 자다(3군 동사)
tôt : 일찍
se lever : 일어나다(1군 대명 동사)
demain : 내일
tard : 늦게
un cours : 수업
avoir un cours : 수업이 있다
de temps en temps : 가끔씩
C'est vrai : 맞아
vrai : 옳은 (true)
Bon courage : 힘내요, 수고해, 파이팅
le courage : 용기
A bientôt : 다음에 보자, 나중에 보자

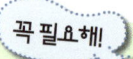 **꼭 필요해!**

- rentrer 는 '집으로 들어가다'라는 뜻으로서 뒤에 la maison이 없어도 '집으로 가다'라는 뜻을 가집니다.
  Je rentre.(집으로 간다.) = Je rentre à la maison.
  Rentrez bien !(잘 들어가세요!)

- la chance 는 '운, 행운' 이라는 뜻인데 셀 수 없는 명사이기 때문에 앞에 de 를 넣습니다. avoir 동사와 함께 쓰여서
  Tu as de la chance ! 또는 존댓말로 Vous avez de la chance ! 라고 하면 '좋겠다, 부럽다' 라는 뜻이 됩니다.

- 'C'est bien de + 동사원형'은 '~ 하는 것은 좋은 것이다'라는 표현입니다.
  C'est bien de parler français.(프랑스어를 하는 것은 좋다.)
  C'est bien d'habiter en France.(프랑스에 사는 것은 좋다.)

Exercices

1 oui, non 또는 si로 대답해 보세요.

① Tu n'es pas fatigué(e) ? _____

② Vous n'êtes pas japonais(e) ? _____

③ Bi est petit ? _____

④ Angelina Jolie n'est pas jolie ? _____

⑤ Vous aimez la musique ? _____

2 다음 문장들을 근접미래로 만들어 보세요. (aller + 동사원형)

① Je vais au cinéma. _____

② Vous parlez français. _____

③ Il habite en France. _____

④ Nous prenons un café. _____

⑤ Tu aimes l'école. _____

3 프랑스어로 말해 보세요.

① 오늘 저녁은 피곤해서 쉴 거야.
_____

② 서울에는 많은 사람들과 많은 차들이 있습니다.
_____

③ 그는 매일 학교에 갑니다.
_____

④ 우리는 너무 많이 일해.
_____

⑤ 좋은 저녁 보내세요!
_____

Leçon 15
Bon week-end !
좋은 주말!

♥ **목표**
주말 일과 말하기

♥ **회화 포인트**
초대하기
약속 잡기
요일

♥ **문법 포인트**
venir 동사 (come 동사)
savoir 동사 (know 동사)
의문사 quand (when)

실전회화 — Bon week-end !

1

A : Aujourd'hui c'est vendredi. Alors, je suis content.
B : Qu'est-ce que tu fais ce week-end ?
A : Je ne sais pas. Et toi ?
B : Je vais aller au cinéma. Est-ce que tu veux venir avec moi ?

> **A** : 오늘은 금요일이야. 그래서 난 좋다.
> **B** : 이번 주말에 뭐해?
> **A** : 모르겠어. 너는?
> **B** : 나는 영화관에 갈 거야. 영화관에 같이 갈래?

기억해줘

- venir는 '오다 (come)'라는 의미의 3군 동사입니다. 하지만 때로는 '가다'라는 의미를 가질 수도 있습니다. (→ 문법편 6과 1. aller / venir)
  Tu viens ?(올 거야?)   Oui, je viens.(응, 갈게.)   Viens avec moi.(나랑 같이 가자.)

- aimer, vouloir, pouvoir 동사 다음에는 동사원형이 올 수 있습니다. (→ 문법편 6과 3. 조동사)
  J'habite en France.(나는 프랑스에서 산다.)
  → J'aime habiter en France.(나는 프랑스에서 사는 것을 좋아한다.)
  → Je veux habiter en France.(나는 프랑스에서 살고 싶다.)
  → Je peux habiter en France.(나는 프랑스에서 살 수 있다.)
  Vous parlez français.(당신은 프랑스어를 합니다.)
  → Vous aimez parler français.(당신은 프랑스어를 하는 것을 좋아합니다.)
  → Vous voulez parler français.(당신은 프랑스어를 하길 원합니다.)
  → Vous pouvez parler français.(당신은 프랑스어를 할 수 있습니다.)

2

A : Je travaille du lundi au vendredi. Et le samedi, je me repose et je fais du sport.
B : Et le dimanche ? Qu'est-ce que vous faites le dimanche ?
A : Le dimanche, je vais à l'église.

> **A** : 월요일부터 금요일까지 일합니다. 토요일은 쉬고 운동을 합니다.
> **B** : 일요일은요? 일요일에는 무엇을 하십니까?
> **A** : 일요일에는 교회에 갑니다.

기억해줘

- Le jour : 날, 요일 (★ 요일 앞에 정관사 le를 넣으면 '매주 ~요일'이라는 뜻이 됩니다.)
  lundi (월요일)   mardi (화요일)   mercredi (수요일)   jeudi (목요일)
  vendredi (금요일)   samedi (토요일)   dimanche (일요일)

3

A : Tu viens à la soirée de Marc ce soir ?

B : Non, je ne peux pas venir.

A : Pourquoi tu ne peux pas venir ?

B : Je dois travailler. J'ai trop de devoirs ce week-end.

A : Oh non, tu dois venir. Tu peux faire tes devoirs dimanche.

B : Je suis désolé. Je ne peux pas venir parce que j'ai vraiment beaucoup de devoirs.

A : Bon, dans ce cas, je ne vais pas à la soirée si tu ne viens pas.

B : Non Fred, je ne vais pas venir. Je voudrais bien venir mais je ne peux pas. Passe une bonne soirée avec les autres. D'accord ?

A : Bon, dans ce cas, tant pis. C'est dommage.

단어

1
alors : 그래서 (so)
content : 기쁜
ce week-end : 이번 주말
Je ne sais pas. : 모른다. (savoir 동사 참고)

2
du lundi au vendredi
: 월요일부터 금요일까지
(de ~ à ~ : ~부터 ~까지)
faire du sport : 운동을 하다
le sport : 운동, 스포츠
l'église : 교회, 성당

3
la soirée : 저녁, 저녁 파티
dans ce cas : 그렇다면, 이런 경우에는
le cas : 경우, 케이스
si : 만약 (접속사로 쓰일 때)
autre : 다른
les autres : 다른 사람들
tant pis : 할 수 없지
C'est dommage. : 안타깝다, 아쉽다

A : 오늘 저녁 마크의 파티에 올래?
B : 아니, 갈 수가 없어.
A : 왜 못 가는데?
B : 공부해야 돼. 이번 주말에 숙제가 너무 많아.
A : 안돼, 너 와야 돼. 숙제는 일요일에 하면 되잖아.
B : 미안하다. 숙제가 진짜 많아서 갈 수가 없어.
A : 그렇다면, 네가 파티에 안 오면 나도 안 갈 거야.
B : 프레드 안돼, 난 안 갈 거야. 가고는 싶지만 그럴 수 없어. 다른 애들이랑 좋은 저녁 보내. 알았지?
A : 그럼 할 수 없지 뭐. 아쉽네.

기억해줘

- faire les devoirs는 '숙제, 과제를 하다'라는 뜻인데 les 대신 소유형용사를 넣을 수 있습니다.
  Je fais les devoirs.(나는 숙제를 한다.) = Je fais mes devoirs.
  Il fait les devoir.(그는 숙제를 한다.) = Il fait ses devoirs.
  (→ 문법편 9과 1. 소유형용사)

- Je voudrais의 voudrais는 vouloir 동사(~하기를 바라다)의 조건법으로서 정중한 표현으로 사용됩니다.
  Je veux habiter ici. → Je voudrais habiter ici. (여기 살고 싶어요.)
  Je veux faire du sport. → Je voudrais faire du sport. (운동하고 싶어요.)

Bon week-end !

실전회화 Bon week-end !

4

A : Vous venez d'où ?
B : Je viens de Corée.
A : Vous venez de Corée du Sud ou de Corée du Nord ?
B : Je viens de Corée du Sud.

> A : 어디서 오셨어요?
> B : 한국에서 왔어요.
> A : 남한에서 오셨어요, 북한에서 오셨어요?
> B : 남한에서 왔어요.

 기억해줘

- venir de ~ 는 '~ 에서 오다(come from~)'라는 의미입니다. 어디에서 왔는지 물어볼 때는 Vous venez d'où ?라고 묻고, 대답은 Je viens de ~.라고 하면 됩니다.
  d'où 를 문장 앞에 놓아 D'où venez-vous ?라고 물으면 문법적으로 더욱 정확한 문장이 됩니다.

5

A : Qu'est-ce que tu fais ce week-end ?
B : Ce week-end, je ne fais rien.
A : Rien ?
B : Rien.
A : Tu sais jouer au foot ?
B : Non, je ne joue jamais au foot.
A : Jamais ?
B : Jamais.

> A : 이번 주말에 뭐해?
> B : 이번 주말에 아무것도 안해.
> A : 아무것도?
> B : 아무것도.
> A : 축구할 줄 알아?
> B : 아니, 축구는 결코 안해.
> A : 결코?
> B : 결코.

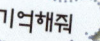 기억해줘

- savoir는 '알다'라는 뜻의 3군 동사로써 aimer, vouloir, pouvoir, devoir 동사처럼 뒤에 동사원형이 올 수 있습니다. (→ 문법편 6과 3. 조동사)
  Je sais jouer au foot.(축구할 줄 안다.)
  Je ne sais pas jouer au foot.(축구할 줄 모른다.)

- ne ... pas 에서 pas 대신 rien을 쓰면 '아무것도 아니다'라는 뜻이 됩니다. (nothing, anything)
  Ce n'est rien.(아무것도 아니다.). Il ne mange rien.(그는 아무것도 안 먹는다.)

- ne ... jamais에서 pas 대신 jamais를 쓰면 '절대로 아니다'라는 뜻이 됩니다. (never)
  Je ne prends jamais de café.(나는 절대로 커피를 마시지 않는다.)
  Tu ne travailles jamais.(넌 절대로 공부 안해.)

A : Qu'est-ce que tu fais demain ?
B : Demain j'ai rendez-vous avec Sylvie.
    On va à une exposition sur l'Egypte.
A : Et samedi ?
B : Je vais sortir avec mes amis. Tu veux venir avec nous ?
A : Où est-ce que vous allez ?
B : On va aller en boîte.
A : Je vais aller aux grands magasins et je vais faire du shopping.
B : Ah oui ? Quand est-ce que tu vas aux grands magasins ? Samedi ou dimanche ?
A : Dimanche après-midi. Tu peux venir si tu veux.
B : D'accord. On se voit chez toi ?
A : Ça marche. On se voit chez moi.
B : Alors, à dimanche.

A : 내일 뭐해?
B : 내일 실비랑 약속이 있어. 이집트에 관한 전시회에 갈거야.
A : 토요일은?
B : 친구들이랑 외출할 거야. 우리랑 같이 갈래?
A : 어디로 가는데?
B : 클럽에 갈 거야.
A : 나는 백화점에 가서 쇼핑할 거야.
B : 그래? 백화점 언제 갈 건데? 토요일 아니면 일요일?
A : 일요일 오후에. 오고 싶으면 와도 돼.
B : 그래. 너희 집에서 만날까?
A : 그렇게 하자. 우리 집에서 보자.
B : 그럼, 일요일에 보자.

단어

4
la Corée du Sud : 남한
le sud : 남
la Corée du Nord : 북한
le nord : 북

5
rien : 아무것도
jouer : 놀다, (스포츠를) 하다
le foot : 축구
jouer au foot : 축구하다
jamais : 결코

6
le rendez-vous : 만날 약속
une exposition : 전시회
sur : ~에 관한, ~에
l'Egypte : 이집트
la boîte : 클럽, 디스코텍, 상자
aller en boîte : 디스코텍(클럽)에 가다
le grand magasin : 백화점
aller aux grands magasins : 백화점에 가다
le shopping : 쇼핑
faire du shopping : 쇼핑하다
chez ~ : ~의 집에
Ça marche. : 그러자, 그렇게 하자
(marcher) : 걷다, 작동하다)
quand : 언제
voir : 보다(3군동사)
se voir : 만나다(대명동사)

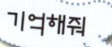 기억해줘

- avoir rendez-vous는 '약속이 있다'라는 표현으로써 rendez-vous 앞에는 관사 le를 넣지 않습니다.
  J'ai rendez-vous.(약속이 있다.)
  J'ai rendez-vous avec Pierre.(나는 피에르와 약속이 있다.)
- sortir는 '나가다'라는 3군 동사인데 '외출하다'라는 뜻도 될 수 있습니다.
  Je sors avec mes amis.는 '나의 친구들과 외출한다'라는 뜻인데 Je sors.라고 해도 같은 뜻이 됩니다.
- ami는 '친구'라는 뜻인데 여성형은 e 를, 복수일 때는 s 를 붙이지만 발음은 같습니다.
  mon ami (내 친구) – 남성, 단수   mes amies (내 친구들) – 여성, 복수
- à 다음에 요일이나 시간을 넣으면 '그 때에 보자'라는 뜻이 됩니다.
  à lundi (월요일에 보자)   à dimanche (일요일에 보자)   à ce soir (오늘 저녁에 보자)

 **Dialogue**

A : Qu'est-ce que vous allez faire après le cours, madame Martin ?

B : Après le cours, je vais sortir avec des amis. Tout à l'heure, on doit se voir dans un café.

A : Et vous, qu'est-ce que vous faites après, monsieur Dupont ?

C : Après, je vais rentrer chez moi et je vais me reposer.

A : Et vous, monsieur Garnier ? Vous allez rentrer aussi ?

D : Non, je dois aller au bureau parce que j'ai beaucoup de travail.

A : Alors, mademoiselle Ruquier, où est-ce que vous allez après le cours ?

E : Je ne sais pas. Je voudrais aller au cinéma avec mon petit ami.

A : Et vous, mademoiselle Ardisson, vous allez où après ?

F : Moi, je vais faire du sport. Je vais jouer au tennis.

A : Et vous, madame Dion ? Qu'allez-vous faire ?

G : J'ai rendez-vous avec mon mari. On va faire du shopping.

A : Alors, bonne journée tout le monde. Bon week-end et à lundi !

A : 마르땡 씨, 수업 후에 뭐 하실 겁니까?
B : 수업 후에는 친구들이랑 외출할 것입니다. 잠시 후에 커피숍에서 만나야 합니다.
A : 당신은요? 뒤퐁 씨는 잠시 후에 뭐 하세요?
C : 이따가 집에 들어가서 쉴 거예요.
A : 가르니에 씨는요? 당신도 댁으로 가실 건가요?
D : 아니요. 저는 일이 많아서 사무실에 가야 해요.
A : 뤼키에 씨는 수업 후에 어디로 가시나요?
E : 모르겠어요. 남자 친구랑 영화관에 가고 싶어요.
A : 당신은요, 아르디송 씨, 이따가 어디로 가세요?
F : 저는 운동하러 가요. 테니스 치러 갈 거예요.
A : 디옹 씨는요? 무엇을 하실 건가요?
G : 남편이랑 약속이 있어요. 쇼핑하러 갈 거예요.
A : 그럼, 모두들 좋은 하루 되세요. 좋은 주말 되시고 월요일에 만나요!

 단어

après : 잠시 후, ~ 후에
après le cours : 수업 후에
madame : 기혼 여성, 약자 (Mme)
monsieur : 미혼, 기혼 남성, 약자 (M)
mademoiselle : 미혼 여성, 약자 (Mlle)
jouer au tennis : 테니스를 치다
le tennis : 테니스

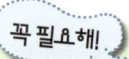 꼭 필요해!

- après le cours(수업 후에)는 문장의 앞부분이나 뒷부분에 모두 올 수 있습니다. 문장의 앞부분에 위치할 때는 꼭 콤마(,)를 찍어야 합니다.
  Après le cours, je vais au cinéma. = Je vais au cinéma après le cours.

Exercices

1 다음 문장을 프랑스어로 써 보세요

① 학교에 간다. _____

② 학교에 가는 것을 좋아한다. _____

③ 학교에 가고 싶다. _____

④ 학교에 갈 수 있다. _____

⑤ 학교에 가야 한다. _____

2 다음 대화를 우리말로 해석해 보세요.

A : Quand est-ce qu'on se voit ?

B : Je ne sais pas. Qu'est-ce que tu fais demain ? Moi, je vais au cinéma. Tu veux venir avec moi ?

A : Je ne peux pas demain. Je suis désolé. J'ai vraiment trop de devoirs. Et je ne vais jamais au cinéma. Mais, on peut se voir vendredi soir.

B : D'accord. Où est-ce que tu veux aller ?

A : Moi, je voudrais aller aux grands magasins.

B : Mais moi, je ne veux pas aller aux grands magasins. Je voudrais aller au cinéma.

A : Dans ce cas, on va aux grands magasins, et après, on va au cinéma.

B : D'accord. Ça marche.

3 프랑스어로 답해 보세요.

① D'où venez vous ? – _____ (한국에서 왔어요.)

② Qu'est-ce que tu fais dimanche ?
  – _____ (일요일에는 남자 친구와 영화관에 가요.)

③ Qu'est-ce que vous faites ce week-end ?
  – _____ (아무것도 안해요. 쉴 거예요.)

④ Vous travaillez beaucoup ?
  – _____ (네, 월요일부터 금요일까지, 아침부터 저녁까지 일해요.)

⑤ Il sait jouer au foot ? – _____ (아니요, 그는 축구를 할 줄 몰라요.)

⑥ Quand est-ce que tu vas chez Marc ?
  – _____ (오늘 저녁에 마크의 집에 갈 거야.)

Leçon 16
Loisirs
취미

♥ **목표**
취미에 대해 말하기

♥ **회화 포인트**
취미
신체
avoir mal à ~ (~가 아프다)

♥ **문법 포인트**
jouer à / faire de
의문사 quel (which, what)
c'est + 형용사

실전회화 Loisirs

1

A : Quels sont tes loisirs ?

B : J'aime beaucoup le jardinage.

A : Ah bon ? Pourquoi ?

B : Parce que j'adore les fleurs et les plantes.

> **A** : 취미가 뭐야?
> **B** : 나는 정원 가꾸기를 좋아해.
> **A** : 그래? 왜?
> **B** : 왜냐하면 나는 꽃과 식물들을 너무 좋아하거든.

기억해줘

- '취미가 무엇입니까?'라고 물을 때는 의문사 quel 을 이용해서 quels sont vos loisirs ?라고 묻습니다.
- **Les loisirs** : 취미

la musique : 음악	la lecture : 독서	la photographie : 사진
la peinture : 그림	le cinéma : 영화	la télévision : 텔레비전
le théâtre : 연극	l'opéra : 오페라	la promenade : 산책
la randonnée : 등산	le sport : 스포츠	la natation : 수영
les bandes dessinés : 만화책	l'internet : 인터넷	les dessins animés : 만화 영화
l'informatique : 컴퓨터	l'automobile : 자동차	la moto : 오토바이
les jeux videos : 비디오 게임	le vélo : 자전거	le roller : 인라인 스케이트
le ski : 스키	le snowboard : 스노보드	le voyage : 여행
le jardinage : 원예	le bricolage : 만들기, 공작	le football (le foot) : 축구

2

A : Moi, ma passion c'est le sport. Et surtout le football.

B : Vous jouez souvent au football ?

A : Non, je ne joue jamais au foot, mais tous les jours, je regarde le football à la télévision.

> **A** : 내가 가장 열정적으로 좋아하는 것은 스포츠입니다. 무엇보다 축구를요.
> **B** : 축구를 자주 하시나요?
> **A** : 아니요. 축구를 절대로 하지는 않는데 매일 텔레비전으로 축구를 봐요.

기억해줘

- ma passion, c'est ~ 은 직역하면 '나의 열정은 ~ 입니다'로 '내가 가장 열정적으로 좋아하는 것은 ~ 입니다'라는 뜻입니다.
- jouer à ~는 '게임을 하다, 운동을 하다' 등의 다양한 의미로 사용됩니다.
  Je joue à la Playstation.(플레이스테이션을 한다.)   Je joue au foot.(축구를 한다.)
  Je joue au tennis.(테니스를 친다.)
  Je joue du piano.(피아노를 친다.) – '악기를 연주한다'는 jouer de ~ 입니다.

3

A : Qu'est-ce que tu fais le week-end ?

B : Le week-end, je fais du sport. Je fais souvent de la randonnée.

A : J'aime bien la randonnée aussi.

B : Et de temps en temps, je fais du roller.

A : C'est difficile, le roller, non ?

B : Non, ce n'est pas difficile. C'est facile. Un jour, on peut aller faire du roller ensemble, si tu veux.

A : Oui, je veux bien mais je n'ai pas de rollers.

B : Tu peux mettre les rollers de ma petite sœur. Quelle taille fais-tu ?

A : Je fais du 37.

B : C'est parfait. Tu vas voir. C'est facile, le roller.

단어

1
des loisirs : 취미
une fleur : 꽃
une plante : 식물

2
la passion : 열정
surtout : 무엇보다
jouer : 놀다(play)
souvent : 자주
regarder : 보다
à la télévision : 텔레비전으로

3
de temps en temps : 가끔
difficile : 어려운
facile : 쉬운
un jour : 어느 날, 언젠가
mettre : 놓다, 넣다, 신다 (3군 동사)
C'est parfait. : 완벽하다
voir : 보다

A : 주말에 보통 뭐해?
B : 주말에는 운동해. 등산을 자주 가.
A : 나도 등산 좋아해.
B : 가끔씩은 인라인 스케이트를 타.
A : 인라인 스케이트 어렵지, 안 그래?
B : 아니, 어렵지 않아. 쉬워. 원한다면 언제 같이 인라인 스케이트 타러 가자.
A : 그래, 좋지. 그런데 나는 인라인 스케이트를 가지고 있지 않아.
B : 내 여동생 인라인 스케이트를 신어도 돼. 사이즈가 어떻게 돼?
A : 37이야.
B : 딱 좋네. 두고 봐. 인라인 스케이트 쉬워.

기억해줘

- '~를 좋아한다'라는 의미의 aimer ~ 에서는 전치사 à 나 de를 쓰지 않습니다.
  J'aime le roller.(나는 인라인 스케이트를 좋아한다.)

- '~를 한다'라는 표현은 faire de ~ 를 이용합니다.
  Je fais du roller.(인라인 스케이트를 탄다.)
  Je fais de la randonnée.(등산을 한다.)

- 'aller + 동사원형'은 근접미래 시제가 되기도 하지만 '~ 하러 간다'라는 의미가 될 수도 있습니다.
  Je vais faire du roller.(인라인 스케이트를 타러 간다.)
  On va faire du roller.(우리는 인라인 스케이트를 타러 간다.)

- 'pouvoir + aller + 동사원형'은 '~ 하러 갈 수 있다'라는 의미입니다.
  On peut aller faire du roller.(인라인 스케이트를 타러 갈 수 있다.)
  On veut aller faire du roller.(인라인 스케이트를 타러 가고 싶다.)

- si는 '만약'이라는 뜻으로 si tu veux는 '네가 원한다면'입니다. 존댓말은 si vous voulez입니다.

Loisirs 145

실전회화 Loisirs

4

A : Attention !
B : Aïe, j'ai mal.
A : Ça va ?
B : Non, ça va pas. J'ai mal.
A : Où est-ce que tu as mal ?
B : J'ai mal aux genoux et à la tête.
A : Viens, on va aller à la pharmacie.

> A : 조심해!
> B : 아, 아파.
> A : 괜찮아?
> B : 아니, 괜찮지 않아. 아파.
> A : 어디가 아파?
> B : 무릎하고 머리가 아파.
> A : 가자, 약국으로 가자.

기억해줘

- ça va pas처럼 부정문을 만들 때 ne를 생략해서 말하기도 합니다. 문법적으로는 틀리지만 일상생활에서 많이 쓰이는 방식입니다.
- avoir mal은 '아프다(고통을 느낀다)'라는 뜻이고 avoir mal à ~ 는 '~가 아프다(특정 부위가 아프다)'라는 뜻입니다. être malade 역시 '아프다' 라는 뜻인데 감기나 병 때문에 아플 때 쓰입니다.
  J'ai mal à la tête.(머리가 아프다.)   J'ai mal aux jambes.(다리가 아프다.)
- **Le corps** : 몸

le visage : 얼굴	la tête : 머리	le cou : 목	les cheveux : 머리카락
les oreilles : 귀	les bras : 팔	le coude : 팔꿈치	l'œil : 눈 (단수)
les yeux : 눈 (복수)	la main : 손	les doigts : 손가락	le nez : 코
la bouche : 입	la poitrine : 가슴	le ventre : 배	les dents : 이빨
la langue : 혀	le dos : 등	les fesses : 엉덩이	les jambes : 다리
les genoux : 무릎	le pied : 발	les doigts de pied : 발가락	

5

A : Qu'est-ce qu'il y a ? Vous êtes malade ?
B : Oui, je suis malade. J'ai un rhume. J'ai mal à la tête.

> A : 무슨 일이에요? 아프세요?
> B : 네, 아파요. 감기 걸렸어요. 머리가 아파요.

기억해줘

- Qu'est-ce qu'il y a ?는 '무슨 일이에요?' 라고 묻는 표현입니다.
- avoir un rhume은 '감기 걸리다'라는 의미입니다.

6

A : Quel est votre nom ?
B : Mon nom est Dupont.
A : Et votre prénom ?
B : Mon prénom est Claude.
A : Quelle est votre profession ?
B : Je suis photographe.
A : Quel âge avez-vous ?
B : J'ai 34 ans.
A : Quelles langues parlez-vous ?
B : Je parle coréen, français et anglais.
A : Quels sont vos loisirs ?
B : J'aime beaucoup la lecture.
　　　Je lis souvent des romans français.

단어

4
aïe : 아야, 아이(고통을 느낄 때 쓰는 감탄사입니다.)
la pharmacie : 약국

6
le nom : 성
(= le nom de famille)
le prénom : 이름
la profession : 직업
la langue : 언어, 혀
lire : 읽다.
le roman : 소설책

A : 성이 무엇입니까?
B : 제 성은 뒤퐁입니다.
A : 당신의 이름은요?
B : 제 이름은 클로드입니다.
A : 당신의 직업은 무엇입니까?
B : 저는 사진작가입니다.
A : 나이가 어떻게 되십니까?
B : 34살입니다.
A : 어떤 언어를 하십니까?
B : 한국어, 프랑스어 그리고 영어를 합니다.
A : 취미가 무엇입니까?
B : 독서를 좋아합니다. 프랑스 소설을 자주 읽습니다.

기억해줘

● 의문형용사 quel (어떤, 무슨, 어느)을 이용해서 질문할 때는 항상 명사와 같이 써야 하며 그 명사의 성과 수에 일치시켜야 합니다. 먼저 être 동사를 이용해서 질문하는 방법입니다.
남성형 단수 : Quel est votre numéro de téléphone ?(전화번호가 무엇입니까?)
여성형 단수 : Quelle est votre adresse email ?(이메일 주소가 어떻게 되십니까?)
남성형 복수 : Quels sont vos loisirs ?(취미가 무엇입니까?)
여성형 복수 : Quelles sont vos voitures ?(당신의 차들이 무엇입니까?)

être 동사가 아닌 동사를 이용하는 경우는 quel 뒤에 무관사 명사가 바로 오게 됩니다.
Quel âge avez-vous ?(나이가 어떻게 되세요?)
Quelle table voulez-vous ?(어떤 테이블을 원하시나요?)
Quels livres lisez-vous ?(어떤 책들을 읽으세요?)
Quelles langues parlez-vous ?(어떤 언어를 하시나요?)
(→ 문법편 7과 3. 의문형용사)

Dialogue

A : Qu'est-ce que tu fais en ce moment ?

B : En ce moment, j'apprends le français.

A : Ah bon ? C'est difficile, le français, non ?

B : Mais oui, c'est difficile. Mais toutes les langues sont difficiles.

A : Tu aimes bien les chansons françaises ?

B : Oui, j'adore. J'écoute souvent des chansons françaises. Et toi ?

A : Moi, j'aime bien les films français. Je regarde souvent les films français. Le français est une très belle langue.

B : Et, ce n'est pas une langue trop difficile. Tu veux apprendre le français avec moi ?

A : Avec plaisir, mais, ce n'est pas trop difficile ?

B : Si tu veux apprendre le français, j'ai un très bon livre de français.

A : 요즘 뭐해?
B : 요즘 프랑스어를 배우고 있어.
A : 그래? 프랑스어 어렵지, 안 그래?
B : 당연하지. 어려워. 하지만 모든 언어는 어려워.
A : 프랑스 노래 좋아해?
B : 응, 프랑스 노래 아주 좋아해. 프랑스 노래 자주 들어. 너는?
A : 나는 프랑스 영화를 아주 좋아해. 프랑스 영화 자주 봐. 프랑스어는 아름다운 언어야.
B : 그리고 아주 어려운 언어는 아니야. 나랑 같이 프랑스어 배워 볼래?
A : 좋지, 그런데 진짜 어렵지 않아?
B : 프랑스어 배우고 싶으면 나한테 아주 좋은 프랑스어 책이 있어.

단어

en ce moment : 요즘
écouter : 듣다 (1군 동사)
la chanson : 노래
regarder : 보다 (1군 동사)
le film : 영화
le plaisir : 기쁨, 즐거움

꼭 필요해!

- apprendre 는 '배우다'라는 뜻으로써 prendre 동사의 앞에 ap만 붙여주면 됩니다. (prendre 계열 동사)

- 'C'est + 형용사, 명사'를 이용해서 다양한 표현을 할 수 있습니다.
  C'est difficile, le français.(프랑스어는 어렵다.)   C'est facile, le français.(프랑스어는 쉽다.)
  C'est bon, le chocolat.(초콜릿은 맛있다.)   C'est cher, le chocolat.(초콜릿은 비싸다.)
  C'est bon.(맛있다.)   C'est très bon.(아주 맛있다.)
  C'est trop bon.(너무 맛있다.)   C'est vraiment bon.(진짜 맛있다.)

- mais oui는 '당연하지'라는 뜻입니다. (= bien sûr)

- 초대나 제안을 하면 여러 가지 방법으로 응하실 수 있습니다.
  Avec plaisir.(기꺼이, 좋지요.)   Je veux bien.(그럽시다.)
  Pourquoi pas.(안될 이유가 있겠어?)   Non, merci.(아니, 고마워.)

Exercices

1 Quels sont vos loisirs ?

① 음악을 좋아해요. 프랑스 노래를 자주 들어요. (écouter) _____

② 독서를 좋아합니다. 소설책을 자주 읽어요. (lire) _____

③ 가끔 영화를 봅니다. (regarder) _____

④ 매일 텔레비전을 봅니다. (regarder) _____

⑤ 금요일에는 친구들과 축구를 합니다. (jouer) _____

2 다음 사항을 묻는 질문을 해 보세요.

① 이름 _____

② 나이 _____

③ 전화번호 _____

④ 이메일 주소 _____

⑤ 취미 _____

3 프랑스어로 해보세요.

① 조심해! _____

② 너무 아프다. _____

③ 배가 아프다. _____

④ 다리가 아프다. _____

⑤ 감기 걸렸다. _____

4 다음 질문에 답해 보세요.

① Est-ce que vous aimez faire de la randonnée ?
_____

② Vous voulez aller au théâtre ce week-end ?
_____

③ Est-ce que vous écoutez souvent des chansons françaises ?
_____

④ Aimez-vous lire des romans ?
_____

⑤ Est-ce que vous faites du sport de temps en temps ?
_____

Leçon 17
Vacances
휴가

♥ 목표
  휴가 떠나기

♥ 회화 포인트
  계절
  산
  바다

♥ 문법 포인트
  partir 동사
  savoir / connaître 동사
  ne ... plus

실전회화 Vacances

1

A : C'est les vacances !
B : Oui, et c'est triste.
A : Ah bon ? Pourquoi ?
B : Parce que je ne pars pas en vacances.
A : Tu ne vas pas partir en vacances ?
B : Non, je ne peux pas partir en vacances. Je suis triste.

> A : 방학이다!
> B : 응, 그런데 슬프다.
> A : 그래? 왜?
> B : 왜냐하면 휴가를 떠나지 않거든.
> A : 휴가 떠나지 않을 거야?
> B : 응, 떠날 수가 없어. 슬프다.

기억해줘

- les vacances는 '휴가, 방학, 바캉스'라는 뜻으로 항상 복수로 쓰입니다.
- partir en vacances는 '휴가를 떠나다'라는 의미입니다.

2

A : Vous êtes en vacances ?
B : Non, je ne suis pas en vacances. Je suis en voyage d'affaires. Et vous ?
A : Moi, j'habite ici.
B : Oh, vous avez de la chance.
A : Oui, c'est vrai. Mais vous aussi, vous avez de la chance.

> A : 휴가 중이신가요?
> B : 아니요. 휴가 중이 아니에요. 출장 중입니다. 당신은요?
> A : 저는 여기서 삽니다.
> B : 오, 좋으시겠네요.
> A : 네, 맞아요. 하지만 당신도 좋으시겠습니다.

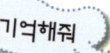

기억해줘

- être en vacances는 '휴가 중이다', être en voyage d'affaires는 '출장 중이다'라는 의미입니다.
- vous avez de la chance는 '좋겠다, 부럽다'라는 의미입니다.

3

A : Est-ce que vous partez en vacances cet été ?

B : Oui, je pars en vacances cet été.
Je vais aller en Espagne à Barcelone.

A : Barcelone est une ville magnifique.

B : Oui, moi aussi, j'aime beaucoup cette ville. Et vous ?
Où est-ce que vous partez ?

A : Moi, je vais partir en Italie. Ma famille habite à Rome.

B : Vous avez de la chance.

A : Oui, mais je pars en Italie tous les ans.

B : Quels pays voulez-vous visiter, par exemple ?

A : Euh. Je voudrais partir en Egypte, en Grèce ou au Canada.

2

le voyage d'affaires : 출장
les affaires : 비즈니스
vrai : 옳은 (↔ faux : 틀린)

3

l'Egypte : 이집트
la Grèce : 그리스
le Canada : 캐나다
ou : 또는

A : 이번 여름에 휴가를 떠나시나요?
B : 네, 이번 여름에 휴가를 떠날 겁니다. 스페인 바르셀로나로 갈 겁니다.
A : 바르셀로나는 아주 아름다운 도시에요.
B : 네, 저도 그 도시를 아주 좋아합니다. 당신은요 ? 어디로 떠나세요?
A : 저는 이탈리아로 떠날 겁니다. 나의 가족이 로마에 삽니다.
B : 좋으시겠어요.
A : 네, 하지만 저는 매년 이탈리아로 떠나요.
B : 어떤 나라를 방문하고 싶으세요?
A : 음. 이집트, 그리스 아니면 캐나다에 가고 싶어요.

기억해줘

- **Les saisons** : 계절

le printemps : 봄	au printemps : 봄에는	ce printemps : 이번 봄에
l'été : 여름	en été : 여름에는	cet été : 이번 여름에
l'automne : 가을	en automne : 가을에는	cet automne : 이번 가을에
l'hiver : 겨울	en hiver : 겨울에는	cet hiver : 이번 겨울에

- '~ 로 떠나다'라는 표현은 partir 동사를 쓰는데 도시 앞에는 à, 나라 앞에서는 남성인 경우 au, 여성인 경우 en을 넣어줍니다. (→ 문법편 8과 4. 다른 전치사)
  Je veux partir à Londres.(런던으로 떠나고 싶어.)
  Demain, je pars au Japon.(내일 일본으로 떠나.)
  Je pars en Corée.(한국으로 떠난다.)

- visiter(방문하다) 동사 다음에는 전치사를 넣지 않습니다.
  Je veux visiter Londres.(런던을 방문하고 싶어.)
  Je visite le Japon.(일본을 방문한다.)
  Je visite la Corée.(한국을 방문한다.)

실전회화 — Vacances

4

A : On y va ? On va à la plage ?
B : Une minute, s'il te plaît. Je cherche la serviette de plage.
A : La serviette est dans l'armoire.
B : Mais, où est mon maillot de bain ?
A : Il est dans ton sac.
B : Et … où est mon sac ?

> **A** : 출발할까? 바닷가에 갈까?
> **B** : 잠시만. 비치타월을 찾고 있어.
> **A** : 타월은 장롱 안에 있어.
> **B** : 그런데, 내 수영복은 어디 있어?
> **A** : 네 가방 안에 있어.
> **B** : 그리고 … 내 가방은 어디 있지?

 기억해줘

- 잠시만 기다려 달라고 할 때는 Une minute, s'il te plaît !라고 합니다.

5

A : Je ne peux plus continuer. Je suis trop fatigué. Continuez sans moi.
B : Non, on ne continue pas sans toi. Tu dois venir avec nous. Courage !
A : Je ne veux plus continuer. Cette montagne est trop haute pour moi.
B : Non, elle n'est pas trop haute. Regarde, on va arriver bientôt.

> **A** : 계속할 수가 없어. 너무 힘들어. 나 없이 계속해.
> **B** : 안돼, 우리는 너 없이 가지 않을 거야. 우리랑 같이 가야 해. 힘내!
> **A** : 더 이상 계속하고 싶지 않아. 이 산은 나에게 너무 높아.
> **B** : 아니야, 너무 높지 않아. 봐, 곧 도착할 거야.

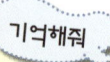 기억해줘

- ne … plus 는 '더 이상 ~ 가 아니다'라는 의미입니다.
  Je ne mange pas.(먹지 않는다.) → Je ne mange plus.(더 이상 먹지 않는다.)

A : Est-ce qu'il y a des montagnes en Corée ?
B : Oui, bien sûr. Il y a beaucoup de montagnes en Corée.
A : Est-ce que vous faites du sport d'hiver en Corée ?
B : Oui, beaucoup de coréens font du ski et du patinage. On aime beaucoup partir en vacances à la montagne.
A : Vous connaissez une bonne station de ski ?
B : En Corée, j'aime bien la station de Yong Pyoung.
A : Vous savez faire du ski ?
B : Oui, et je fais du snowboard aussi.
A : En France, il y a beaucoup de stations de ski dans les Alpes.
B : Je connais Tignes et Courchevel.
A : Oui, ces stations sont très grandes et magnifiques.
B : Je voudrais partir en France pour faire du ski dans les Alpes.

A : 한국에 산이 있나요?
B : 네, 물론이지요. 한국에는 산이 많이 있어요.
A : 한국에서 겨울 스포츠를 하나요?
B : 네, 많은 한국 사람들이 스키와 스케이트를 탑니다. 산으로 휴가가는 것을 아주 좋아해요.
A : 좋은 스키장을 아시나요?
B : 한국에서는 용평스키장을 좋아합니다.
A : 스키탈 줄 아세요?
B : 네, 그리고 스노보드도 타요.
A : 프랑스에는 알프스에 많은 스키장이 있습니다.
B : 티뉴하고 쿠쉐빌을 알아요.
A : 네, 그 스키장들은 아주 크고 아름답습니다.
B : 알프스에서 스키타기 위해 프랑스에 가고 싶네요.

단어

4
la plage : 바닷가
chercher : 찾다(1군 동사)
la serviette : 수건, 타월
la serviette de plage : 비치타월
l'armoire : 장롱, 옷장
le maillot de bain : 수영복

5
continuer : 계속하다(1군 동사)
sans ~ : ~ 없이
Courage! : 힘내 !
la montagne : 산
haut : 높은
pour : ~ 를 위해
arriver : 도착하다(1군 동사)

6
sport d'hiver : 겨울 스포츠
le ski : 스키
le patinage : 스케이트
station de ski : 스키장
faire du ski : 스키타다
le snowboard : 스노보드
faire du snowboard : 스노보드를 타다
les Aples : 알프스
dans les Alpes : 알프스 산에서

기억해줘

- partir en vacances à la montagne : 산으로 휴가를 떠나다
  partir en vacances à la mer : 바다로 휴가를 떠나다
  partir en vacances à la campagne : 시골로 휴가를 떠나다
  partir en vacances à l'étranger : 해외로 휴가를 떠나다

- connaître는 '알다'라는 뜻의 3군 동사로써 '장소 또는 사람을 안다'라는 의미로 쓰이고 뒤에 명사가 올 수 있습니다.(→ 문법편 6과 2. 주요 3군 동사)
  Je connais Pierre.(피에르를 안다.)   Je connais le restaurant. (그 레스토랑을 안다.)
  하지만 savoir는 보통 '능력이나 지식을 안다'라는 의미입니다. 뒤에 동사원형이 올 수 있습니다.
  Je sais faire du ski.(스키탈 줄 안다.)   Je sais nager.(수영할 줄 안다.)

- 'pour + 동사원형'은 '~ 을 하기 위해'라는 의미입니다.
  Je vais en France pour faire du ski.(스키를 타기 위해 프랑스에 간다.)
  Je vais à la montagne pour faire de la randonnée.(등산을 하기 위해 산에 간다.)
  Je vais à la mer pour me reposer.(쉬러 바다에 간다.)

Dialogue

A : Qu'est-ce que tu aimes faire au printemps ?
B : Au printemps, j'aime bien me promener.
A : Et en été ?
B : En été, je pars en vacances à la mer.
A : Et qu'est-ce que tu fais en automne ?
B : En automne, je reste souvent chez moi pour lire et écouter de la musique.
A : Et en hiver ?
B : En hiver, je pars à la montagne.
A : En France, on peut faire du ski en été.
B : C'est vrai ? C'est génial !
A : Où voudrais-tu partir pour les prochaines vacances ?
B : Pour les prochaines vacances, je voudrais partir sur une île.

A : 봄에 무엇을 하는 것을 좋아해?
B : 봄에는 산책하는 것을 좋아해.
A : 여름에는?
B : 여름에는 바다로 휴가를 가.
A : 가을에는 무얼 하니?
B : 가을에는 책도 읽고 음악도 듣기 위해 집에 자주 있어.
A : 겨울에는?
B : 겨울에는 산으로 떠나.
A : 프랑스에서는 여름에 스키를 타기도 해.
B : 정말? 너무 좋아!
A : 다음 휴가 때 어디로 떠나고 싶어?
B : 다음 휴가 때는 섬으로 떠나고 싶어.

단어

se promener : 산책하다 (1군 대명 동사) **= faire de la promenade**
rester : 남아 있다
chez ~ : ~의 집에
génial : 너무 좋은
prochain : 다음의
pour les prochaines vacances : 다음 휴가에는
une île : 섬
sur une île : 섬으로

Exercices

1 빈칸에 알맞은 질문을 해 보세요.

① _____?
  – Oui, je pars en vacances cet été.

② _____?
  – Non, nous ne sommes pas en vacances. Nous sommes en voyage d'affaires.

③ _____?
  – Je voudrais partir en Grèce.

④ _____?
  – Je pars en Chine.

⑤ _____?
  – Elle est dans la cuisine, sur la table.

⑥ _____?
  – Non, cette montagne n'est pas trop haute.

2 다음 질문에 답해 보세요.

① Qu'est-ce que vous aimez faire au printemps ?
  _____

② Et en été ?
  _____

③ Et qu'est-ce que vous faites en automne ?
  _____

④ Et en hiver ?
  _____

⑤ Est-ce qu'il y a des montagnes en Corée ?
  _____

⑥ Est-ce que vous faites du sport d'hiver ?
  _____

Leçon 17

Leçon 18
L'heure et le temps
시간과 날씨

💛 **목표**
  시간과 날씨에 대해 말하기

💛 **회화 포인트**
  시간
  날씨
  날짜

💛 **문법 포인트**
  il est … heures
  il fait … / avoir chaud (froid)
  à quelle heure / combien de temps

실전회화 — L'heure et le temps

1

A : Quelle heure est-il ?

B : Il est 7 heures.

A : Oh, je suis en retard.

B : Non, ça va. Vous n'êtes pas en retard.

> **A** : 몇 시입니까?
> **B** : 7시입니다.
> **A** : 오, 늦었네요.
> **B** : 아니에요. 괜찮아요. 늦지 않았어요.

기억해줘

- 시간을 물어볼 때는 Quelle heure est-il ?(몇 시입니까?)이라고 하는데 여기서 il은 비인칭주어입니다. 대답은 'Il est + 시간 숫자 + heure(s) + 분을 나타내는 숫자'로 하면 됩니다. 그리고 minute(분)는 생략합니다.

- 시간 표현

7시	Il est 7 heures.	Il est sept heures.
7시 5분	Il est 7 heures 5.	Il est sept heures cinq.
7시 15분	Il est 7 heures 15.	Il est sept heures quinze.
	Il est sept heures et quart. (quart = 1/4)	
7시 30분	Il est 7 heures 30.	Il est sept heures trente.
	Il est sept heures et demie. (7시 반)	
7시 45분	Il est 7 heures 45.	Il est sept heures quarante-cinq.
	Il est huit heures moins le quart. (le를 넣어주는데 발음은 거의 되지 않습니다.)	
7시 55분	Il est 7 heures 55.	Il est sept heures cinquante-cinq.
	Il est huit heures moins cinq. (moins ~ : ~분 전)	
12시	Il est 12 heures.	Il est douze heures. Il est midi. (midi : 정오)
0시	Il est 0 heures.	Il est zéro heure. Il est minuit. (minuit : 자정)

- être en retard는 '늦다', être à l'heure는 '시간에 맞추다', être en avance는 '이르다'라는 의미입니다.
  Je suis en retard à l'école.(학교에 늦었다.)
  Je suis à l'heure à mon rendez-vous.(약속 시간에 맞추어 왔다.)
  Je suis en avance au travail.(일터에 일찍 왔다.)

2

A : Excusez-moi. Est-ce que vous avez l'heure, s'il vous plaît?

B : Oui, bien sûr. Alors, il est 4 heures 20.

A : Merci, monsieur.

B : Je vous en prie.

> **A** : 죄송합니다. 지금 몇 시죠?
> **B** : 네, 물론이죠. 4시 20분입니다.
> **A** : 감사합니다.
> **B** : 천만에요.

기억해줘

- Avez-vous l'heure ?는 직역하면 '시계 있으세요?'라는 의미이지만 '몇 시입니까?'라는 시간을 묻는 표현입니다. '시간 있으세요?'는 Avez-vous le temps ? 또는 Etes-vous libre ?(자유로우세요?)라고 묻습니다.
  J'ai le temps.(시간이 있다.), Je n'ai pas le temps.(시간이 없다.)
  Je suis libre.(자유롭다, 시간이 있다.), Je ne suis pas libre.(자유롭지 못하다, 시간이 없다.)
- Je vous en prie.는 '천만에요.'란 의미로 De rien.과 같습니다.

3

A : Tu veux aller voir le film de Luc Besson ?
B : Comment s'appelle le film ?
A : Il s'appelle Banlieue 13. Tu connais ?
B : Oui, je connais. Moi aussi, je voudrais voir ce film.
A : Est-ce que tu es libre vendredi soir ?
B : Non, je ne peux pas vendredi parce que je dois travailler. On peut se voir dimanche soir, si tu veux.
A : Oui, d'accord.
B : On se voit à quelle heure ?
A : Je ne sais pas. A quelle heure tu peux venir ?
B : On peut se voit à 7 heures devant le cinéma.
A : D'accord. On se voit à 7 heures devant le cinéma.
B : Alors, à dimanche !
A : A dimanche !

A : 뤽 베송의 영화 보러 갈래?
B : 영화 제목이 뭐야?
A : '13구역' 이라고 해. 아니?
B : 응, 알아. 나도 그 영화 보고 싶어.
A : 금요일 저녁에 시간 괜찮아?
B : 아니, 금요일은 일을 해야 하기 때문에 안돼. 원한다면 일요일 저녁에 볼 수 있어.
A : 그래. 그렇게 하자.
B : 몇 시에 만날까?
A : 글쎄. 몇 시에 올 수 있어?
B : 7시에 영화관 앞에서 만날 수 있겠다.
A : 그래. 7시에 영화관 앞에서 보자
B : 그럼, 일요일에 봐!
A : 일요일에 보자!

단어

1
une heure : 시간
la retard : 지각, 늦음

3
la banlieue : 교외, 시외
devant : ~ 앞에

기억해줘

- 영화관에서 영화를 볼 때는 voir(보다) 동사를 쓰고, '만나다'는 대명 동사 se voir를 씁니다.
- '~ 시에'라는 표현을 할 때는 전치사 à 를 꼭 붙여줍니다.
  Je vais à l'école à 8 heures.(8시에 학교 갑니다.) Je déjeune à midi.(정오에 점심 먹습니다.)
- '몇 시에'라는 질문을 할 때는 à quelle heure를 이용합니다.
  A quelle heure vous allez à l'école ?(몇 시에 학교 가세요?)
  A quelle heure déjeunez-vous ?(몇 시에 점심을 드세요?)
  말할 때는 à quelle heure가 문장의 뒷부분에 위치할 수도 있습니다.
  Vous déjeunez à quelle heure ?

실전회화 L'heure et le temps

4

A : Quel temps fait-il en Corée aujourd'hui ?
B : En Corée, il fait beau. Et en France, quel temps fait-il ?
A : Il fait nuageux et il pleut un peu.

> **A** : 한국은 오늘 날씨가 어때요?
> **B** : 한국은 날씨가 좋아요. 프랑스는 날씨가 어떻습니까?
> **A** : 구름이 꼈어요. 그리고 비가 조금 와요.

기억해줘

- 날씨를 물어볼 때는 Quel temps fait-il ?이라고 묻습니다. temps은 '시간'이라는 뜻과 '날씨'라는 뜻을 가지고 있습니다. 대답은 Il fait ~ 라고 합니다. 여기서 il 역시 비인칭입니다.
  Il fait beau.(날씨가 좋다.)   Il fait chaud.(날씨가 덥다.)   Il fait froid.(날씨가 춥다.)
  Il pleut.(비가 온다.)   Il neige.(눈이 온다.)   Il fait nuageux.(구름이 낀 날씨다.)

5

A : Oh, il ne fait pas beau, aujourd'hui.
B : Oui, il pleut et il fait froid. Vous n'avez pas froid ?
A : Non, ça va. Je n'ai pas trop froid. Et vous, vous n'avez pas froid ?
B : Si, moi, j'ai froid. J'ai très froid.

> **A** : 오, 오늘 날씨가 안 좋네요.
> **B** : 네, 비도 오고 추워요. 안 추우세요?
> **A** : 네, 괜찮아요. 너무 춥지는 않아요. 당신은요? 안 추우세요?
> **B** : 아니요, 저는 추워요. 많이 추워요.

기억해줘

- 날씨를 표현할 때는 faire 동사를 이용하지만 개인이 추위나 더위를 느낄 때는 avoir 동사를 이용합니다. 춥다고 할 때는 avoir froid 표현을 이용해서 J'ai froid.라고 하고, 덥다고 할 때는 avoir chaud 표현을 이용해서 J'ai chaud.라고 합니다.

A : Pourquoi partez-vous en France ?
B : Je pars en France pour étudier.
A : Qu'est-ce que vous étudiez ?
B : J'étudie la littérature française.
A : Quand est-ce que vous allez partir en France ?
B : Je vais partir en France en janvier ou en février.
A : Et combien de temps vous allez rester en France ?
B : Je vais rester 2 mois à Lyon et 3 mois à Paris.
A : Donc, vous allez revenir en juin ou en juillet ?
B : Oui, je vais revenir en juin ou en juillet.

A : 왜 프랑스에 가시나요?
B : 공부하기 위해서 프랑스로 떠납니다.
A : 무엇을 공부하시나요?
B : 프랑스 문학을 공부합니다.
A : 프랑스로 언제 떠나시나요?
B : 1월이나 2월에 프랑스로 떠날 겁니다.
A : 얼마나 프랑스에 계실 건가요?
B : 리옹에서 2개월 있고 파리에서 3개월 있을 겁니다.
A : 그럼, 6월이나 7월에 돌아오시겠네요?
B : 네, 6월이나 7월에 돌아올 겁니다.

단어

4
le temps : 때, 시간, 날씨
nuageux : 구름이 낀, 흐린
un peu : 조금 (↔ beaucoup : 많이)

5
froid : 차가운

6
la littérature : 문학
la littérature française : 프랑스 문학
combien de temps : 얼마나, 얼마 동안
rester : 남아 있다
donc : 그럼, 따라서
revenir : 돌아오다

기억해줘

- an : 년   1 an : 1년   2 ans : 2년   10 ans : 10년
  mois : 달   1 mois : 1달   2 mois : 2달   10 mois : 10개월
  semaine : 주   1 semaine : 1주   2 semaines : 2주   10 semaines : 10주
  jour : 날   1 jour : 하루   2 jours : 이틀   10 jours : 열흘

- Les mois : 달
  janvier : 1월   février : 2월   mars : 3월   avril : 4월
  mai : 5월   juin : 6월   juillet : 7월   août : 8월
  septembre : 9월   octobre : 10월   novembre : 11월   décembre : 12월

 **Dialogue**

A : Il est quelle heure en Australie ?
B : Ici, il est 11 heures du soir. Quelle heure est-il en France ?
A : En France, il est 2 heures de l'après-midi.
B : Qu'est-ce que tu fais ?
A : Là, je fais une pause. Et toi ?
B : Moi, je regarde la télé chez moi.
A : Il fait beau en Australie ?
B : Oui, il fait chaud. C'est l'été.
A : En France, c'est l'hiver. Il fait très froid.
B : Quand est-ce que tu vas venir en Australie ?
A : Peut-être, en décembre.

A : 호주는 몇 시야?
B : 여기는 저녁 11시야. 프랑스는 몇 시야?
A : 프랑스는 오후 2시야.
B : 뭐해?
A : 지금은 쉬는 시간이야. 너는?
B : 나는 집에서 텔레비전을 보고 있어.
A : 호주는 날씨가 좋아?
B : 응, 날씨가 더워. 여름이야.
A : 프랑스는 겨울이야. 아주 추워.
B : 호주에 언제 올 거야?
A : 어쩌면 12월에.

단어
l'Australie : 호주
ici : 여기 (↔ là bas : 저기)
une pause : 쉬는 시간
faire une pause : 쉬는 시간을 갖다
la télévision = la télé : 텔레비전
peut-être : 어쩌면

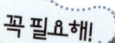 꼭 필요해!

- deux heures, trois heures, six heures, dix heures에서 연음을 해 줍니다. x나 s는 z로 연음을 해야 합니다.

- le matin : 아침　　　　7 heures du matin : 아침 7시
  l'après-midi : 오후　　4 heures de l'après-midi : 오후 4시 (= 16 heures)
  le soir : 저녁　　　　　7 heures du soir : 저녁 7시 (= 19 heures)

Exercices

1 Quelle heure est-il ?

① 05:10 _____

② 09:45 _____

③ 17:10 _____

④ 06:55 _____

⑤ 12:20 _____

⑥ 18:50 _____

⑦ 17:30 _____

⑧ 14:05 _____

⑨ 19:40 _____

⑩ 08:15 _____

⑪ 15:25 _____

⑫ 22:30 _____

2 다음 질문에 답해 보세요.

① A quelle heure vous levez-vous ? – Je me lève à _____ heures.

② A quelle heure déjeunez-vous ? – _____

③ A quelle heure vous prenez le dîner ? – _____

④ Quel temps fait-il en été en Corée ? – _____

⑤ Quel temps fait-il en hiver en Corée ? – _____

⑥ Est-ce qu'il fait beau ? – _____

⑦ Est-ce qu'il pleut ? – _____

Leçon 19
Transport
교통

💛 **목표**
교통 수단에 대해 말하기

💛 **회화 포인트**
교통 수단
표 사기
택시 타기

💛 **문법 포인트**
prendre + 교통 수단
날짜
숫자 (1,000~)

실전회화 Transport

1

A : Est-ce que tu prends le bus ?

B : Oui, je prends le bus. Et toi ?

A : Moi aussi, je prends le bus. Quel bus prends-tu ?

B : Je prends le bus numéro 1112. Et toi ?

A : Moi, je prends le bus numéro 3467.

> A : 버스를 타니?
> B : 응, 나는 버스를 타. 너는?
> A : 나도 버스를 타. 어떤 버스를 타니?
> B : 1112번 버스를 타. 너는?
> A : 나는 3467번 버스를 타.

기억해줘

- 교통 수단을 나타낼 때는 prendre(타다) 동사를 이용합니다.
  - prendre le bus : 버스를 타다   prendre le métro : 지하철을 타다
  - prendre le train : 기차를 타다   prendre l'avion : 비행기를 타다
  - prendre le taxi : 택시를 타다   prendre la voiture : 자동차를 타다
  - prendre le vélo : 자전거를 타다   prendre le bateau : 배를 타다

- 1,000은 관사 없이 mille이라고 합니다. 2,000은 앞에 deux를 붙여서 deux mille이라고 합니다.
  2,007 : deux mille sept
  mille에는 복수 이때도 s를 추가하지 않습니다.

- '만'은 dix mille(10,000)이라고 하고 십만은 cent mille이라고 합니다.
  220 342 : deux cent vingt mille trois cent quarante-deux

- '백만'은 un million이라고 하고 '천만'은 dix millions, '1억'은 cent millions이라고 합니다.
  30,000,000 : trente millions

2

A : Moi, je ne prends pas la voiture pour aller à l'université.

B : Tu habites près de l'université ?

A : Oui, j'habite à 15 minutes de l'université.

B : Ta maison est à 15 minutes d'ici ? Ça, c'est super.

A : Oui, alors, je prends le vélo. C'est plus sympa, et en plus, c'est bon pour la santé.

A : 나는 학교에 차를 타고 가지 않아.
B : 학교에서 가까운 데 사니?
A : 학교에서 15분 거리에서 살아.
B : 너희 집이 여기서 15분 거리에 있어? 너무 좋다.
A : 응, 그래서 자전거를 타. 이게 더 좋아. 게다가 건강에도 좋아.

> 기억해줘
>
> • 'à + 시간 + de + 장소'는 '~에서 ~시간 거리'라는 의미입니다.
>   L'école est **à 1 heure** de chez moi.(학교는 우리 집에서 1시간 거리에 있다.)
>   La Corée est **à 11 heures** de la France.(한국은 프랑스에서 11시간 거리에 있다.)

3

A : Comment vous allez rentrer à l'hôtel ?

B : Je ne sais pas. Est-ce qu'il y a des bus ?

A : Non, il n'y a plus de bus. Vous devez prendre le taxi.

B : Où est-ce que je peux prendre le taxi ?

A : Vous pouvez prendre le taxi à côté de la gare. Mais vous pouvez marcher aussi.

B : Je peux marcher jusqu'à l'hôtel ? Ce n'est pas trop loin ?

A : Non, ce n'est pas trop loin. L'hôtel est à 20 minutes d'ici.

B : Alors, je vais marcher un peu.

A : Je peux venir avec vous, si vous voulez. On va faire une petite promenade ensemble.

1
le bus : 버스
le numéro : 번호

2
super : 너무 좋은 (=génial)
plus : 더욱 (more)
c'est bon pour la santé
: 건강에 좋다
la santé : 건강

3
rentrer : 돌아오다
la gare : 역
marcher : 걷다
jusqu'à ~ : ~까지
loin : 멀리
faire une promenade
: 산책하다

A : 호텔에 어떻게 돌아가실 건가요?
B : 글쎄요. 버스가 있나요?
A : 아니요, 버스가 더 이상 없어요. 택시를 타셔야 해요.
B : 어디서 택시를 탈 수 있을까요?
A : 역 옆에서 택시를 타셔야 해요. 하지만 걸어가도 되요.
B : 호텔까지 걸어갈 수 있어요? 너무 멀지 않아요?
A : 네, 너무 멀지는 않아요. 호텔은 여기서 20분 거리에 있어요.
B : 그럼, 조금 걸어야겠네요.
A : 원하신다면 같이 가드릴 수 있어요. 같이 산책 좀 합시다.

실전회화 Transport

4

A : Bonjour, je voudrais un ticket, s'il vous plaît.
B : Tenez, 1 euro 50, s'il vous plaît.
A : Merci, au revoir, madame.
B : Merci, au revoir.

> A : 안녕하세요. 표 한 장 주십시오.
> B : 여기 있습니다. 1 유로 50상팀입니다.
> A : 감사합니다. 안녕히 계세요.
> B : 감사합니다. 안녕히 계세요.

기억해줘

- 지하철표나 버스표는 ticket이라고 합니다.
  un ticket de métro : 지하철 표   un ticket de bus : 버스표
  간단하게 un ticket이라고 할 수 있습니다.

- 기차표나 비행기표는 billet이라고 합니다.
  un billet de train : 기차표   un billet d'avion : 비행기표
  간단하게 un billet이라고 할 수 있습니다

5

A : Bonjour, où est-ce que vous allez ?
B : Bonjour, je voudrais aller à l'hôtel de la Tour Eiffel, s'il vous plaît.
A : L'hôtel de la Tour Eiffel ? Je ne connais pas cet hôtel. Est-ce que vous avez l'adresse de l'hôtel ?
B : Non, je n'ai pas l'adresse de l'hôtel, mais l'hôtel est à côté de la Tour Eiffel.
A : Alors, on va à la Tour Eiffel ?
B : Oui, s'il vous plaît.

> A : 안녕하세요. 어디로 가십니까?
> B : 안녕하세요. 에펠탑 호텔로 가 주십시오.
> A : 에펠탑 호텔이요? 난 이 호텔을 모르는데요. 호텔 주소 있으세요?
> B : 아니요, 호텔 주소는 없어요. 하지만 그 호텔은 에펠탑 옆에 있어요.
> A : 그럼, 에펠탑으로 갈까요?
> B : 네, 부탁드립니다.

6

A : Bonjour, je voudrais un billet pour Paris, s'il vous plaît.

B : Vous voulez un billet aller simple ou un billet aller-retour ?

A : Un billet aller simple, s'il vous plaît.

B : Quand est-ce que vous voulez partir ?

A : Je voudrais partir le 7 janvier.

B : Vous préférez partir le matin ou le soir ?

A : Je préfère le matin, vers 8 heures du matin, s'il vous plaît.

B : Il y a un train à 8 heures 13. Vous voulez prendre ce train ?

A : Oui, c'est parfait.

단어

5
la tour Eiffel : 에펠탑
la tour : 탑
l'adresse : 주소

6
un billet pour ~ : ~로 가는 표
un billet aller simple : 편도표
un billet aller-retour : 왕복표

A : 안녕하세요. 파리로 가는 표 한 장 주세요.
B : 편도표로 드릴까요 아니면 왕복표로 드릴까요?
A : 편도표로 부탁드립니다.
B : 언제 떠나고 싶으세요?
A : 1월 7일에 떠나고 싶습니다.
B : 아침에 떠나는 것을 선호하십니까 아니면 저녁에 떠나는 것을 선호하십니까?
A : 아침이 더 좋습니다. 아침 8시쯤으로 부탁드립니다.
B : 8시 13분에 기차가 있습니다. 이 기차를 타시겠습니까?
A : 네, 딱 좋습니다.

기억해줘

- 날짜를 말할 때는 일, 월, 년의 순서로 말해야 하며 le를 넣어주어야 합니다.
  03/02/2008 : Le 3 février 2008 (Le trois février deux mille huit)
  24/05/1990 : Le 24 mai 1990 (Le vingt-quatre mai mille neuf cent quatre-vingt-dix)
  단, '1일'은 서수 premier(첫 번째)를 씁니다.
  01/04/1983 : Le 1er avril 1983 (Le premier avril mille neuf cent quatre-vingt-trois)

- préférer는 '선호하다'라는 뜻의 1군 동사입니다.
  (→ 문법편 5과 2. 유의해야 할 1군 동사)
  Vous préférez le café ou le thé ? - Je préfère le café.
  Vous préférez prendre le bus ou le métro ? – Je préfère prendre le bus.

- à ~ 대신 vers ~ 를 쓰면 '~쯤에'라는 뜻이 됩니다.
  Je me lève à 7 heures. → Je me lève vers 7 heures.
  A 6 heures, je rentre à la maison. → Vers 6 heures, je rentre à la maison.

Transport 171

 **Dialogue**

A : On prend la voiture ?
B : Non, il y a trop de voitures dans le centre ville.
A : Alors, on prend le métro ?
B : Non, on doit marcher jusqu'à la station de métro. C'est trop loin.
A : La station de métro est à 15 minutes d'ici.
B : Oui, mais je ne veux pas marcher. Je suis trop fatigué.
A : Tu ne veux pas marcher et tu ne veux pas prendre la voiture.
B : En plus, il fait froid aujourd'hui.
A : Dans ce cas, on peut prendre le taxi jusqu'à la station de métro, et ensuite, on peut prendre le métro.
B: Non, je ne veux pas prendre le taxi.
A : En fait, tu ne veux pas sortir. Tu veux rester à la maison.
B : Oui, c'est ça. Je préfère rester à la maison. Il fait plus chaud dans la maison. On est bien ici.

A : 차 타고 갈까?
B : 아니, 시내에 차가 너무 많아.
A : 그럼, 지하철을 탈까?
B : 아니, 지하철 역까지 걸어야 해. 너무 멀어.
A : 지하철 역은 여기서 15분 거리에 있어.
B : 응, 그래도 걷기 싫어. 난 너무 피곤해.
A : 걷기도 싫고 차 타기도 싫어하네.
B : 게다가, 오늘 너무 추워.
A : 그렇다면, 지하철 역까지 택시를 타고, 그 다음에는 지하철을 탈 수 있겠네.
B : 싫어, 택시 타고 싶지 않아.
A : 사실은, 너 나가기 싫은 거지. 집에 있고 싶어하는 거지.
B : 응, 바로 그거야. 집에 있는 게 더 좋아. 집안이 더 따뜻해. 여기가 편해.

단어
la station de métro : 지하철 역
ensuite : 그 다음에는
en fait : 사실은
rester : 남아 있다
rester à la maison : 집에 남아 있다

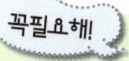 꼭필요해!

- préférer 동사 다음에는 명사나 동사가 올 수 있습니다.
  Je préfère le bœuf.(쇠고기가 더 좋습니다.)   Je préfère marcher.(걷는 것이 더 좋습니다.)

- être bien은 '좋다'라는 뜻 외에도 '편하다, 기분 좋다'라는 의미를 갖기도 합니다.

Exercices

1 다음 날짜를 프랑스어로 써 보세요.

① 31/12/2002 _____

② 13/07/1789 _____

③ 02/06/1971 _____

④ 09/01/1978 _____

⑤ 01/02/2008 _____

⑥ 26/11/2007 _____

2 파리로 가는 기차표를 구입해 보세요.

A : ①_____

B : Vous voulez un billet aller simple ou un billet aller-retour ?

A : ②_____

B : Quand est-ce que vous voulez partir ?

A : ③_____

B : Vous préférez partir le matin ou le soir ?

A : ④_____

B : A quelle heure voulez-vous partir ?

A : ⑤_____

B : Il y a un train à 19 heures 47. Vous voulez prendre ce train ?

A : ⑥_____

B : Merci, au revoir.

A : ⑦_____

3 다음 질문에 답해 보세요.

① Vous prenez le métro pour aller au travail ou à l'université ?
_____

② Vous prenez souvent le train ? _____

③ Vous habitez loin du supermarché ? _____

④ Est-ce que la France est à 3 heures de la Corée ?
_____

⑤ Est-ce qu'il y a des bus à 3 heures du matin à seoul ?
_____

Leçon 19

Leçon 20
Visite
구경

♥ 목표
프랑스 구경하기

♥ 회화 포인트
호텔
관광
파리 구경

♥ 문법 포인트
의문사 combien de
전치사 par
부정형용사 quelque

Visite

1

A : Bonjour madame, je peux vous aider ?
B : Oui, je voudrais une chambre pour ce soir, s'il vous plaît.
A : Pour combien de nuits ?
B : Pour 2 nuits, s'il vous plaît.
A : Nous avons une chambre avec un grand lit et une grande salle de bain.
B : C'est très bien. Et, combien coûte la chambre par nuit ?
A : La chambre coûte 50 euros par nuit.
B : Je peux payer par carte bleue ?
A : Oui, bien sûr.

A : 안녕하세요. 도와드릴까요?
B : 네, 오늘 저녁에 방 하나를 원합니다.
A : 며칠 동안 호텔에 계실 건가요?
B : 이틀 밤 묵을 겁니다.
A : 큰 침대와 큰 목욕탕이 있는 방이 있습니다.
B : 아주 좋네요. 방 가격이 하루에 얼마입니까?
A : 방 가격은 하룻밤에 50유로입니다.
B : 신용카드로 지불해도 되겠습니까?
A : 네, 물론이지요.

기억해줘

- 숙박을 원하는 구체적인 날짜를 표현할 때는 'Je voudrais une chambre pour + 날짜'라고 하면 됩니다.
  Je voudrais une chambre pour ce soir.(오늘 저녁에 방 하나를 원합니다.)
  Je voudrais une chambre pour le 13 juin.(6월 13일에 방 하나를 원합니다.)
- 숙박 기간을 표현할 때는 Je voudrais une chambre pour ... nuit.라고 하면 됩니다.
  Je voudrais une chambre pour une nuit.(하룻밤 묵을 방을 원합니다.)
  Je voudrais une chambre pour 5 nuits.(5일밤 묵을 방을 원합니다.)

2

A : Bonjour, c'est la chambre numéro 703.
B : Qu'est-ce que je peux faire pour vous ?
A : Est-ce qu'on peut avoir des serviettes de bain, s'il vous plaît ?

A : 안녕하세요 703호입니다.
B : 무엇을 도와드릴까요?
A : 목욕 타월을 더 주시겠어요?

기억해줘

- Qu'est-ce que je peux faire pour vous ?는 '당신을 위해 무엇을 할 수 있을까요?' 즉 '무엇을 도와드릴까요'라는 의미입니다. Est-ce qu'on peut avoir des serviettes de bain ?은 '목욕 타월을 더 가질 수 있을까요?' 즉 '목욕 타월을 더 주세요'라는 의미입니다.

3

A : Qu'est-ce que tu veux faire aujourd'hui ?
B : Je voudrais aller voir la Tour Eiffel et prendre des photos à la Place du Trocadéro.
A : Moi, je préfère visiter le musée du Louvre.
B : Quand est-ce qu'on va faire du shopping aux Champs-Elysées ?
A : Demain, on va faire du shopping. Mais aujourd'hui, on va au musée.
B : Qu'est-ce qu'on fait après le musée ?
A : A côté du musée du Louvre, il y a le jardin des Tuileries et la place de la Concorde.
B : Ah oui, je voudrais voir l'obélisque de la place de la Concorde.
A : Qu'est-ce que c'est, un obélisque ?
B : Un obélisque est un monument égyptien.
A : On va se promener et on va se reposer au jardin des Tuileries.
B : C'est une très bonne idée. En plus, il y a de jolies fleurs, de grands arbres, de très belles statues et une fontaine magnifique.

 단어

1
aider : 도와주다
une chambre : 방
combien de nuits : 몇 밤
par nuit : 하룻밤에
50 euros par nuit : 하룻밤에 50유로

3
prendre des photos : 사진 찍다
une photo : 사진
visiter : 방문하다, 관광하다
l'obélisque : 오벨리스크, 방첨탑
égyptien : 이집트 사람, 이집트 물건 (여성형 : égyptienne)
un monument : 대건축물, 기념물
se promener : 산책하다
se reposer : 쉬다
la statue : 동상
la fontaine : 분수대

A : 오늘 뭐하고 싶어?
B : 에펠탑 보러 가고 싶고 트로카데로 광장에서 사진 찍고 싶어.
A : 나는 루브르 박물관 구경하는 게 더 좋은데.
B : 언제 샹젤리제로 쇼핑하러 갈 거야?
A : 내일은 쇼핑하러 갈 거야. 하지만 오늘은 박물관에 가는 거야.
B : 박물관 다음에는 뭘 해?
A : 루브르 박물관 옆에는 튈르리 공원하고 콩코드 광장이 있어.
B : 아 맞아, 콩코드 광장의 오벨리스크를 보고 싶어.
A : 오벨리스크가 뭐야?
B : 오벨리스크는 이집트 건축물이야.
A : 튈르리 공원에서 산책도 하고 쉬기도 할 거야.
B : 아주 좋은 생각이다. 게다가 그곳에는 예쁜 꽃들과 큰 나무들, 멋진 동상 그리고 아름다운 분수대가 있어.

 기억해줘

- 한 문장에 Je voudrais가 여러 번 올 경우 반복하지 않고 두 번째 문장부터 생략할 수 있습니다.
  Je voudrais aller voir la Tour Eiffel
  + et je voudrais prendre des photos à la Place du Trocadéro.
  = Je voudrais aller voir la Tour Eiffel et prendre des photos à la Place du Trocadéro.

- la Place du Trocadéro : 트로카데로 광장
  le musée du Louvre (le Louvre) : 루브르 박물관
  l'avenue des Champs-Elysées (= Les Champs-Elysées) : 샹젤리제 거리
  le jardin des Tuileries : 튈르리 공원   la place de la Concorde : 콩코드 광장

Visite 177

실전회화 **Visite**

4

A : Excusez-moi, pouvez-vous me prendre en photo, s'il vous plaît.
B : Oui, bien sûr. Je dois appuyer ici ?
A : Oui, merci.
B : Alors. Un, deux, trois, souriez !
A : Merci beaucoup.
B : Je vous en prie.

> A : 실례합니다. 사진 좀 찍어 주실 수 있으세요?
> B : 네, 물론이지요. 여기를 눌러야 합니까?
> A : 네, 감사합니다.
> B : 자. 하나, 둘, 셋, 웃으세요!
> A : 너무 감사합니다.
> B : 천만에요.

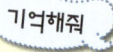 기억해줘

● 사진을 찍어 달라고 부탁할 때는 Pouvez-vous me prendre en photo ?라고 합니다.

5

A : Tu n'as pas faim ?
B : Si, j'ai faim. On prend un sandwich ?
A : Oui, excellente idée !
B : Bonjour, je voudrais un sandwich jambon-beurre et une petite bouteille d'eau, s'il vous plaît.
A : Moi aussi, je vais prendre la même chose.
B : Allons manger dans le parc, sur la pelouse.
A : Ici ?
B : Oui, c'est parfait. Il fait beau. On est bien ici.
A : Oui, et le sandwich a l'air bon. Allez. Bon appétit !
B : Merci. Bon appétit, à toi aussi.

> A : 배 안 고파?
> B : 아니, 배고파. 샌드위치 하나 먹을까?
> A : 그래, 아주 좋은 생각이야!
> B : 안녕하세요. 햄과 버터가 들어 있는 샌드위치 하나 하고 작은 물 한 병 주세요.
> A : 저도, 같은 것으로 주십시오.
> B : 공원 잔디밭 위에 가서 먹자.
> A : 여기?
> B : 응, 딱 좋다. 날씨도 좋고. 여기 좋다.
> A : 응, 그리고 우리에게는 맛있는 샌드위치가 있어. 자. 맛있게 먹어!
> B : 고마워, 너도 맛있게 먹어.

4

appuyer : 누르다 (1군 동사)
sourire : 웃다 (3군 동사)

5

avoir faim : 배고프다
excellente idée : 아주 좋은 아이디어
un sandwich jambon-beurre : 햄과 버터가 들어 있는 샌드위치
la même chose : 같은 것
même : 같은
la pelouse : 잔디밭
Bon appétit! : 맛있게 드세요!
le appétit : 식욕
avoir l'air + 형용사 : ~ 해 보인다
(Ça a l'air bon : 맛있어 보인다)

6

le château de Versailles : 베르사유 궁전
le château : 성, 궁전
répéter : 반복하다, 다시 말하다
comme ~ : ~ 처럼, ~ 와 같은
la banlieue : 교외, 외각
en banlieue : 교외로, 교외에서

A : Excusez-moi, je cherche le château de Versailles, s'il vous plaît.
B : Pardon ? Est-ce que vous pouvez repéter, s'il vous plaît ?
A : Je voudrais aller au château de Versailles. Est-ce que vous pouvez m'aider ?
B : Ah, le château de Versailles. Ce n'est pas ici.
A : Est-ce que c'est très loin ?
B : Ce n'est pas trop loin. C'est à 40 minutes de Paris. Vous devez prendre le RER.
A : Qu'est-ce que c'est le RER ? Ce n'est pas le métro ?
B : Le RER, c'est comme le métro, mais c'est pour aller en banlieue.
A : Quel RER dois-je prendre ?
B : Vous devez prendre le RER C et aller jusqu'à la station de Versailles Rive Gauche.
A : Combien coûte le billet ?
B : Le billet aller-retour coûte 5 euros 40.
A : Merci beaucoup, c'est très gentil.
B : De rien. Bonne journée.
A : Merci, bonne journée, vous aussi.

A : 실례합니다. 베르사유 궁전을 찾고 있습니다.
B : 뭐라고요? 다시 한번 더 말씀해 주시겠습니까?
A : 베르사유 궁전에 가고 싶은데요. 도와주실 수 있으세요?
B : 아, 베르사유 궁전이요. 여기가 아니에요.
A : 많이 먼가요?
B : 너무 멀지는 않아요. 파리에서 40분 거리에 있어요. RER를 타셔야 합니다.
A : RER가 뭔가요? 지하철이 아닌가요?
B : RER는 지하철 같은데요. 교외로 가기 위한 것입니다.
A : 어떤 RER를 타야 하나요?
B : RER C를 타셔서 Versailles Rive Gauche 역까지 가셔야 합니다.
A : 표가 얼마에요?
B : 왕복표가 5유로 40상팀입니다.
A : 감사합니다. 매우 친절하십니다.
B : 천만에요. 좋은 하루 되세요.
A : 감사합니다. 당신도 좋은 하루 되세요.

기억해줘

● 상대방의 말을 잘 알아듣지 못해 다시 한번 말해 달라고 할 때는 Pardon ? Est-ce que vous pouvez repéter, s'il vous plaît ?라고 합니다.
● RER는 '수도권 고속 전철'이라는 뜻으로 Réseau(망) Express(급행) Régional(지역적인)의 약자입니다.

Dialogue

A : Qu'est-ce qu'on fait le matin ?
B : Le matin, on se lève vers 7 heures, on prend le petit déjeuner à l'hôtel et on va commencer la visite.
A : Est-ce que la Tour Eiffel est jolie ?
B : Oui, la Tour Eiffel est splendide. Et la vue est magnifique sur la Tour.
A : Est-ce qu'il y a beaucoup de monde à la place du Trocadéro ?
B : Oui, à la place du Trocadéro, il y a beaucoup de monde. Il y a des gens de tous les pays : il y a des américains, des espagnols, des anglais, des japonais, des italiens, des chinois, des allemands et beaucoup de coréens aussi.
A : Qu'est-ce que nous allons faire à la place du Trocadéro ?
B : Nous allons prendre beaucoup de photos comme les autres touristes. Quelques jeunes font du roller à côté de la fontaine et ils sont très forts.
A : C'est super. En plus, il fait beau aujourd'hui !
B : Oui, il fait beau. Il fait chaud. C'est l'été.
A : Pourquoi il n'y a pas beaucoup de voitures à Paris ?
B : Il n'y a pas beaucoup de voitures parce que les parisiens sont en vacances en juillet et en août.
A : Est-ce que vous aimez habiter à Paris ?
B : Oui, j'aime beaucoup habiter à Paris. La vie est agréable à Paris. L'air est bon. Et tout le monde est heureux, surtout en été.
A : Moi aussi, je voudrais habiter à Paris.
B : Vous pouvez habiter à Paris. Mais les autres villes de France sont magnifiques aussi.

A : 아침에는 무엇을 할 건가요?
B : 아침 7시쯤 일어나서 호텔에서 아침 식사를 하고 구경을 시작할 겁니다.
A : 에펠탑이 멋진가요?
B : 네, 에펠탑은 화려합니다. 탑 위의 풍경이 아름답습니다.
A : 트로카데로 광장에는 사람들이 많습니까?
B : 네, 트로카데로 광장에는 사람이 많습니다. 모든 나라 사람들이 있습니다. 미국 사람, 스페인 사람, 영국 사람, 일본 사람, 이탈리아 사람, 중국 사람, 독일 사람 그리고 많은 한국 사람들도 있습니다.
A : 트로카데로 광장에서 무엇을 할 겁니까?
B : 다른 관광객들처럼 사진을 많이 찍을 겁니다. 몇몇 젊은이들은 분수대 옆에서 인라인 스케이트를 타는데 아주 잘합니다.
A : 너무 좋네요. 게다가 오늘 날씨도 좋습니다!
B : 네, 날씨도 좋고, 덥습니다. 여름이네요.
A : 왜 파리에 차가 많지 않습니까?
B : 7월과 8월에는 파리 사람들이 휴가이기 때문에 차가 많지 않습니다.
A : 파리에 사는 것을 좋아하십니까?
B : 네, 파리에 사는 것을 매우 좋아합니다. 살기 좋아요. 공기도 좋고요. 그리고 모든 사람들이 행복해합니다. 특히 여름에는요.
A : 저도 프랑스에 살고 싶네요.
B : 프랑스에 사셔도 되요. 하지만 프랑스의 다른 도시들도 아주 아름답습니다.

단어

commencer : 시작하다
splendide : 화려한
la vue : 풍경
les gens : 사람들 (항상 복수)
un pays : 나라
autre : 다른
un touriste : 여행객
les autres touristes : 다른 여행객들
quelque : 몇몇의
un jeune : 젊은이
fort : 강한, 잘하는
parisien : 파리 사람
la vie : 삶
agréable : 쾌적한, 기분 좋은
l'air : 공기
surtout : 무엇보다
les autres villes : 다른 도시들

Exercices

1 다음 지시에 따라 프랑스어로 말해 보세요.

① 호텔을 예약해 보세요.

Je voudrais une chambre pour le 4 décembre pour 3 nuits.

② 호텔의 숙박 요금을 물어 보세요. _____

③ 호텔 카운터에 전화해서 수건을 달라고 말해 보세요. _____

④ 사진을 찍어 달라고 부탁해 보세요. _____

⑤ L'Opéra가 어디 있는지 물어 보세요. _____

⑥ 햄과 버터가 들어 있는 샌드위치 하나와 작은 물 한 병을 주문해 보세요.

_____

2 프랑스어로 작문해 보세요.

아침에 6시에 일어나서 호텔에서 아침 식사를 하고 구경을 시작합니다. 에펠탑은 화려하고 탑 위의 풍경은 매우 아름답습니다. 트로카데로 광장에는 사람들이 많습니다. 한국 사람들도 많습니다.

우리는 사진을 많이 찍습니다. 게다가 오늘 날씨도 좋습니다. 오후에는 루브르 박물관을 구경합니다. 루브르 박물관 옆에는 튈르리 공원과 콩코드 광장이 있습니다. 튈르리 공원에는 예쁜 꽃들과 큰 나무들, 멋진 동상 그리고 아름다운 분수대가 있습니다. 튈르리 공원에서 산책도 하고 쉽니다. 나는 배가 고픕니다. 그래서 샌드위치를 잔디밭 위에서 먹습니다. 너무 맛있습니다.

내일은 샹젤리제로 쇼핑하러 갈겁니다. 여름에는 파리 사람들이 휴가이기 때문에 차가 많지 않습니다. 저도 프랑스에 살고 싶습니다. 프랑스가 너무 좋습니다. 프랑스의 다른 도시들도 구경하고 싶습니다.

_____

_____

_____

_____

_____

_____

정답 회화편

Leçon 1 : Bonjour !

1. ① Bonjour ! ② Oui, ça va très bien, merci. Et toi ?
   ③ Je m'appelle Jang-Soo. Et toi, comment tu t'appelles ? ④ Enchanté !
2. ① Bonjour ! ② Enchanté !(남성), Echantée !(여성) ③ Salut ! ④ Au revoir !
   ⑤ Comment vous appelez-vous ? ⑥ Je m'appelle … ⑦ Comment allez-vous ?
   ⑧ Je vais très bien.

Leçon 2 : Nationalité et profession

1. ① suis ② sommes ③ es ④ êtes ⑤ est ⑥ sont ⑦ est ⑧ sont
2. ① suis, suis, êtes ② est, sommes ③ est, est ④ es, sont
3. ① Anne, elle est étudiante et française. ② John, il est étudiant et américain.
   ③ Nina et Louise, elles sont étudiantes et coréennes. ④ Lora et Bruce sont étudiants et anglais.
4. ① Boa est coréenne et elle est chanteuse.
   ② Bi est coréen et il est chanteur.
   ③ Jin est japonais et il est étudiant.
   ④ Sylvie est française et étudiante.

Leçon 3 : Ville et langue

1. ① je parle français. ② je n'habite pas à Cannes
2. ① Vous habitez à Lyon ? ② Est-ce que vous parlez anglais ?
3. ① est employé. Il habite à Londres et il parle français, anglais et espagnol.
   ② Marie-Anne est belge. Elle habite à Bruxelles et elle parle français et allemand.
   ③ Thomas est suisse. Il est professeur et il habite à Genève. Il parle français anglais et italien.

Leçon 4 : Amour

1. ① le, la, le ② la, le ③ le, le, la ④ la ⑤ la
2. ① 피에르는 조깅과 수영을 좋아합니다. 그는 스포츠를 좋아해요.
   ② 그는 음악과 영화도 매우 좋아합니다.
   ③ 그러나, 코린은 운동을 좋아하지 않습니다. 그녀는 쇼핑과 독서를 좋아해요.
   ④ 저는, 등산을 좋아합니다.
   ⑤ 당신은 낚시를 좋아하십니까?
3. ① Oui, j'aime le sport. / Non, je n'aime pas le sport.
   ② Oui, j'aime beaucoup le foot. / Non, je n'aime pas le foot.
   ③ Oui, j'aime bien la randonnée. / Non, je n'aime pas la randonnée.
   ④ Oui, j'aime bien le théâtre. / Non, je n'aime pas le théâtre.
4. ① coréenne ② américain ③ française ④ anglaise
5. Je m'appelle Jang-Soo. Je suis coréen et je suis professeur. J'habite à Séoul et je parle coréen, français, anglais et espagnol. J'aime beaucoup la lecture, la musique, le cinéma et le sport.

Leçon 5 : Personne

1. ① gentille, grande, jolie ② gentil, intelligent ③ petite, belle, sérieuse
   ④ gentils, intelligents ⑤ grandes, jolies

2. ① Je ne suis pas grand. ② Je suis très content. ③ Alain est très beau.
   ④ Tu n'es pas heureux. ⑤ Vous êtes sympa.

3. ① Brad Pitt vest américain. Il est acteur et il est grand et beau. Il est sympa et intelligent. Il aime Angelina Jolie.
   ② Angelina Jolie est américaine et elle est actrice. Elle est grande et belle. Elle est sympa et intelligente. Elle aime Brad Pitt.
   ③ Tom Cruise est acteur. Il est américain et il habite à Hollywood.Il est très beau. Il n'est pas grand.
   ④ Boa est coréenne. Elle n'est pas japonaise. Elle est chanteuse. Elle est petite et elle est très belle. Elle habite à Tokyo.
   ⑤ Bi est coréen. Il est chanteur et danseur. Il est grand et il est mince. Il est gentil et sérieux.
   ⑥ Bae Yong-Joon est coréen. Il n'est pas japonais. Il habite à Séoul. Il est grand et il est mince. Il est sympa et intelligent.

Leçon 6 : Objet

1. ① un (또는 le), Il ② sont, des, grandes, jolies ③ n'est pas

2. ① C'est un stylo. ② C'est un crayon. ③ C'est une gomme.
   ④ C'est un sac. ⑤ C'est un téléphone portable. ⑥ C'est un portefeuille.

3. ① Le sac est noir. / C'est un sac noir. ② La maison est jolie. / C'est une jolie maison.
   ③ Les livres sont petits. / Ce sont de petits livres.

4. ① Qu'est-ce que c'est ? ② C'est le crayon de Pierre. ③ La voiture est jolie.
   ④ La voiture rouge est trop grande. ⑤ C'est une jolie voiture rouge.
   ⑥ Ce sont des voitures de Pierre. ⑦ J'aime beaucoup la petite voiture blanche.

Leçon 7 : Maison

1. ① la chambre - le lit, le bureau ② la cuisine - l' évier, le réfrigérateur
   ③ la salle de bain - la baignoire, le miroir et le lavabo

2. ① Le lit est dans la chambre. / Il y a un lit dans la chambre.
   ② Le réfrigérateur est dans la cuisine. / Il y a un réfrigérateur dans la cuisine.
   ③ La baignoire est dans la salle de bain. / Il y a une baignoire dans la salle de bain.

3. ① avez ② lit ③ de, lit ④ une baignoire ⑤ de baignoire

4. ① Non, je n'habite pas dans une maison. J'habite dans un appartement.
   ② Oui, j'ai une voiture / Non, je n'ai pas de voiture.
   ③ Dans la cuisine, il y a un évier, une cuisinière, un réfrigérateur, un four et des placards.
   ④ Dans le salon, il y a un canapé, des fauteuils, une table basse, une télévision, une cheminée et un tapis.
   ⑤ Dans la chambre, il y a un lit, une armoire, une étagère, un bureau, une chaise, une porte, une fenêtre et une lampe.

정답 회화편

Leçon 8 : Ville

1. ① Où ② Qu ③ comment ④ Comment
2. ① Ce, ce ② Cet, cette ③ cette ④ Ces, cette
3. ① Mon, mon ② Mon, mon ③ ma ④ Mes, ma
4. ① Ton, ton ② Ton, ton ③ ta ④ Tes, ta
5. ① Votre, votre ② Votre, votre ③ votre ④ Vos, votre
6. ① Est-ce que ta maison est près du parc ? ② Est-ce qu'il y a une gare dans cette ville ?
   ③ Où est la pharmacie ?
   ④ Est-ce qu'il y a beaucoup de personnes dans le grand magasin ?

Leçon 9 : Café

1. ① un café(커피숍) ② un jus d'orange ③ du vin ④ une bière
   ⑤ un thé ⑥ un coca ⑦ de l'eau ⑧ un café(커피)
2. ① S'il vous plaît ! Je voudrais un café, s'il vous plaît. ② Je voudrais l'addition, s'il vous plaît.
   ③ C'est bon ? ④ Ce n'est pas bon.
   ⑤ Ce thé est très bon.
3. ① Oui, j'aime le café. ② Non, je n'aime pas le coca.
   ③ Oui, s'il vous plaît, merci. / Non merci. ④ Oui, c'est très agréable de prendre un café à la terrace.

Leçon 10 : Restaurant

1. ① deux personnes ② je voudrais, la terrasse ③ kirs, s'il vous plaît
   ④ entrée, le saumon fumé ⑤ la fondue savoyarde ⑥ coca, bouteille d'eau
2. ① au ② à l' ③ à la ④ aux
   ⑤ au ⑥ au ⑦ aux ⑧ au

Leçon 11 : Marché

1. ① des baguettes, des bonbons, des croissants, des tartes, des glaces, des gâteaux et des pains au chocolat.
   ② du roquefort, du camembert et du fromage de chèvre.
   ③ du porc, du poulet, du bœuf et du cheval.
   ④ des crevettes, des coquillages, du thon et du saumon.
   ⑤ des fraises, des tomates, des champignons, des oignons, des bananes, des pommes, des carottes, des pêches et des pommes de terre.
2. ① Je voudrais un poulet, s'il vous plaît. ② Je voudrais 2 ananas, s'il vous plaît.
   ③ Je voudrais 500 grammes de tomates, s'il vous plaît. ④ Je voudrais 50 grammes de fromage de chèvre, s'il vous plaît.
3. ① 2 euros. ② Ça fait 7 euros 50. ③ Ça fait 12 euros 25. ④ Ça coûte 24 euros 80.

Leçon 12 : Magasin

1. ① Je regarde (seulement). ② Je peux essayer ce pantalon ?

③ Combien coûte ce pantalon ? ④ Est-ce que vous avez des jeans aussi ?
⑤ Je fais du 38. ⑥ C'est trop grand.
⑦ Ça me va bien ? ⑧ Je peux payer par carte bleue ?
⑨ Je vais réfléchir.

2. ① Non, merci, je regarde. ② Est-ce que je peux essayer ?
   ③ Combien coûte ce pantalon ? ④ Je fais du 40.
   ⑤ Est-ce que ça me va ? ⑥ Est-ce que je peux payer par carte bleue ?

Leçon 13 : Bonne journée !

1. ① Je suis au bureau. ② Il travaille bien à l'école.
   ③ Il a beaucoup de devoirs à l'école ? ④ Est-ce que vous prenez le petit déjeuner ?
   ⑤ On va au restaurant chinois ? ⑥ Je vais à l'université.
2. ① tu as un stylo bleu, ② De rien. ③ Ce n'est pas grave.
3. ① Mes parents habitent à Séoul. ② Mon père est peintre.
   ③ Votre mère aime le shopping ? ④ Sa femme parle anglais.
   ⑤ Sa petite sœur est étudiante. ⑥ Elle travaille au bureau.
   ⑦ Ma fille travaille à l'école. ⑧ Il va à l'université.
   ⑨ Est-ce que tu as beaucoup de devoirs aujourd' hui ? ⑩ Quel âge avez-vous ?

Leçon 14 : Bonne soirée !

1. ① Si, je suis fatigué(e). / Non, je ne suis pas fatigué(e).
   ② Si, je suis japonais(e). / Non, je ne suis pas japonais(e).
   ③ Non, il n'est pas petit. ④ Si, elle est jolie.
   ⑤ Oui, j'aime la musique. / Non, je n'aime pas la musique.
2. ① Je vais aller au cinéma. ② Vous allez parler français.
   ③ Il va habiter en France. ④ Nous allons prendre un café.
   ⑤ Tu vas aimer l'école.
3. ① Ce soir, je vais me reposer parce que je suis fatigué(e).
   ② A Séoul, il y a beaucoup de monde et beaucoup de voitures.
   ③ Il va à l'école tous les jours. ④ Nous travaillons trop. / On travaille trop.
   ⑤ Bonne soirée !

Leçon 15 : Bon week-end !

1. ① Je vais à l'école. ② J'aime aller à l'école. ③ Je veux aller à l'école.
   ④ Je peux aller à l'école. ⑤ Je dois aller à l'école.
2. A : 우리 언제 볼까?(언제 만날까?)
   B : 모르겠어. 내일 뭐해? 나는 영화관에 가. 나랑 같이 갈래?
   A : 내일은 안돼. 유감이야 (미안해). 숙제가 진짜 너무 많아. 그리고 나는 영화관에 절대로 가지 않아. 하지만 금요일 저녁에는 만날 수 있어.
   B : 그래. 어디 가고 싶어?
   A : 나는 백화점에 가고 싶어.
   B : 하지만 나는, 백화점에 가고 싶지 않아. 나는 영화관에 가고 싶어.
   A : 그렇다면, 백화점에 가고 그 다음에 영화관에 가자.

B : 그래, 그렇게 하자.

3. ① Je viens de Corée.
   ② Dimanche, je vais au cinéma avec mon petit ami.
   ③ Je ne fais rien. Je vais me reposer.
   ④ Oui, je travaille du lundi au vendredi, du matin au soir.
   ⑤ Non, il ne sait pas jouer au foot.
   ⑥ Ce soir, je vais chez Marc.

Leçon 16 : Loisirs

1. ① J'aime la musique. J'écoute souvent des chansons françaises.
   ② J'aime la lecture. Je lis souvent des romans.
   ③ De temps en temps, je regarde des films.
   ④ Je regarde la télévision tous les jours.
   ⑤ Vendredi, je joue au foot avec mes amis.

2. ① Comment vous appelez-vous ?
   ② Quel âge avez-vous ?
   ③ Quel est votre numéro de téléphone ?
   ④ Quelle est votre adresse email ?
   ⑤ Quels sont vos loisirs ?

3. ① Attention !
   ② J'ai trop mal.
   ③ J'ai mal au ventre.
   ④ J'ai mal aux jambes.
   ⑤ J'ai un rhume.

4. ① Oui, j'aime faire de la randonnée.
   ② Non, je ne peux pas aller au théâtre ce week-end.
   ③ Oui, j'écoute souvent les chansons françaises.
   ④ Non, je n'aime pas lire les romans.
   ⑤ Oui, je fais du sport de temps en temps.

Leçon 17 : Vacances

1. ① Est-ce que vous partez en vacances cet été ?
   ② Est-ce que vous êtes en vacances ?
   ③ Où est-ce que vous voulez partir ?
   ④ Où partez-vous ?
   ⑤ Où est la clé ?
   ⑥ Est-ce que cette montagne est trop haute ?

2. ① Au printemps, j'aime faire de la promenade.
   ② En été, j'aime partir à la mer.
   ③ En automne, j'aime aller au cinéma.
   ④ En hiver, j'aime aller à la montagne.
   ⑤ Oui, il y a beaucoup de montagnes en Corée.
   ⑥ Oui, j'adore.

Leçon 18 : L'heure et le temps

1. ① Il est 5 heures 10.
   ② Il est 9 heures 45 (du matin). / Il est 10 heures moins le quart.
   ③ Il est 5 heures 10 (de l'après-midi).
   ④ Il est 6 heures 55 (du matin). / Il est 7 heures moins 5.
   ⑤ Il est midi 20.
   ⑥ Il est 6 heures 50 (du soir). / Il est 7 heures moins 10.
   ⑦ Il est 7 heures 30 (du matin). / Il est 7 heures et demie.
   ⑧ Il est 2 heures 5 (de l'après-midi).
   ⑨ Il est 7 heures 40 (du soir). / Il est 8 heures moins 20.
   ⑩ Il est 8 heures 15 (du matin). / Il est 8 heures et quart.
   ⑪ Il est 3 heures 25 (de l'après-midi).
   ⑫ Il est 10 heures et demie (du soir). / Il est 10 heures 30.

2. ① Je me lève à 7 heures.
   ② Je déjeune à midi.
   ③ Je prends le dîner à 20 heures.
   ④ En été, en Corée, il fait très chaud.
   ⑤ En hiver, il fait très froid en Corée.
   ⑥ Oui, il fait beau. / Non, il ne fait pas beau.
   ⑦ Oui, il pleut / Non, il ne pleut pas.

Leçon 19 : Transport

1. ① Le trente et un décembre deux mille deux
   ② Le treize juillet mille sept cent quatre-vingt-neuf
   ③ Le deux juin mille neuf cent soixante et onze
   ④ Le neuf janvier mille neuf cent soixante-dix-huit
   ⑤ Le premier février deux mille huit
   ⑥ Le vingt-six novembre deux mille sept

2. ① Bonjour, je voudrais un billet pour Paris, s'il vous plaît.
   ② Un billet aller-retour, s'il vous plaît.
   ③ Je voudrais partir le 4 juin.
   ④ Je préfère partir le soir.
   ⑤ Je voudrais partir vers 7 heures du soir.
   ⑥ Oui, je voudrais prendre ce train.
   ⑦ Merci, au revoir.

3. ① Oui, je prends le métro pour aller au travail. / Non, je ne prends pas le métro pour aller au travail.
   ② Oui, je prends souvent le train. / Non, je ne prends pas souvent le train.
   ③ Oui, j'habite loin du supermarché. / Non, je n'habite pas très loin du supermarché.
   ④ Non, la France est à 12 heures de la Corée.
   ⑤ Non, à Séoul, il n'y a pas de bus à 3 heures du matin.

Leçon 20 : Visite

1. ① Je voudrais une chambre pour le 4 décembre pour 3 nuits.
   ② Combien coûte la chambre ?
   ③ Bonjour, je voudrais des serviettes, s'il vous plaît.
   ④ Bonjour, excusez-moi. Est-ce que vous pouvez me prendre en photo, s'il vous plaît.
   ⑤ Excusez-moi. Je cherche l'Opéra, s'il vous plaît.
   ⑥ Bonjour, je voudrais un sandwich jambon-beurre et une petite bouteille d'eau, s'il vous plaît.

2. Je me léve à 6 heures, je prends le petit déjeuner à l'hôtel et je commence la visite.
   La Tour Eiffel est splendide et la vue est magnifique sur la Tour. Il y a beaucoup de monde à la place du Trocadéro.Il y a beaucoup de coréens aussi.
   Je prends beaucoup de photos. En plus, il fait beau aujourd'hui.
   L'après-midi, je visite le musée du Louvre.
   A côté du musée du Louvre, il y a le jardin des Tuileries et la place de la Concorde.
   Au jardin des Tuileries, il y a de jolies fleurs, de grands arbres, de belles statues et une fontaine magnifique. Je me promène au jardin des Tuileries et je me repose.
   J'ai faim, alors je prends un sandwich sur la pelouse. C'est trop bon.
   Demain, je vais aller faire du shopping aux Champs-Elysées.
   En été, il n'y a pas beaucoup de voitures parce que les parisiens sont en vacances.
   Moi aussi, je voudrais habiter en France. J'adore la France.

여기서부터는 책을 뒤집어서 뒷장부터 보십시오!

여기서부터는 책을 뒤집어서 뒷장부터 보십시오!

⑤ J'ai eu une petite voiture.
⑦ Nous avons habité à Séoul.
⑨ Notre professeur a parlé aux étudiants.
⑪ J'ai travaillé avec elle.
⑥ Elle est allée à la piscine.
⑧ La clé de la maison a été dans la voiture.
⑩ Cet appartement a été très spécial.
⑫ Et nous, qu'est-ce qu'on a fait ?

4. ① J'habiterai à Tokyo.
③ Vous viendrez de Paris.
⑤ J'aurai une petite voiture.
⑦ Nous habiterons à Séoul.
⑨ Notre professeur parlera aux étudiants.
⑪ Je travaillerai avec elle.
② J'irai à Londres.
④ Nous partirons aux Etats-Unis.
⑥ Elle ira à la piscine.
⑧ La clé de la maison sera dans la voiture.
⑩ Cet appartement sera très spécial.
⑫ Et nous, qu'est-ce qu'on fera ?

 **정답** 문법편

2.
Mes parents regardent la télévision.	J'aime mon école.
Tes parents regardent la télévision.	J'aime ton école.
Ses parents regardent la télévision.	J'aime son école.
Nos parents regardent la télévision.	J'aime notre école.
Vos parents regardent la télévision.	J'aime votre école.
Leurs parents regardent la télévision.	J'aime leur école.

3. ① mes, mon, ma ② ma, Mon, mon ③ Ma, mon, mon ④ Mon, mon
4. ① tes, ton, ta ② ta, Ton, ton ③ Ta, ton, ton ④ Ton, ton
5. ① vos, votre, votre ② votre, Votre, votre ③ Votre, votre, votre ④ Votre, votre
6. ① ce ② cette, Ce, ce ③ Cet, cette ④ Ces, cette, cette
7. ① toi, Moi, lui, Lui, elle, Elle ② eux, nous, vous, nous, nous

8.
0	zéro	1	un	2	deux	3	trois
4	quatre	5	cinq	6	six	7	sept
8	huit	9	neuf	10	dix	11	onze
12	douze	16	seize	17	dix-sept	20	vingt
21	vingt et un	23	vingt-trois	41	quarante et un	56	cinquante-six
68	soixante-huit	70	soixante-dix	71	soixante et onze	72	soixante-douze
77	soixante-dix-sept	80	quatre-vingts	81	quatre-vingt-un	83	quatre-vingt-trois
89	quatre-vingt-neuf	90	quatre-vingt-dix	91	quatre-vingt-onze	92	quatre-vingt-douze
99	quatre-vingt-dix-neuf	106	cent six	207	deux cent sept	337	trois cent trente-sept
753	sept cent cinquante-trois	890	huit cent quatre-vingt-dix	999	neuf cent quatre-vingt-dix-neuf	1999	mille neuf cent quatre-vingt-dix-neuf
2008	deux mille huit	10000	dix mille	28071	vingt-huit mille soixante et onze	1000000	un million

Leçon 10 : 명령문과 시제

1. ① Parlez français ! ② Parle français !
   ③ Regardons la télévision ! ④ Regardez la télévision !
   ⑤ Ecoute le professeur ! ⑥ Ecoutez le professeur !
   ⑦ Entre dans la maison ! ⑧ Entrez dans la maison !
   ⑨ Essayez la voiture ! ⑩ Essaie le manteau !
   ⑪ Prends le stylo ! ⑫ Prenez le stylo !

2. ① Je vais habiter à Tokyo. ② Je vais aller à Londres.
   ③ Vous allez venir de Paris. ④ Nous allons partir aux Etats-Unis.
   ⑤ Je vais avoir une petite voiture. ⑥ Elle va aller à la piscine.
   ⑦ Nous allons habiter à Séoul. ⑧ La clé de la maison va être dans la voiture.
   ⑨ Notre professeur va parler aux étudiants. ⑩ Cet appartement va être très spécial.
   ⑪ Je vais travailler avec elle. ⑫ Et nous, qu'est-ce qu'on va faire ?

3. ① J'ai habité à Tokyo. ② Je suis allé à Londres.
   ③ Vous êtes venu de Paris. ④ Nous sommes partis aux Etats-Unis.

⑮ Quand voulez-vous partir ?
⑯ Combien coûte le voyage ?
⑰ Pourquoi prends-tu le train ?
⑱ Qui est-il ?

Leçon 8 : 전치사

1. ① à, de   ② à, à   ③ de, de   ④ de, à   ⑤ à, à, à
2. ① au, aux   ② aux, aux   ③ à la, au   ④ de l', de la, au   ⑤ au, au
   ⑥ des, au   ⑦ du, à la
3. ① J'habite à Paris.
   ② La maison de Marc est très jolie.
   ③ Le cadeau est sur la table.
   ④ L'hôtel est derrière les magasins.
   ⑤ Je n'habite pas au Portugal.
   ⑥ Il travaille au Canada.
   ⑦ Elle va en Angleterre.
   ⑧ La clé de la voiture est dans le sac.
4. ① il parle au garçon.
      il ne parle pas au garçon.
   ② je pars à la maison.
      je ne pars pas à la maison.
   ③ je vais en France.
      je ne vais pas en France.
   ④ il y a des étudiants dans l'école.
      il n'y a pas d'étudiants dans l'école.
   ⑤ il y a un stylo sous la table.
      il n'y a pas de stylo sous la table.
   ⑥ il y a une église devant la maison.
      il n'y a pas d'église devant la maison.
   ⑦ je suis derrière le café.
      je ne suis pas derrière le café.
   ⑧ j'habite en Corée.
      je n'habite pas en Corée.
   ⑨ elle est entre la voiture rouge et la voiture noire.
      elle n'est pas entre la voiture rouge et la voiture noire.
   ⑩ elle est sur le livre de français.
      elle n'est pas sur le livre de français.

Leçon 9 : 소유형용사, 지시형용사, 강세형 인칭대명사, 수사

1.

C'est mon stylo.	C'est ma maison.
C'est ton stylo.	C'est ta maison.
C'est son stylo.	C'est sa maison.
C'est notre stylo.	C'est notre maison.
C'est votre stylo.	C'est votre maison.
C'est leur stylo.	C'est leur maison.

정답 문법편

⑤ Je dois prendre un café.
⑥ Elle parle français.
⑦ Elle aime parler français.
⑧ Elle veut parler français.
⑨ Elle peut parler français.
⑩ Elle doit parler français.
⑪ Est-ce que vous allez à Paris ?
⑫ Est-ce que vous aimez aller à Paris ?
⑬ Est-ce que vous voulez aller à Paris ?
⑭ Est-ce que vous pouvez aller à Paris ?
⑮ Est-ce que vous devez aller à Paris ?
⑯ Nous ne regardons pas la télévision.
⑰ Nous n'aimons pas regarder la télévision.
⑱ Nous ne voulons pas regarder la télévision.
⑲ Nous ne pouvons pas regarder la télévision.
⑳ Nous ne devons pas regarder la télévision.
㉑ Est-ce que vous allez à la mer ?
㉒ Est-ce que vous aimez écouter la radio ?
㉓ Il n'aime pas aller à l'école.
㉔ Je ne sais pas.
㉕ Je peux.

Leçon 7 : 의문사

1. ① Qu'est-ce que j'aime ? / Qu'est-ce que nous aimons ?
   Qu'est-ce que tu aimes ? / Qu'est-ce que vous aimez ?
   Qu'est-ce qu'il aime ? / Qu'est-ce qu'ils aiment ?
   Qu'est-ce qu'elle aime ? / Qu'est-ce qu'elles aiment ?
   ② Qu'est-ce que je fais ? / Qu'est-ce que nous faisons ?
   Qu'est-ce que tu fais ? / Qu'est-ce que vous faites ?
   Qu'est-ce qu'il fait ? / Qu'est-ce qu'ils font ?
   Qu'est-ce qu'elle fait ? / Qu'est-ce qu'elles font ?
   ③ Qui suis-je ? / Qui sommes-nous ?
   Qui es-tu ? / Qui êtes-vous ?
   Qui est-il ? / Qui sont-ils ?
   Qui est-elle ? / Qui sont-elles ?
   ④ Quand est-ce que je viens ? / Quand est-ce que nous venons ?
   Quand est-ce que tu viens ? / Quand est-ce que vous venez ?
   Quand est-ce qu'il vient ? / Quand est-ce qu'ils viennent ?
   Quand est-ce qu'elle vient ? / Quand est-ce qu'elles viennent ?
   ⑤ Où vais-je ? / Où allons-nous ?
   Où vas-tu ? / Où allez-vous ?
   Où va-t-il ? / Où vont-ils ?
   Où va-t-elle ? / Où vont-elles ?
   ⑥ Pourquoi je veux partir ? / Pourquoi nous voulons partir ?
   Pourquoi tu veux partir ? / Pourquoi vous voulez partir ?
   Pourquoi il veut partir ? / Pourquoi ils veulent partir ?
   Pourquoi elle veut partir ? / Pourquoi elles veulent partir ?

2. ① Qui est-ce ?
   ② Qu'est-ce que c'est ?
   ③ Où est le cinéma ?
   ④ Quand partez-vous ?
   ⑤ Comment allez-vous ?
   ⑥ Comment vous appelez-vous ?
   ⑦ Comment est la maison ?
   ⑧ Pourquoi habitez-vous à Séoul ?
   ⑨ Combien ça coûte ?
   ⑩ Qu'est-ce que vous prenez ?
   ⑪ Quelle voiture préférez-vous ?
   ⑫ Est-ce qu'il y a beaucoup de voitures ?
   ⑬ Est-ce que vous habitez loin de l'école ?
   ⑭ Où allez-vous ?

5. ① Oui, ils sont difficiles. / Non, ils ne sont pas difficiles.
   ② Oui, ils sont faciles. / Non, ils ne sont pas faciles.
   ③ Oui, j'ai des amis français. / Non, je n'ai pas d'amis français.
   ④ Oui, il y a des étudiants coréens. / Non, il n'y a pas d'étudiants coréens.

Leçon 5 : 1군 동사와 2군 동사

1. ①

je	parle	nous	parlons
tu	parles	vous	parlez
il/elle	parle	ils/elles	parlent

②

j'	aime	nous	aimons
tu	aimes	vous	aimez
il/elle	aime	ils/elles	aiment

③

j'	habite	nous	habitons
tu	habites	vous	habitez
il/elle	habite	ils/elles	habitent

④

je	commence	nous	commençons
tu	commences	vous	commencez
il/elle	commence	ils/elles	commencent

⑤

je	mange	nous	mangeons
tu	manges	vous	mangez
il/elle	mange	ils/elles	mangent

⑥

je	m'appelle	nous	nous appelons
tu	t'appelles	vous	vous appelez
il/elle	s'appelle	ils/elles	s'appellent

2. ① aime
   ② regarde, écoute
   ③ parles, parle
   ④ habitons, habitez
   ⑤ rentre, déjeune
   ⑥ préférez, préfère
   ⑦ vous appelez, m'appelle
   ⑧ se repose, travaille

3. ① Il s'appelle Jean, Il est français. Il est étudiant. Il habite à Paris. Il parle français et anglais. Il aime la musique et le cinéma.
   ② Elle s'appelle Marie. Elle est américaine. Elle est étudiante. Elle habite à New York. Elle parle anglais, français et coréen. Elle aime le sport.
   ③ Il s'appelle Ludovic. Il est belge. Il est professeur. Il habite à Séoul. Il parle français, japonais et espagnol. Il aime la cuisine et la lecture.
   ④ Elle s'appelle Claire. Elle est française et elle est actrice. Elle habite à Lyon. Elle parle français et italien. Elle aime le cinéma et le sport.

Leçon 6 : 3군 동사

1. ①

je	vais	nous	allons
tu	vas	vous	allez
il/elle	va	ils/elles	vont

②

je	viens	nous	venons
tu	viens	vous	venez
il/elle	vient	ils/elles	viennent

③

je	prends	nous	prenons
tu	prends	vous	prenez
il/elle	prend	ils/elles	prennent

④

je	connais	nous	connaissons
tu	connais	vous	connaissez
il/elle	connaît	ils/elles	connaissent

2. ① Non, je ne vais pas à la maison.
   ② Oui, je vais bien.
   ③ Si, il va à l'école.
   ④ Oui, je viens de Séoul.
   ⑤ Oui, je prends le bus.
   ⑥ Non, je ne fais pas la cuisine à la maison.

3. ① Je prends un café.
   ② J'aime prendre un café.
   ③ Je veux prendre un café.
   ④ Je peux prendre un café.

정답 문법편

4. ① Ce n'est pas une maison.　② Vous n'êtes pas américain.
   ③ Tu n'es pas étudiant.　④ Ce n'est pas la clé.
   ⑤ Tu n'as pas de gomme.　⑥ Vous n'avez pas de stylo.
   ⑦ Elles n'ont pas les sacs.　⑧ Je n'ai pas de cadeau.
   ⑨ Nous ne sommes pas étudiants.　⑩ Ce ne sont pas des appartements.
   ⑪ Elle n'est pas chinoise.　⑫ Vous n'avez pas de crayon.

5. ① Oui, je suis étudiant. / Non, je ne suis pas étudiant.
   ② Oui, c'est un stylo. / Non, ce n'est pas un stylo.
   ③ Oui, elle est coréenne. / Non, elle n'est pas coréenne.
   ④ Oui, ils ont des cadeaux. / Non, ils n'ont pas de cadeaux.
   ⑤ Oui, nous avons le livre. / Non, nous n'avons pas le livre.
   ⑥ Si, j'ai un stylo. / Non, je n'ai pas de stylo.
   ⑦ Oui, je suis coréenne. / Non, je ne suis pas coréenne.
   ⑧ Si, je suis coréenne. / Non, je ne suis pas coréenne.
   ⑨ Oui, j'ai la clé. / Non, je n'ai pas la clé.
   ⑩ Si, j'ai la clé. / Non, je n'ai pas la clé.

Leçon 4 : 형용사

1. ① un cahier vert / une chaise verte / des cahiers verts
   ② un stylo noir / une voiture noire / des voitures noires
   ③ un sac bleu / une clé bleue / des sacs bleus
   ④ un livre rouge / une fleur rouge / des fleurs rouges
   ⑤ un crayon gris / une table grise / des crayons gris
   ⑥ un téléphone blanc / une maison blanche / des maisons blanches

2. ①

	남성	여성
단수	intéressant	intéressante
복수	intéressants	intéressantes

②

	남성	여성
단수	français	française
복수	français	françaises

③

	남성	여성
단수	magnifique	magnifique
복수	magnifiques	magnifiques

④

	남성	여성
단수	cher	chère
복수	chers	chères

⑤

	남성	여성
단수	neuf	neuve
복수	neufs	neuves

⑥

	남성	여성
단수	spécial	spéciale
복수	spéciaux	spéciales

3. ① grande　② petite　③ jolies　④ spéciale　⑤ magnifiques　⑥ rouges
   ⑦ petits　⑧ belles　⑨ rouges　⑩ intéressants　⑪ chers　⑫ française
   ⑬ petites　⑭ importantes　⑮ coréenne　⑯ extraordinaire

4. ① L'appartement est cher.　② L'étudiante est coréenne.
   ③ Les voitures sont blanches.　④ La ville est intéressante.
   ⑤ Les amis sont français.　⑥ Le film est magnifique.
   ⑦ L'appartement est grand.　⑧ Les livres sont intéressants.
   ⑨ Les stylos sont bleus.　⑩ Les voitures sont chères.
   ⑪ La femme est belle.　⑫ Les garçons sont beaux.

4.

남성			여성		
	Je suis coréen.	나는 한국 사람이다.		Je suis coréenne.	나는 한국 사람이다.
	Tu es coréen.	너는 한국 사람이다.		Tu es coréenne.	너는 한국 사람이다.
	Il est coréen.	그는 한국 사람이다.		Elle est coréenne.	그녀는 한국 사람이다.
	Nous sommes coréens.	우리는 한국 사람이다.		Nous sommes coréennes.	우리는 한국 사람이다.
	Vous êtes coréen.	당신은 한국 사람이다.		Vous êtes coréenne.	당신은 한국 사람이다.
	Vous êtes coréens.	당신들은 한국 사람들이다.		Vous êtes coréennes.	당신들은 한국 사람들이다.
	Ils sont coréens.	그들은 한국 사람이다.		Elles sont coréennes.	그녀들은 한국 사람이다.

5.

J'ai une voiture.	나는 자동차를 가지고 있다.
Tu as une voiture.	너는 자동차를 가지고 있다.
Il a une voiture.	그는 자동차를 가지고 있다.
Elle a une voiture.	그녀는 자동차를 가지고 있다.
Nous avons une voiture.	우리는 자동차를 가지고 있다.
Vous avez une voiture.	당신은 자동차를 가지고 있다.
Ils ont une voiture.	그들은 자동차를 가지고 있다.
Elles ont une voiture.	그녀들은 자동차를 가지고 있다.

6.

C'est			
C'est un stylo.	이것은 볼펜입니다.	C'est le stylo.	이것이 그 볼펜입니다.
C'est un sac.	이것은 가방입니다.	C'est le sac.	이것이 그 가방입니다.
C'est une voiture.	이것은 자동차입니다.	C'est la voiture.	이것이 그 자동차입니다.
Ce sont des stylos.	이것들은 볼펜들입니다.	Ce sont les stylos.	이것들이 그 볼펜들입니다.
Ce sont des sacs.	이것들은 가방들입니다.	Ce sont les sacs.	이것들이 그 가방들입니다.
Ce sont des voitures.	이것들은 자동차들입니다.	Ce sont les voitures.	이것들이 그 자동차들입니다.

Il y a			
Il y a un stylo.	여기 하나의 볼펜이 있습니다.	Il y a le stylo.	여기 그 볼펜이 있습니다.
Il y a un sac.	여기 하나의 가방이 있습니다.	Il y a le sac.	여기 그 가방이 있습니다.
Il y a une voiture.	여기 한 대의 자동차가 있습니다.	Il y a la voiture.	여기 그 자동차가 있습니다.
Il y a des stylos.	여기 여러 개의 볼펜들이 있습니다.	Il y a les stylos.	여기 그 볼펜들이 있습니다.
Il y a des sacs.	여기 여러 개의 가방들이 있습니다.	Il y a les sacs.	여기 그 가방들이 있습니다.
Il y a des voitures.	여기 여러 대의 자동차들이 있습니다.	Il y a les voitures.	여기 그 자동차들이 있습니다.

Leçon 3 : 의문문과 부정문

1. ① Est-ce une maison ? ② Etes-vous américain ?
③ Es-tu étudiant ? ④ Est-ce la clé ?
⑤ As-tu une gomme ?

2. ① Est-ce que c'est un cadeau ? ② Est-ce que ce sont des appartements ?
③ Est-ce que vous êtes chinois ? ④ Est-ce que tu as un crayon ?
⑤ Est-ce qu'il y a des maisons ?

3. ① C'est un stylo ? / Est-ce un stylo ? / Est-ce que c'est un stylo ?
② Vous avez une voiture ? / Avez-vous une voiture ? / Est-ce que vous avez une voiture ?
③ Vous êtes coréen ? / Etes-vous coréen ? / Est-ce que vous êtes coréen ?
④ Tu as le livre ? / As-tu le livre ? / Est-ce que tu as le livre ?
⑤ Elles sont étudiantes ? / Sont-elles étudiantes ? / Est-ce qu'elles sont étudiantes ?
⑥ Ils ont des sacs ? / Ont-ils des sacs ? / Est-ce qu'ils ont des sacs ?

정답 문법편

Leçon 1 : 명사와 관사

1.

남성명사	여성명사
homme, garçon, père, frère, sport, stylo, crayon, sac, cinéma, voyage, livre, ami, château, cadeau, appartement	femme, fille, mère, sœur, musique, ville, campagne, cuisine, lecture, gomme, règle, clé, voiture, fleur, culture, civilization, tomate, pomme, table, amie, maison

2.

	남성	여성
단수	ami	amie
복수	amis	amies

	남성	여성
단수	étudiant	étudiante
복수	étudiants	étudiantes

3.
un père	une mère	un ami	une amie
un garçon	un sport	un étudiant	des étudiantes
une école	une voiture	un coréen	une coréenne
un voyage	un livre	des acteurs	une actrice
une maison	une sœur	un château	des châteaux
une télévision	une action	un cadeau	des cadeaux
un homme	une femme	des hommes	des femmes
des garçons	des filles	des livres	des maisons

4.
le père	la mère	l'ami	l'amie
le garçon	le sport	les étudiants	l'étudiante
l'école	les voitures	le coréen	la coréenne
le voyage	le livre	l'acteur	les actrices
la maison	les sœurs	le château	les châteaux
les télévisions	l'action	le cadeau	les cadeaux
l'homme	la femme	les hommes	les femmes
les garçons	la fille	les livres	les maisons

Leçon 2 : 주어와 동사

1.

je	나는	nous	우리는
tu	너는	vous	당신은
il	그는	ils	그들은
elle	그녀는	elles	그녀들은

2.

je suis	nous sommes
tu es	vous êtes
il est	ils sont
elle est	elles sont

3.

j'ai	nous avons
tu as	vous avez
il a	ils ont
elle a	elles ont

Leçon 10

3. 다음 문장을 복합과거로 만들어 보세요.

① J'habite à Tokyo. → *J'ai habité à Tokyo.*

② Je vais à Londres. → _____

③ Vous venez de Paris. → _____

④ Nous partons aux Etats-Unis. → _____

⑤ J'ai une petite voiture. → _____

⑥ Elle va à la piscine. → _____

⑦ Nous habitons à Séoul. → _____

⑧ La clé de la maison est dans la voiture. → _____

⑨ Notre professeur parle aux étudiants. → _____

⑩ Cet appartement est très spécial. → _____

⑪ Je travaille avec elle. → _____

⑫ Et nous, qu'est-ce qu'on fait ? → _____

4. 다음 문장을 단순미래로 만들어 보세요.

① J'habite à Tokyo. → *J'habiterai à Tokyo.*

② Je vais à Londres. → _____

③ Vous venez de Paris. → _____

④ Nous partons aux Etats-Unis. → _____

⑤ J'ai une petite voiture. → _____

⑥ Elle va à la piscine. → _____

⑦ Nous habitons à Séoul. → _____

⑧ La clé de la maison est dans la voiture. → _____

⑨ Notre professeur parle aux étudiants. → _____

⑩ Cet appartement est très spécial. → _____

⑪ Je travaille avec elle. → _____

⑫ Et nous, qu'est-ce qu'on fait ? → _____

1. 다음 문장을 명령문으로 만들어 보세요.

① Vous parlez français. → *Parlez français !*

② Tu parles français. → _____

③ Nous regardons la télévision. → _____

④ Vous regardez la télévision. → _____

⑤ Tu écoutes le professeur. → _____

⑥ Vous écoutez le professuer. → _____

⑦ Tu entres dans la maison. → _____

⑧ Vous entrez dans la maison. → _____

⑨ Vous essayez la voiture. → _____

⑩ Tu essaies le manteau. → _____

⑪ Tu prends le stylo. → _____

⑫ Vous prenez le stylo. → _____

2. 다음 문장을 근접미래로 만들어 보세요.

① J'habite à Tokyo. → *Je vais habiter à Tokyo.*

② Je vais à Londres. → _____

③ Vous venez de Paris. → _____

④ Nous partons aux Etats-Unis. → _____

⑤ J'ai une petite voiture. → _____

⑥ Elle va à la piscine. → _____

⑦ Nous habitons à Séoul. → _____

⑧ La clé de la maison est dans la voiture. → _____

⑨ Notre professeur parle aux étudiants. → _____

⑩ Cet appartement est très spécial. → _____

⑪ Je travaille avec elle. → _____

⑫ Et nous, qu'est-ce qu'on fait ? → _____

4 단순미래

단순미래는 가깝지 않은 미래나 불확실한 미래를 표현할 때 사용되는 시제입니다.
단순미래를 만드는 방법은 동사원형에 이 시제의 어미를 붙이는 것입니다.
단순미래의 어미가 avoir 동사와 매우 흡사하다는 것을 볼 수 있습니다.

• 단순미래 어미

je	-ai	nous	-ons
tu	-as	vous	-ez
il / elle	-a	ils / elles	-ont

• parler 동사의 미래시제

je	parlerai	nous	parlerons
tu	parleras	vous	parlerez
il / elle	parlera	ils / elles	parleront

Je parlerai à Marie. 나는 마리에게 말할 것이다.   **Nous parlerons de la France.** 우리는 프랑스에 대해 말할 것이다.

• finir 동사의 미래시제

je	finirai	nous	finirons
tu	finiras	vous	finirez
il / elle	finira	ils / elles	finiront

Il finira. 그는 마칠 겁니다.   **Ils finiront les devoirs.** 그들은 숙제를 마칠 겁니다.

3군 동사 미래시제의 어간은 불규칙적이기 때문에 하나씩 외우셔야 합니다.

être : ser	➜ je serai 나는 ~일 것이다	➜ tu seras 너는 ~일 것이다
avoir : aur	➜ il aura 그는 ~를 가질 것이다	➜ vous aurez 당신은 ~을 가질 것이다
aller : ir	➜ j'irai 나는 갈 것이다	➜ tu iras 너는 갈 것이다
venir : viendr	➜ il viendra 그는 올 것이다	➜ nous viendrons 우리는 올 것이다
prendre : prendr	➜ vous prendrez 당신은 잡을 것이다	➜ ils prendront 그들은 잡을 것이다
faire : fer	➜ je ferai 나는 할 것이다	➜ tu feras 너는 할 것이다
vouloir : voudr	➜ il voudra 그는 원할 것이다	➜ nous voudrons 우리는 원할 것이다
partir : partir	➜ vous partirez 당신은 떠날 것이다	➜ ils partiront 그들은 떠날 것이다
pouvoir : pourr	➜ je pourrai 나는 할 수 있을 것이다	➜ tu pourras 너는 할 수 있을 것이다
devoir : devr	➜ il devra 그는 그래야 할 것이다	➜ nous devrons 우리는 그래야 할 것이다
savoir : saur	➜ vous saurez 당신은 알 것이다	➜ ils sauront 그들은 알 것이다

Leçon 10 문법편 : 명령문과 시제

3 복합과거

과거를 표현할 때 가장 많이 쓰이는 시제는 복합과거입니다.
복합과거를 만드는 방법은 avoir 동사나 être 동사를 조동사로 놓고 뒤에 과거분사를 놓는 것입니다.
과거분사를 만드는 방법은 1군 동사는 어미 er의 r를 빼고 e 위에 악썽을 넣어주면 됩니다.

parler ➡ parlé   aimer ➡ aimé   habiter ➡ habité
regarder ➡ regardé   écouter ➡ écouté

Je parle à Luc. 나는 뤽에게 말한다.   ➡ J'ai parlé à Luc. 나는 뤽에게 말했다.
Tu aimes ce film. 너는 이 영화를 좋아한다.   ➡ Tu as aimé ce film. 너는 이 영화를 좋아했다.
Il habite à Séoul. 그는 서울에서 산다.   ➡ Il a habité à Séoul. 그는 서울에서 살았다.
Elle regarde la mer. 그녀는 바다를 본다.   ➡ Elle a regardé la mer. 그녀는 바다를 보았다.
Nous déjeunons. 우리는 점심을 먹는다.   ➡ Nous avons déjeuné. 우리는 점심을 먹었다.
Ils commencent ? 그들은 시작합니까?   ➡ Ils ont commencé ? 그들은 시작했습니까?

2군 동사의 과거분사 역시 규칙적입니다. ir에서 r를 빼기만 하면 됩니다.

Je finis le devoir. 나는 숙제를 마친다.   ➡ J'ai fini le devoir. 나는 숙제를 마쳤다.
Vous choisissez ? 당신은 고릅니까?   ➡ Vous avez choisi ? 당신은 고르셨습니까?

3군 동사의 과거분사는 불규칙적이기 때문에 하나씩 외우셔야 합니다.

être ➡ été   avoir ➡ eu   aller ➡ allé   venir ➡ venu   prendre ➡ pris
faire ➡ fait   vouloir ➡ voulu partir ➡ parti   pouvoir ➡ pu   devoir ➡ dû

Je suis étudiant. 나는 학생이다.   ➡ J'ai été étudiant. 나는 학생이었다.
Je prends un café. 나는 커피를 마신다.   ➡ J'ai pris un café. 나는 커피를 마셨다.
Tu fais le devoir ? 너는 숙제를 하니?   ➡ Tu as fait le devoir ? 너는 숙제를 했니?
Elle ne veut pas venir. 그녀는 오길 원하지 않는다. ➡ Elle n'a pas voulu venir. 그녀는 오길 원하지 않았다.

왕래발착이나 장소이동 동사는 조동사 avoir 대신 être를 씁니다.

Je vais au Japon. 나는 일본으로 간다.   ➡ Je suis allé au Japon. 나는 일본으로 갔다.
Tu viens de Chine. 너는 중국에서 온다.   ➡ Tu es venu de Chine. 너는 중국에서 왔다.
Il part. 그는 떠난다.   ➡ Il est parti. 그는 떠났다.

être 동사를 조동사로 써서 복합과거를 만들 때는 과거분사를 주어의 성과 수에 일치시켜야 합니다.

Elle va au cinéma. 그녀는 영화관에 간다.   ➡ Elle est allée au cinéma. 그녀는 영화관에 갔다.
Nous venons. 우리는 옵니다.   ➡ Nous sommes venus. 우리는 왔다.
Est-ce qu'ils entrent ? 그들은 들어옵니까?   ➡ Est-ce qu'ils sont entrés ? 그들은 들어왔습니까?
Vont-elles à l'école ? 그녀들은 학교에 갑니까? ➡ Sont-elles allées à l'école ? 그녀들은 학교에 갔습니까?

La grammaire

2 근접미래

근접미래는 가까운 미래나 확실한 미래를 표현할 때 사용하는 시제입니다.
근접미래를 만드는 방법은 aller 동사 다음에 동사원형을 놓는 것입니다.
'~ 하러 가다' 라는 의미를 가질 수도 있습니다.

Je parle français. 나는 프랑스어를 한다. → Je vais parler français. 나는 프랑스어를 할 것이다.
Tu parles français. 너는 프랑스어를 한다. → Tu vas parler français. 너는 프랑스어를 할 것이다.
Il parle français. 그는 프랑스어를 한다. → Il va parler français. 그는 프랑스어를 할 것이다.
Nous parlons français. 우리는 프랑스어를 한다. → Nous allons parler français. 우리는 프랑스어를 할 것이다.
Vous parlez français. 당신은 프랑스어를 한다. → Vous allez parler français. 당신은 프랑스어를 할 것이다.
Ils parlent français. 그들은 프랑스어를 한다. → Ils vont parler français. 그들은 프랑스어를 할 것이다.

Vous faites les exercices ? 당신은 연습문제를 하십니까?
Vous allez faire les exercices ? 당신은 연습문제를 하실 겁니까?
→ Oui, je vais faire les exercices. 네, 저는 연습문제를 할 겁니다.
→ Non, je ne vais pas faire les exercices. 아니요, 저는 연습문제를 하지 않을 겁니다.

Est-ce que tu regardes la télévision ? 너는 TV를 보니?
Est-ce que tu vas regarder la télévision ? 너는 TV를 볼 거니?
→ Oui, je vais regarder la télévision. 응, 나는 TV를 볼 거야.
→ Non, je ne vais pas regarder la télévision. 아니, 나는 TV를 보지 않을 거야.

Est-ce qu'il écoute le professeur ? 그는 선생님 말을 듣습니까?
Est-ce qu'il va écouter le professeur ? 그는 선생님 말을 들을 겁니까?
→ Oui, il va écouter le professeur. 네, 그는 선생님 말을 들을 겁니다.
→ Non, il ne va pas écouter le professeur. 아니요, 그는 선생님 말을 듣지 않을 겁니다.

Allons-nous au cinéma avec eux ? 우리는 그들과 함께 영화관에 갑니까?
Allons-nous aller au cinéma avec eux ? 우리는 그들과 함께 영화관에 갈 겁니까?
→ Oui, nous allons aller au cinéma avec eux. 네, 우리는 그들과 함께 영화관에 갈 겁니다.
→ Non, nous n'allons pas aller au cinéma avec eux. 아니요, 우리는 그들과 함께 영화관에 가지 않을 겁니다.

Partez-vous en France ? 프랑스로 떠나세요?
Allez-vous partir en France ? 프랑스로 떠나실 겁니까?
→ Oui, je vais partir en France. 네, 프랑스로 떠날 겁니다.
→ Non, je ne vais pas partir en France. 아니요, 프랑스로 떠나지 않을 겁니다.

Ils prennent un café ? 그들은 커피를 마십니까?
Ils vont prendre un café ? 그들은 커피를 마실 겁니까?
→ Oui, ils vont prendre un café. 네, 그들은 커피를 마실 겁니다.
→ Non, ils ne vont pas prendre de café. 아니요, 그들은 커피를 마시지 않을 겁니다.

Leçon 10 문법편: 명령문과 시제

1 명령문

명령문을 만들 때는 평서문에서 주어를 생략하고 동사로 시작하며, 2인칭 단수(tu), 2인칭 복수(vous), 1인칭 복수(nous)의 직설법 현재형을 사용합니다.

우선 1군 동사와 2군 동사를 살펴봅시다.

Vous parlez. 당신은 말한다.	➡ Parlez ! 말하세요!
Vous regardez. 당신은 본다.	➡ Regardez ! 보세요!
Vous écoutez. 당신은 듣는다.	➡ Ecoutez ! 들으세요!
Vous entrez. 당신은 들어온다.	➡ Entrez ! 들어오세요!
Vous essayez. 당신은 시도한다.	➡ Essayez ! 시도하세요!
Vous finissez. 당신은 마친다.	➡ Finissez ! 마치세요!

하지만 1군 동사는 2인칭 단수 tu를 쓸 때는 s를 생략합니다.

Tu parles. 너는 말한다.	➡ Parle ! 말해!
Tu regardes. 너는 본다.	➡ Regarde ! 봐!
Tu écoutes. 너는 듣는다.	➡ Ecoute ! 들어봐!
Tu entres. 너는 들어온다.	➡ Entre ! 들어와!
Tu essaies. 너는 시도한다.	➡ Essaie ! 시도해!

3군 동사에서는 아무것도 생략하지 않습니다.

Vous faites. 당신은 합니다.	➡ Faites ! 하세요!
Tu fais. 너는 한다.	➡ Fais ! 해!
Vous prenez. 당신은 잡습니다.	➡ Prenez ! 잡으세요!
Tu prends. 너는 잡는다.	➡ Prends ! 잡아!
Vous partez. 당신은 떠납니다.	➡ Partez ! 떠나세요!
Tu pars. 너는 떠난다.	➡ Pars ! 떠나!

단, aller 동사 2인칭 단수에서만 s를 생략합니다.

Vous allez. 당신은 간다.	➡ Allez ! 가세요!
Tu vas. 너는 간다.	➡ Va ! 가!

6. 빈칸에 알맞은 지시형용사를 넣어 보세요.

① Est-ce que tu aimes ___ livre ?

② Je suis dans ___ maison devant la mer. ___ café est très bon. Je regarde ___ tableau.

③ ___ appartement est à côré de ___ école.

④ ___ fleurs sont magnifiques. J'aime beaucoup ___ fleur. Elle est sur ___ table.

7. 빈칸에 알맞은 강세형 인칭대명사를 넣어 보세요.

① A : Est-ce que tu es coréen ?

B : Moi, je suis coréen et ___ ?

A : ___, je ne suis pas coréen. Je suis français.

B : Et ___ ?

A : ___, il est anglais.

B : Et, ___ ?

A : ___, elle est espagnole.

② A : Est-ce que vous travaillez avec ___ ?

B : Non, ils ne travaillent pas avec ___.

A : Ils ne sont pas à Paris avec ___ ?

B : Si, ils sont avec ___ à Paris, mais ils ne travaillent pas avec ___.

8. 다음 숫자를 프랑스어로 써 보세요.

0	1	2	3
4	5	6	7
8	9	10	11
12	16	17	20
21	23	41	56
68	70	71	72
77	80	81	83
89	90	91	92
99	106	207	337
753	890	999	1999
2008	10 000	28 071	1 000 000

연습문제

1. 다음 문장의 빈칸에 인칭에 맞게 알맞은 소유형용사를 넣어 보세요.

1인칭 단수 (나의)	C'est *mon* stylo.	C'est *ma* maison.
2인칭 단수 (너의)	C'est ___ stylo.	C'est ___ maison.
3인칭 단수 (그의/그녀의)	C'est ___ stylo.	C'est ___ maison.
1인칭 복수 (우리의)	C'est ___ stylo.	C'est ___ maison.
2인칭 복수 (당신의)	C'est ___ stylo.	C'est ___ maison.
3인칭 복수 (그들의/그녀들의)	C'est ___ stylo.	C'est ___ maison.

2. 다음 문장의 빈칸에 인칭에 맞게 알맞은 소유형용사를 넣어 보세요.

1인칭 단수 (나의)	*Mes* parents regardent la télévision.	J'aime *mon* école.
2인칭 단수 (너의)	___ parents regardent la télévision.	J'aime ___ école.
3인칭 단수 (그의/그녀의)	___ parents regardent la télévision.	J'aime ___ école.
1인칭 복수 (우리의)	___ parents regardent la télévision.	J'aime ___ école.
2인칭 복수 (당신의)	___ parents regardent la télévision.	J'aime ___ école.
3인칭 복수 (그들의/그녀들의)	___ parents regardent la télévision.	J'aime ___ école.

3. 빈칸에 mon / ma / mes 를 넣어 보세요.

① J'aime ___ parents. Ils sont avec ___ frère et ___ sœur.

② Je suis dans ___ maison devant la mer. ___ café est très bon. Je regarde ___ tableau.

③ ___ télévision est devant ___ canapé. J'aime ___ hôtel.

④ ___ appartement est à côté de ___ école.

4. 빈칸에 ton / ta / tes 를 넣어 보세요.

① Tu aimes ___ parents. Ils sont avec ___ frère et ___ sœur.

② Tu es dans ___ maison devant la mer. ___ café est très bon. Tu regardes ___ tableau.

③ ___ télévision est devant ___ canapé. J'aime ___ hôtel.

④ ___ appartement est à côté de ___ école.

5. 빈칸에 votre / vos 를 넣어 보세요.

① Vous aimez ___ parents. Ils sont avec ___ frère et ___ sœur.

② Vous êtes dans ___ maison devant la mer. ___ café est très bon. Vous regardez ___ tableau.

③ ___ télévision est devant ___ canapé. J'aime ___ hôtel.

④ ___ appartement est à côté de ___ école.

4 수사

0 zéro	20 vingt	40 quarante	60 soixante	80 quatre-vingts
1 un	21 vingt et un	41 quarante et un	61 soixante et un	81 quatre-vingt-un
2 deux	22 vingt-deux	42 quarante-deux	62 soixante-deux	82 quatre-vingt-deux
3 trois	23 vingt-trois	43 quarante-trois	63 soixante-trois	83 quatre-vingt-trois
4 quatre	24 vingt-quatre	44 quarante-quatre	64 soixante-quatre	84 quatre-vingt-quatre
5 cinq	25 vingt-cinq	45 quarante-cinq	65 soixante-cinq	85 quatre-vingt-cinq
6 six	26 vingt-six	46 quarante-six	66 soixante-six	86 quatre-vingt-six
7 sept	27 vingt-sept	47 quarante-sept	67 soixante-sept	87 quatre-vingt-sept
8 huit	28 vingt-huit	48 quarante-huit	68 soixante-huit	88 quatre-vingt-huit
9 neuf	29 vingt-neuf	49 quarante-neuf	69 soixante-neuf	89 quatre-vingt-neuf
10 dix	30 trente	50 cinquante	70 soixante-dix	90 quatre-vingt-dix
11 onze	31 trente et un	51 cinquante et un	71 soixante et onze	91 quatre-vingt-onze
12 douze	32 trente-deux	52 cinquante-deux	72 soixante-douze	92 quatre-vingt-douze
13 treize	33 trente-trois	53 cinquante-trois	73 soixante-treize	93 quatre-vingt-treize
14 quatorze	34 trente-quatre	54 cinquante-quatre	74 soixante-quatorze	94 quatre-vingt-quatorze
15 quinze	35 trente-cinq	55 cinquante-cinq	75 soixante-quinze	95 quatre-vingt-quinze
16 seize	36 trente-six	56 cinquante-six	76 soixante-seize	96 quatre-vingt-seize
17 dix-sept	37 trente-sept	57 cinquante-sept	77 soixante-dix-sept	97 quatre-vingt-dix-sept
18 dix-huit	38 trente-huit	58 cinquante-huit	78 soixante-dix-huit	98 quatre-vingt-dix-huit
19 dix-neuf	39 trente-neuf	59 cinquante-neuf	79 soixante-dix-neuf	99 quatre-vingt-dix-neuf

100 cent	110 cent dix	120 cent vingt	200 deux cents	210 deux cent dix
101 cent un	111 cent onze	121 cent vingt et un	201 deux cent un	211 deux cent onze
102 cent deux	112 cent douze	122 cent vingt-deux	202 deux cent deux	212 deux cent douze
103 cent trois	113 cent treize	123 cent vingt-trois	203 deux cent trois	213 deux cent treize
104 cent quatre	114 cent quatorze	124 cent vingt-quatre	204 deux cent quatre	214 deux cent quatorze
105 cent cinq	115 cent quinze	125 cent vingt-cinq	205 deux cent cinq	215 deux cent quinze
106 cent six	116 cent seize	126 cent vingt-six	206 deux cent six	216 deux cent seize
107 cent sept	117 cent dix-sept	127 cent vingt-sept	207 deux cent sept	217 deux cent dix-sept
108 cent huit	118 cent dix-huit	128 cent vingt-huit	208 deux cent huit	218 deux cent dix-huit
109 cent neuf	119 cent dix-neuf	129 cent vingt-neuf	209 deux cent neuf	219 deux cent dix-neuf

1000 mille	1005 mille cinq	2000 deux mille	7000 sept mille	200 000 deux cent mille
1001 mille un	1006 mille six	3000 trois mille	8000 huit mille	300 000 trois cent mille
1002 mille deux	1007 mille sept	4000 quatre mille	9000 neuf mille	400 000 quatre cent mille
1003 mille trois	1008 mille huit	5000 cinq mille	10 000 dix mille	500 000 cinq cent mille
1004 mille quatre	1009 mille neuf	6000 six mille	100 000 cent mille	1 000 000 un million

Leçon 9 문법편
소유형용사, 지시형용사, 강세형 인칭대명사, 수사

3 강세형 인칭대명사

moi	나	1인칭 단수
toi	너	2인칭 단수
lui	그	3인칭 단수 – 남성
elle	그녀	3인칭 단수 – 여성
nous	우리	1인칭 복수
vous	당신	2인칭 복수
eux	그들	3인칭 복수 – 남성
elles	그녀들	3인칭 복수 – 여성

강세형 인칭대명사는 주어를 강조할 때 쓰입니다.

Moi, je suis coréen. 저, 저는 한국인입니다. Toi, tu es français. 너, 너는 프랑스인이다.
Lui, il est étudiant. 그, 그는 학생이다. Elle, elle est étudiante. 그녀, 그녀는 학생이다.
Nous, nous sommes coréens. 우리, 우리는 한국인이다. Vous, vous êtes français. 당신, 당신은 프랑스인이다.
Eux, ils sont étudiants. 그들, 그들은 학생들이다.
Elles, elles sont étudiantes. 그녀들, 그녀들은 학생들이다.

Moi, j'aime la musique. 나, 나는 음악을 좋아한다. Toi, tu aimes le sport. 너, 너는 운동을 좋아한다.
Lui, il aime le cinéma. 그, 그는 영화를 좋아한다. Elle, elle aime le théâtre. 그녀, 그녀는 연극을 좋아한다.
Nous, nous aimons nos parents. 우리, 우리는 우리 부모님을 사랑한다.
Vous, vous aimez vos enfants. 당신은 당신 아이들을 사랑한다.
Eux, ils aiment la lecture. 그들은, 그들은 독서를 좋아한다.
Elles, elles n'aiment pas la cuisine. 그녀들, 그녀들은 요리를 좋아하지 않는다.

접속사나 전치사 뒤에 쓰이기도 합니다.

Et moi, je vais au cinéma. Et toi ? 나, 나는 영화관에 간다. 너는?
Et lui, il est étudiant. Et elle ? 그, 그는 학생이다. 그녀는?
Et eux, ils partent en France. Et elles ? 그들, 그들은 프랑스로 떠나요. 그녀들은요?

Je parle de toi. 나는 너에 대해 말한다. Il travaille avec moi. 그는 나와 함께 일한다.
La chaise est devant lui. 의자는 그의 앞에 있다. Le livre est derriére elle. 책은 그녀 뒤에 있다.
C'est entre toi et moi. 이것은 너와 나 사이에 있다. Je suis loin d'eux. 나는 그들 멀리 있다.
Tu viens avec moi ? 나와 함께 갈래? Je viens avec toi. 너와 함께 갈래.
Vous êtes avec nous ? 당신은 우리와 함께입니까? Nous sommes avec vous. 우리는 당신과 함께입니다.
Ils sont avec elles ? 그들은 그녀들과 있습니까? Ils ne sont pas avec elles. 그들은 그녀들과 있지 않습니다.

- notre / notre / nos

  notre는 남성 명사와 여성 명사에 같이 쓰입니다.

  > **Notre** professeur parle aux étudiants. 우리 선생님이 학생들에게 말씀하신다.
  > **Nos** professeurs parlent aux étudiants. 우리 선생님들이 학생들에게 말씀하신다.

- votre / votre / vos

  votre 역시 남성 명사와 여성 명사에 같이 쓰입니다.

  > Est-ce que c'est votre clé ? 이것이 당신의 열쇠입니까?
  > Est-ce que ce sont vos clés ? 이것들이 당신의 열쇠들입니까?

- leur / leur / leurs

  leur 또한 남성 명사와 여성 명사에 같이 쓰입니다.

  > **Leur** appartement est à côté du cinéma. 그들의 아파트는 영화관 옆에 있다.
  > **Leurs** appartements sont à côté du cinéma. 그들의 아파트들은 영화관 옆에 있다.

2 지시형용사

지시형용사도 마찬가지로 명사 앞에 관사 대신 쓰이고 그 명사의 성과 수에 일치시켜야 합니다.

남성 단수	여성 단수	남성 / 여성 복수	남성 모음 단수 앞
ce	cette	ces	cet

Le stylo est rouge.　　　➡ **Ce** stylo est rouge. 이 볼펜은 빨간색이다.
La maison est chrère.　　➡ **Cette** maison est chère. 이 집은 비싸다.
Les stylos sont rouges.　　➡ **Ces** stylos sont rouges. 이 볼펜들은 빨간색이다.
Les maisons sont chères.　➡ **Ces** maisons sont chères. 이 집들은 비싸다.

남성 명사지만 모음이나 무음 h로 시작하는 명사 앞에는 cet을 씁니다.

> **Cet** appartement est très spécial. 이 아파트는 매우 특별하다.
> **Cet** hôtel est un grand hôtel. 이 호텔은 큰 호텔이다.

지시형용사를 이용해서 오늘 아침, 오늘 오후, 오늘 저녁, 오늘 밤이라는 표현을 할 수 있습니다.

le matin 아침　　➡ ce matin 오늘 아침　　　le soir 저녁　　➡ ce soir 오늘 저녁
l'après-midi 오후　➡ cet après-midi 오늘 오후　la nuit 밤　　➡ cette nuit 오늘밤

Leçon 9 문법편
소유형용사, 지시형용사, 강세형 인칭대명사, 수사

1 소유형용사

소유형용사는 항상 명사 앞에 관사 대신 쓰이고 그 명사의 성과 수에 일치시켜야 합니다.

	남성 단수	여성 단수	남성 / 여성 복수
1인칭 단수 (나의)	mon	ma	mes
2인칭 단수 (너의)	ton	ta	tes
3인칭 단수 (그의/그녀의)	son	sa	ses
1인칭 복수 (우리의)	notre	notre	nos
2인칭 복수 (당신의)	votre	votre	vos
3인칭 복수 (그들의/그녀들의)	leur	leur	leurs

- mon / ma / mes

C'est un stylo. ➡ C'est mon stylo. 이것은 내 볼펜이다.
C'est une voiture. ➡ C'est ma voiture. 이것은 내 자동차이다.
Ce sont des stylos. ➡ Ce sont mes stylos. 이것은 내 볼펜들이다.
Ce sont des voitures. ➡ Ce sont mes voitures. 이것은 내 자동차들이다.

- ton / ta / tes

C'est ton crayon. 이것은 너의 연필이다.
Est-ce que c'est ta maison ? 이것이 너의 집이니?
Tes crayons sont bleus. 너의 연필들은 파란색이다.
Tes maisons sont magnifiques. 너의 집들은 매우 아름답다.

- son / sa / ses

Son père est français. 그의 아버지는 프랑스인이다.
Sa mère est française. 그의 어머니는 프랑스인이다.
Ses parents sont français. 그의 부모님들은 프랑스인이다.

그의 소유뿐만 아니라 그녀의 소유 또한 son / sa / ses로 씁니다.

Son père est coréen. 그녀의 아버지는 한국인이다.
Sa mère est coréenne. 그녀의 어머니는 한국인이다.
Ses parents sont coréens. 그녀의 부모님들은 한국인이다.

여성 명사지만 모음이나 무음 h로 시작하는 명사 앞에는 남성형을 씁니다.

C'est une école. ➡ C'est mon école. 이것은 나의 학교이다.
➡ C'est ton école ? 이것이 너의 학교이니?
➡ C'est son école. 이것은 그의 / 그녀의 학교이다.

⑦ en, Elle, Angleterre, va

→ _____

⑧ dans, sac, le, voiture, clé, La, de, est, la

→ _____

4. 다음 질문에 oui 와 non 으로 답해 보세요.

① Est-ce qu'il parle au garçon ?

→ Oui, _____

→ Non, _____

② Partez-vous à la maison ?

→ Oui, _____

→ Non, _____

③ Est-ce que vous allez en France ?

→ Oui, _____

→ Non, _____

④ Est-ce qu'il y a des étudiants dans l'école ?

→ Oui, _____

→ Non, _____

⑤ Y a-t-il un stylo sous la table ?

→ Oui, _____

→ Non, _____

⑥ Est-ce qu'il y a une église devant la maison ?

→ Oui, _____

→ Non, _____

⑦ Etes-vous derrière le café ?

→ Oui, _____

→ Non, _____

⑧ Vous habitez en Corée ?

→ Oui, _____

→ Non, _____

⑨ Est-ce que la voiture de Marie est entre la voiture rouge et la voiture noire ?

→ Oui, _____

→ Non, _____

⑩ Est-ce que la fleur est sur le livre de français ?

→ Oui, _____

→ Non, _____

연습문제

1. 빈칸에 à 또는 de를 넣어 보세요.

   ① Vous habitez _____ Paris ? Moi, je viens _____ Séoul.

   ② Je dois aller _____ l'école. Je pars _____ 8 heures.

   ③ La maison _____ Pierre est très grande. Et la maison _____ Sophie est très petite.

   ④ Où est la clé _____ la voiture ? Je vais _____ la piscine.

   ⑤ Nous habitons _____ Séoul. Nous allons _____ la maison _____ 4 heures.

2. 빈칸에 알맞은 축약관사를 넣어 보세요.

   ① Je parle _____ professeur. Il parle _____ étudiants.

   ② Vous partez _____ Etats-Unis ? Vous parlez _____ garçons.

   ③ Il est _____ maison. Il ne va pas _____ cinéma.

   ④ La voiture _____ étudiant est grise. Il vient _____ bibliothèque. Et il va _____ restaurant.

   ⑤ Je vais _____ cinéma. Elle ne va pas _____ magasin.

   ⑥ Je parle _____ enfants. Ils vont _____ théâtre.

   ⑦ C'est la voiture _____ professeur. Il n'est pas _____ maison.

3. 다음 단어들을 순서대로 나열하여 문장을 만들어 보세요.

   ① habite, Paris, J', à

   → _____

   ② très, jolie, Marc, La, de, maison, est

   → _____

   ③ table, sur, cadeau, la, Le, est

   → _____

   ④ est, magasins, L', derrière, hôtel, les

   → _____

   ⑤ Portugal, pas, habite, Je, n', au

   → _____

   ⑥ Canada, travaille, Il, au

   → _____

La grammaire

- entre ~ et ~   ~와 ~ 사이

> La Corée est entre la Chine et le Japon. 한국은 중국과 일본 사이에 있다.
> Le magasin est entre le restaurant et le café ? 가게는 레스토랑과 커피숍 사이에 있습니까?
> ➡ Oui, le magasin est entre le restaurant et le café. 네. 가게는 레스토랑과 커피숍 사이에 있습니다.
> ➡ Non, le magasin n'est pas entre le restaurant et le café. 아니요. 가게는 레스토랑과 커피숍 사이에 있지 않습니다.

4 그밖의 다른 전치사

- avec   ~와 함께

> J'habite avec les parents. 나는 부모님과 함께 산다.   Pierre dîne avec Sophie. 피에르는 소피와 저녁 식사를 한다.
> Est-ce que tu vas au cinéma avec Lorie ? 너는 로리와 영화관에 가니?
> ➡ Oui, je vais au cinéma avec Lorie. 응. 나는 로리와 영화관에 가.
> ➡ Non, je ne vais pas au cinéma avec Lorie 아니. 나는 로리와 영화관에 가지 않아.

- au, en, aux + 국가명 ~나라에서

남성 국가명 앞에는 au를 씁니다.

> Je vais au Japon. 나는 일본에 간다.   Il travaille au Canada. 그는 캐나다에서 공부한다.
> Est-ce que vous habitez au Portugal ? 당신은 포르투갈에서 사세요?
> ➡ Oui, j'habite au Portugal. 예. 포르투갈에 삽니다.
> ➡ Non, je n'habite pas au Portugal 아니오. 포르투갈에 살지 않습니다.

여성 국가명 앞에는 en을 씁니다.

> Elle va en Corée. 그녀는 한국에 간다.   Elles sont en Angleterre. 그녀들은 영국에 있다.
> Est-ce que Antoine habite en Italie ? 앙투안은 이탈리아에 삽니까?
> ➡ Oui, il habite en Italie. 네. 그는 이탈리아에서 삽니다.
> ➡ Non, il n'habite pas en Italie. 아니요. 그는 이탈리아에서 살지 않습니다.

복수인 국가명 앞에는 aux 를 씁니다.

> Nous allons aux Etats-Unis. 우리는 미국으로 간다.   Ils habitent aux Philippines. 그들은 필리핀에 산다.
> Est-ce qu'ils sont aux Etats-Unis ? 그들은 미국에 있습니까?
> ➡ Oui, ils sont aux Etats-Unis 네. 그들은 미국에 있습니다.
> ➡ Non, ils ne sont pas aux Etats-Unis 아니요. 그들은 미국에 있지 않습니다.

Leçon 8 문법편 — 전치사

3 장소를 나타내는 전치사

- **dans ~** ~안에

  Il entre dans la maison. 그는 집 안에 들어간다.
  Le livre du professeur est dans la classe. 선생님의 책은 교실 안에 있다.
  La clé de la voiture est dans la voiture ? 자동차 열쇠는 자동차 안에 있습니까?
  ➡ Oui, elle est dans la voiture. 네, 그것은 자동차 안에 있습니다.
  ➡ Non, elle n'est pas dans la voiture. 아니요, 그것은 자동차 안에 있지 않습니다.

- **sur ~** ~위에

  Le cadeau est sur la chaise. 선물이 의자 위에 있다.   Elle est sur le canapé. 그녀는 소파 위에 있다.
  Est-ce qu'il y a un stylo sur la table ? 테이블 위에 볼펜이 있습니까?
  ➡ Oui, il y a un stylo sur la table. 네, 테이블 위에 볼펜이 있습니다.
  ➡ Non, il n'y a pas de stylo sur la table. 아니요, 테이블 위에 볼펜이 없습니다.

- **sous ~** ~아래

  Le cahier est sous le livre. 공책은 책 아래 있다.
  Le téléphone est sous la télévision. 전화기는 TV 아래에 있다.
  Sont-ils sous le soleil ? 그들은 태양 아래 있습니까?
  ➡ Oui, ils sont sous le soleil. 네, 그들은 태양 아래 있습니다.
  ➡ Non, ils ne sont pas sous le soleil. 아니요, 그들은 태양 아래 있지 않습니다.

- **devant ~** ~앞에

  La voiture est devant le parc. 차는 공원 앞에 있다.
  L'appartement est devant l'université. 아파트는 대학교 앞에 있다.
  Etes-vous devant le tableau ? 당신은 그림 앞에 있습니까?
  ➡ Oui, je suis devant le tableau. 네, 저는 그림 앞에 있습니다.
  ➡ Non, je ne suis pas devant le tableau. 아니요, 저는 그림 앞에 있지 않습니다.

- **derrière ~** ~뒤에

  Les magasins sont derrière l'hôtel. 가게들은 호텔 뒤에 있다.
  Je suis derrière le musée. 나는 박물관 뒤에 있다.
  Y a-t-il des enfants derrière la voiture ? 차 뒤에 아이들이 있습니까?
  ➡ Oui, il y a des enfants derrière la voiture. 네, 차 뒤에 아이들이 있습니다.
  ➡ Non, il n'y a pas d'enfants derrière la voiture. 아니요, 차 뒤에 아이들이 있지 않습니다.

2 축약관사

전치사 à 또는 de 바로 뒤에 정관사가 오는 경우에는 축약관사로 만들어야 합니다.

• à + 정관사

남성 단수	여성 단수	남성 / 여성 복수	모음 단수 앞
au	à la	aux	à l'

à 뒤에 le가 오는 경우 au라고 축약합니다.
Je vais à le cinéma. (X) ➡ Je vais au cinéma. (O) 나는 영화관에 간다.
Vous allez au château ? 당신은 성에 가십니까?

à 뒤에 la가 오는 경우는 축약하지 않고 à la라고 합니다.
Je vais à la maison. (O) 나는 집에 간다.
Je suis à la piscine. 나는 수영장에 있다.

à 뒤에 les가 오는 경우 aux라고 축약합니다.
Je vais à les champs. (X) ➡ Je vais aux champs. (O) 나는 시골에 간다.
Je suis aux Etats-Unis. 나는 미국에 있다.

모음으로 시작하는 단어나 무음 h 앞에는 au나 à la 대신 à l'을 씁니다.
Je suis à l'école. 나는 학교에 있다.   Vous allez à l'hôpital ? 당신은 병원에 가십니까?

• de + 정관사

남성 단수	여성 단수	남성 / 여성 복수	모음 단수 앞
du	de la	des	de l'

de 뒤에 le가 오는 경우 du라고 축약합니다.
Je viens de le théâtre. (X) ➡ Je viens du théâtre. (O) 나는 극장에서 왔다.
C'est la voiture du professeur ? 이것이 선생님의 자동차입니까?

de 뒤에 la가 오는 경우는 축약하지 않고 de la라고 합니다.
Je viens de la maison. (O) 나는 집에서 온다.
La voiture de la mère est géniale. 어머니의 자동차는 아주 좋다.

de 뒤에 les가 오는 경우 des라고 축약합니다. 부정관사 des와는 구별해야 합니다.
Je viens de les Etats-Unis. (X) ➡ Je viens des Etats-Unis. (O) 나는 미국에서 왔다.
Les voitures des étudiants sont petites. 학생들의 차들은 작다.

모음으로 시작하는 단어나 무음 h 앞에는 du나 de la 대신 de l'을 씁니다.
Je viens de l'école. 나는 학교에서 온다.
C'est le livre de l'étudiant ? 이것이 그 학생의 책입니까?

Leçon 8 전치사

1. 전치사 à / de

• **à** : 프랑스어의 대표적인 전치사 중의 하나로 크게 3가지 유형으로 쓰입니다.

① 장소

être à ~ : ~에 있다   Je suis à Séoul. 나는 서울에 있다.   Vous êtes à Paris ? 파리에 계세요?
habiter à ~ : ~에 산다   J'habite à Tokyo. 나는 도쿄에서 산다.   Vous habitez à New York ? 뉴욕에서 사세요?
aller à ~ : ~에 간다   Je vais à Pékin. 나는 베이징으로 간다.   Vous allez à Londres ? 런던에 가세요?
partir à ~ : ~로 떠난다   Je pars à Madrid. 나는 마드리드로 떠난다.

② 시간

Je pars à 10 heures. 나는 10시에 떠난다.   Vous déjeunez à midi ? 정오에 점심을 드십니까?

③ ~ 에게

parler à ~ : ~ 에게 말하다
Je parle à Marc. 나는 마크에게 말한다.
Vous parlez à Lisa ? 당신은 리자에게 말합니까?

• **de** : de 역시 대표적인 전치사 중 하나로 다양한 용도로 쓰입니다.

① 근원지

être de ~ : ~ 출신이다   Je suis de Pékin. 베이징 출신이다.   Vous êtes de Londres ? 런던 출신이십니까?
venir de ~ : ~에서 왔다   Je viens de Séoul. 서울에서 왔다.   Vous venez de Paris ? 파리에서 오셨습니까?
arriver de ~ : ~에 도착하다   J'arrive de Tokyo. 도쿄에 도착한다.   Vous arrivez de Paris ? 파리에 도착하십니까?
partir de ~ : ~서 떠나다   Je pars de Rome. 나는 로마에서 출발한다.

② 소유

C'est la voiture de Marc. 이것은 마크의 자동차입니다.
La maison de Lisa est très belle ? 리자의 집은 아름답습니까?

③ ~ 에 대해

parler de ~ : ~ 에 대해 말하다
Vous parlez de Chris ? 당신은 크리스에 대해 말합니까?   Je parle de Paris. 파리에 대해 말한다.

⑥ (je) Pourquoi je veux partir ?   (nous) _____

(tu) _____   (vous) _____

(il) _____   (ils) _____

(elle) _____   (elles) _____

2. 다음 대답에 알맞은 질문을 만들어 보세요.

① *Qui est-ce ?* _____ — C'est Pierre.

② _____ ? — C'est une voiture.

③ _____ ? — Le cinéma est loin de la maison.

④ _____ ? — Je pars demain.

⑤ _____ ? — Je vais bien. Merci.

⑥ _____ ? — Je m'appelle Sophie.

⑦ _____ ? — La maison est blanche et très belle.

⑧ _____ ? — J'habite à Séoul parce que je travaille à Séoul.

⑨ _____ ? — Ça coûte 30 euros.

⑩ _____ ? — Je prends le sac noir.

⑪ _____ ? — Je préfère la voiture rouge.

⑫ _____ ? — Oui, il y a beaucoup de voitures.

⑬ _____ ? — Non, je n'habite pas loin de l'école.

⑭ _____ ? — Je vais à Londres.

⑮ _____ ? — Je veux partir dimanche.

⑯ _____ ? — Le voyage coûte 300 euros.

⑰ _____ ? — Je prends le train parce que je préfère le train.

⑱ _____ ? — C'est un très bon ami.

연습문제

1. 다음의 문장들을 모든 인칭으로 만들어 보세요.

① (je) Qu'est-ce que j'aime ?　　　　　(nous) _____

　(tu) *Qu'est-ce que tu aimes ?*　　　　(vous) _____

　(il) _____　　　　(ils) _____

　(elle) _____　　　　(elles) _____

② (je) Qu'est-ce que je fais ?　　　　　(nous) _____

　(tu) _____　　　　(vous) _____

　(il) _____　　　　(ils) _____

　(elle) _____　　　　(elles) _____

③ (je) Qui suis-je ?　　　　　　　　　(nous) _____

　(tu) _____　　　　(vous) _____

　(il) _____　　　　(ils) _____

　(elle) _____　　　　(elles) _____

④ (je) Quand est-ce que je viens ?　　　(nous) _____

　(tu) _____　　　　(vous) _____

　(il) _____　　　　(ils) _____

　(elle) _____　　　　(elles) _____

⑤ (je) Où vais-je ?　　　　　　　　　(nous) _____

　(tu) _____　　　　(vous) _____

　(il) _____　　　　(ils) _____

　(elle) _____　　　　(elles) _____

3 의문형용사

quel은 '어떤, 무슨, 어느, 무엇'이라는 뜻인데 항상 명사와 함께 쓰이며 그 명사의 성과 수에 일치 시켜야 합니다.

	남성	여성
단수	quel	quelle
복수	quels	quelles

être 동사를 이용해서 질문할 때는 다음과 같습니다.

Quel est le sac de julie ? 줄리의 가방이 무엇입니까? = 어떤 가방이 줄리의 가방입니까?   — 남성형 단수
Quelle est la voiture ? 그 자동차는 무엇입니까? = 어떤 자동차가 그 자동차입니까?   — 여성형 단수
Quels sont les livres ? 그 책들은 무엇입니까? = 어떤 책들이 그 책들입니까?   — 남성형 복수
Quelles sont les pommes ? 그 사과들이 무엇입니까? = 어떤 사과들이 그 사과들입니까?   — 여성형 복수

être 동사가 아닌 동사를 이용할 때는 quel 뒤에 무관사 명사가 바로 옵니다.

Quel sac prends-tu ? = Tu prends quel sac ? 어떤 가방으로 선택할래?
Quelle voiture préférez-vous ? = Vous préférez quelle voiture ? 어떤 차를 선호하십니까?
Quels livres veut-elle ? = Elle veut quels livres ? 그녀는 어떤 책을 원해요?
Quelles pommes mangez-vous ? = Vous mangez quelles pommes ? 어떤 사과를 드세요?

4 수량부사와 장소부사

수량부사 뒤에는 무관사 명사가 오며 셀 수 없는 명사가 아니면 복수로 놓습니다.

Il y a beaucoup de voitures. 많은 자동차들이 있다.
Il y a trop de voitures. 너무 많은 자동차들이 있다.
Il y a un peu de voitures. 약간의 자동차들이 있다.

장소부사 뒤에는 관사를 포함한 명사가 옵니다.

J'habite loin de l'école. 나는 학교에서 멀리 산다.
Le cinéma est près de la maison. 영화관은 집 근처에 있다.
Le livre est à côté de la table. 책은 테이블 옆에 있다.
Le château est en face de la maison de Pierre. 성은 피에르의 집 맞은편에 있다.

Leçon 7 문법편 : 의문사

• **comment** 어떻게

'의문사 + 동사 + 주어' 의 어순

Comment est la maison ? 그 집은 어떻습니까?
Comment va-t-elle ? 그녀는 어떻게 지내고 있습니까?
Comment allez-vous ? 어떻게 지내십니까?
Comment t'appelles-tu ? 너의 이름은 뭐니?

'주어 + 동사 + 의문사' 의 어순

La maison est comment ? 그 집은 어떻습니까?
Vous vous appelez comment ? 당신의 이름은 무엇입니까?
Les voitures sont comment ? 그 차들은 어떻습니까?
Tu t'appelles comment ? 너의 이름은 뭐니?

• **pourquoi** 왜

pourquoi를 이용한 질문은 '의문사 + 동사 + 주어' 의 어순으로 쓰이며, 말할 때는 '의문사 + 주어 + 동사' 의 어순으로도 자주 씁니다.

Pourquoi aimez-vous la musique ? 왜 음악을 좋아하십니까?
Pourquoi habitez-vous à Séoul ? 왜 서울에 사십니까?
Pourquoi regardes-tu la télévision ? 너는 왜 TV를 보니?
Pourquoi vous aimez la musique ? 왜 음악을 좋아하십니까?
Pourquoi tu regardes la télévision ? 너는 왜 TV를 보니?

pourquoi ~ 라고 질문하면 parce que ~ 라고 대답합니다.

Pouquoi tu ne manges pas ? 왜 먹지 않니?
➜ Je ne mange pas parce que je suis malade. 아프기 때문에 먹지 않아요.
Pourquoi tu habites à Paris ? 왜 파리에서 사니?
➜ J'habite à Paris parce que je travaille à Paris et j'aime Paris. 파리에서 일하고 파리가 좋기 때문이야.

• **combien** 얼마나

가격을 말할 때는 coûter(가격이 나가다) 동사 또는 faire 동사와 함께 쓰입니다.

Combien coûte le sac ? 이 가방 얼마입니까?
Combien coûtent les voitures ? 자동차들은 얼마입니까?
Elle coûte combien ? 이것은 얼마입니까?
Combien ça coûte ? 이것은 얼마입니까?
Combien ça fait ? 합해서 얼마입니까?
Le stylo coûte combien ? 이 볼펜은 얼마입니까?
Combien coûte-t-il ? 이것은 얼마입니까?
Combien coûtent-elles ? 이것들은 얼마입니까?
Ils coûtent combien ? 이것들은 얼마입니까?
Ça coûte combien ? 이것은 얼마입니까?
Ça fait combien ? 합해서 얼마입니까?
C'est combien ? 이것은 얼마입니까?

2 의문부사

- **où** 어디

'의문사 + 동사 + 주어' 의 어순

Où es-tu ? 너는 어디 있니?
Où est-il ? 그는 어디 있습니까?
Où va-t-il ? 그는 어디로 갑니까?

Où êtes-vous ? 당신은 어디 계십니까?
Où vas-tu ? 너는 어디로 가니?
Où vont-ils ? 그들은 어디로 갑니까?

'의문사 + est-ce que + 주어 + 동사' 의 어순

Où est-ce que tu es ? 너는 어디 있니?
Où est-ce qu'ils sont ? 그들은 어디 있습니까?
Où est-ce que vous allez ? 당신은 어디로 가십니까?

Où est-ce que vous êtes ? 당신은 어디 계십니까?
Où est-ce que tu vas ? 너는 어디로 가니?
Où est-ce qu'il va ? 그는 어디로 갑니까?

'주어 + 동사 + 의문사' 의 어순

Tu es où ? 너는 어디 있니?
Il est où ? 그는 어디 있습니까?
Tu vas où ? 너는 어디로 가니?
Il va où ? 그는 어디로 갑니까?

Vous êtes où ? 당신은 어디 계십니까?
Ils sont où ? 그들은 어디 있습니까?
Vous allez où ? 당신은 어디로 가십니까?
Ils vont où ? 그들은 어디로 갑니까?

- **quand** 언제

'의문사 + 동사 + 주어' 의 어순

Quand arrives-tu ? 너는 언제 도착하니?
Quand partez-vous ? 당신은 언제 떠나십니까?
Quand voulez-vous venir ? 언제 오고 싶으세요?

Quand arrive-t-elle ? 그녀는 언제 도착합니까?
Quand pars-tu à Paris ? 너는 언제 파리로 떠나니?
Quand veut-il venir ? 그는 언제 오고 싶어합니까?

'의문사 + est-ce que + 주어 + 동사' 의 어순

Quand est-ce que tu arrives ? 너는 언제 도착하니?
Quand est-ce qu'elle arrive ? 그녀는 언제 도착합니까?
Quand est-ce que vous partez ? 당신은 언제 떠나십니까?
Quand est-ce qu'il veut venir ? 그는 언제 오고 싶어합니까?

'주어 + 동사 + 의문사' 의 어순

Tu arrives quand ? 언제 도착하니?
Tu pars quand à Paris ? 너는 언제 파리로 떠나니?

Vous partez quand ? 당신은 언제 떠나십니까?
Il veut venir quand ? 그는 언제 오고 싶어합니까?

Leçon 7 문법편 의문사

1 의문대명사

• **qui** 누구

'주어 + 동사 + 의문사' 의 어순으로 의문사를 이용한 의문문을 만들 수 있습니다.
하지만 문법적으로 정확하게 하려면 의문사를 문장의 앞에 두고 주어와 동사를 도치시켜야 합니다.

Vous êtes qui ? 당신은 누구입니까?
Qui suis-je ? 나는 누구인가?   Qui sommes-nous ? 우리는 누구입니까?
Qui es-tu ? 너는 누구니?   Qui êtes-vous ? 당신은 누구입니까?
Qui est-il ? 그 사람은 누구야?   Qui sont-ils ? 그들은 누구입니까?
Qui est Noémie ? 노에미가 누구입니까?   Qui sont Natalie et Isablle ? 나탈리와 이자벨은 누구입니까?

qui가 주어로 쓰일 수도 있습니다.

Qui va à la maison ? 누가 집에 갑니까?   Qui veut partir à Paris ? 누가 파리로 떠나기를 원합니까?
Qui aime la musique ? 누가 음악을 좋아합니까? Qui veut manger un gâteau ? 누가 케이크를 먹길 원합니까?

• **que** 무엇

'의문사 + 동사 + 주어' 의 어순으로 문장을 만듭니다.

Que fais-tu ? 너는 무엇을 하니?   Que voulez-vous ? 무엇을 원하세요?
Que désirez-vous ? 무엇을 바라시나요?   Qu'écoutent-ils ? 그들은 무엇을 듣고 있습니까?

'의문사 + est-ce que + 주어 + 동사' 의 어순으로 질문할 수도 있습니다. 이 때 que와 est-ce que는 모음축약이 되어 qu'est-ce que가 됩니다.

Qu'est-ce que tu fais ? 너는 무엇을 하니?
Qu'est-ce que vous voulez ? 무엇을 원하세요?
Qu'est-ce que vous désirez ? 무엇을 바라시나요?
Qu'est-ce qu'ils écoutent ? 그들은 무엇을 듣고 있습니까?

그 밖에 qu'est-ce que를 이용해서 많은 질문을 합니다.

Qu'est-ce que c'est ? 이것이 무엇입니까?   Qu'est-ce qu'il y a ? 그곳에 무엇이 있습니까?
Qu'est-ce que tu aimes ? 너는 무엇을 좋아하니?   Qu'est-ce qu'il préfère ? 그는 무엇을 선호합니까?
Qu'est-ce qu'elle prend ? 그녀는 무엇을 선택합니까? Qu'est-ce qu'on fait ? 우리는 무엇을 하나요?
Qu'est-ce que vous faites ? 당신은 무엇을 하십니까?

Leçon 6

3. 다음 우리말을 프랑스어로 써 보세요.

① 나는 커피를 마신다. → *Je prends un café.*
② 나는 커피 마시는 것을 좋아한다. → *J'aime prendre un café.* (aimer)
③ 나는 커피를 마시고 싶다. → Je _____ prendre un café. (vouloir)
④ 나는 커피를 마실 수 있다. → Je _____ prendre un café. (pouvoir)
⑤ 나는 커피를 마셔야 한다. → Je _____ prendre un café. (devoir)

⑥ 그녀는 프랑스어를 한다. → _____
⑦ 그녀는 프랑스어 하는 것을 좋아한다. → _____
⑧ 그녀는 프랑스어 하기를 원한다. → _____
⑨ 그녀는 프랑스어를 할 수 있다. → _____
⑩ 그녀는 프랑스어를 해야 한다. → _____

⑪ 당신은 파리에 갑니까? → _____
⑫ 당신은 파리에 가는 것을 좋아하십니까? → _____
⑬ 당신은 파리에 가기를 원하십니까? → _____
⑭ 당신은 파리에 갈 수 있습니까? → _____
⑮ 당신은 파리에 가야 합니까? → _____

⑯ 우리는 TV를 보지 않습니다. → _____
⑰ 우리는 TV를 보는 것을 좋아하지 않습니다. → _____
⑱ 우리는 TV를 보는 것을 원하지 않습니다. → _____
⑲ 우리는 TV를 볼 수 없습니다. → _____
⑳ 우리는 TV를 보지 말아야 합니다. → _____

㉑ 당신은 바다에 가십니까? → _____
㉒ 당신은 라디오 듣는 것을 좋아하십니까? → _____
㉓ 그는 학교에 가는 것을 좋아하지 않습니다. → _____
㉔ 모르겠습니다. → _____
㉕ 할 수 있습니다. → _____

연습문제

1. 다음 동사의 현재 변화형을 써 보세요.

① aller

je	*vais*	nous	
tu		vous	
il / elle		ils / elles	

② venir

je		nous	
tu		vous	
il / elle		ils / elles	

③ prendre

je		nous	
tu		vous	
il / elle		ils / elles	

④ connaître

je		nous	
tu		vous	
il / elle		ils / elles	

2. 다음 질문에 답해 보세요.

① Vous allez à la maison ?   – *Non, je ne vais pas à la maison.*

② Vous allez bien ?   – Oui, _____

③ Il ne va pas à l'école ?   – Si, _____

④ Tu viens de Séoul ?   – Oui, _____

⑤ Vous prenez le bus ?   – Oui, _____

⑥ Est-ce que vous faites la cuisine à la maison ?
   – Non, _____

La grammaire

다음과 같은 짧고 간단한 표현들도 있습니다.

J'aime. 좋아해요.
Je veux. 원합니다.
Je sais. 난 알아요.
Je peux. 난 할 수 있다.

Je n'aime pas. 좋아하지 않는다.
Je ne veux pas. 원하지 않는다.
Je ne sais pas. 몰라요.
Je ne peux pas. 난 할 수 없다.

4 부사

형용사는 명사를 보충해 주는 역할을 하지만 부사는 동사를 보충해 주는 역할을 합니다. 부사는 성과 수에 일치시키지 않습니다.

먼저 être 동사를 이용한 형용사를 살펴보면 형용사를 이용해서 소년이 어떤지 알 수 있습니다. 즉 형용사는 명사를 보충해 줍니다.

C'est un garçon. 한 소년이다.
C'est un grand garçon. 큰 소년이다. ➡ Le garçon est grand. 그 소년은 크다.

être 동사가 아닌 다른 동사로 문장이 만들어졌다면 부사입니다. 부사를 이용하면 소년이 어떻게 먹는지 알 수 있습니다. 즉, 부사는 동사를 보충해 줍니다.

Le garçon mange. 그 소년은 먹는다.
Le garçon mange vite. 그 소년은 빨리 먹는다.   Le garçon mange lentement. 그 소년은 천천히 먹는다.

부사를 이용해서 소녀가 어떻게 말하는지 알 수 있습니다.

La fille parle. 그 소녀는 말한다.
La fille parle bien. 그 소녀는 말을 잘한다.   La fille parle mal. 그 소녀는 말을 잘 못한다.

대표적인 부사로는 beaucoup, bien, mal, trop 등이 있습니다.

J'aime beaucoup. 많이 좋아합니다.
Je vais bien. 나는 잘 지냅니다.
Je vais mal. 난 잘 못 지내요.
Je mange trop. 난 너무 먹어.

Vous mangez beaucoup. 당신은 많이 드시는군요.
Vous parlez bien français. 프랑스어를 잘하시네요.
Vous mangez mal. 당신은 잘못 드시네요.
Vous regardez trop la télévision. 당신은 TV를 너무 봐요.

vraiment이나 très는 형용사 또는 다른 부사를 수식하는 역할을 하는 부사입니다.

Il est vraiment joli. 이것은 진짜 예쁘다.
Le garçon est très grand. 소년은 매우 크다.

Je mange vraiment trop. 난 진짜 많이 먹어.
La fille parle très bien. 소녀는 말을 매우 잘한다.

Leçon 6 문법편 : 3군 동사

3 조동사

aimer 동사와 vouloir 동사는 조동사로도 쓰입니다. 그 밖에 조동사로는 pouvoir, devoir, savoir 등이 있습니다. 조동사 뒤에는 항상 동사원형이 옵니다.

aimer 동사가 조동사로 쓰이면 '~ 하는 것을 좋아한다'라는 의미입니다.

> J'aime regarder la télévision. 나는 TV 보는 것을 좋아한다.
> Il aime parler français. 그는 프랑스어를 하는 것을 좋아한다.
> Elles n'aiment pas aller à l'école. 그녀들은 학교에 가는 것을 좋아하지 않는다.

vouloir 동사가 조동사로 쓰이면 '~ 하기를 원한다'라는 의미입니다.

> Je veux regarder la télévision. 나는 TV를 보고 싶다.
> Vous voulez écouter la radio ? 당신은 라디오를 듣고 싶으세요?
> Elles ne veulent pas aller à l'école. 그녀들은 학교에 가길 원하지 않는다.

- pouvoir 할 수 있다

je	peux	nous	pouvons
tu	peux	vous	pouvez
il / elle	peut	ils / elles	peuvent

Vous pouvez parler français ? 당신은 프랑스어를 할 수 있습니까?
Je ne peux pas aller à l'école. 나는 학교에 갈 수 없다.

- devoir ~ 해야 한다

je	dois	nous	devons
tu	dois	vous	devez
il / elle	doit	ils / elles	doivent

Je dois partir. 나는 떠나야 한다.
Vous ne devez pas prendre la voiture. 당신은 자동차를 타지 말아야 합니다.

- savoir 알다

je	sais	nous	savons
tu	sais	vous	savez
il / elle	sait	ils / elles	savent

Est-ce que tu sais faire la cuisine ? 요리를 할 줄 아니?
Nous ne savons pas nager. 우리는 수영할 줄 모른다.

savoir 동사는 '능력이나 지식을 안다' 라는 의미이며 뒤에 동사원형이 올 수 있습니다.
connaître 동사는 보통 '장소나 사람을 안다' 라는 의미이며 뒤에 명사가 올 수 있습니다.

La grammaire

2 주요 3군 동사

- **prendre** 잡다, 먹다, 타다

je	prends	nous	prenons
tu	prends	vous	prenez
il / elle	prend	ils / elles	prennent

Je prends un stylo. 나는 볼펜 하나를 잡는다.
Il prend la voiture. 그는 자동차를 탄다.
Vous prenez le sac ? 이 가방을 선택하시겠습니까?
Ils prennent un sandwich. 그들은 샌드위치를 먹는다.

- **faire** 하다

je	fais	nous	faisons
tu	fais	vous	faites
il / elle	fait	ils / elles	font

Je fais le devoir. 나는 숙제를 한다.
Est-ce que vous faites la cuisine ? 요리를 하십니까?

- **vouloir** 원하다

je	veux	nous	voulons
tu	veux	vous	voulez
il / elle	veut	ils / elles	veulent

Je veux un café. 나는 커피 한 잔을 원한다.
Nous voulons une jolie maison. 우리는 예쁜 집을 원한다.

- **partir** 떠나다

je	pars	nous	partons
tu	pars	vous	partez
il / elle	part	ils / elles	partent

Je pars à l'école. 나는 학교로 떠난다.
Elle part de la maison. 그녀는 집에서 떠난다.

★ partir 동사 다음에 전치사 à가 오면 '어디로 떠나다', de가 오면 '어디서 떠나다' 가 됩니다.

- **connaître** 알다

je	connais	nous	connaissons
tu	connais	vous	connaissez
il / elle	connaît	ils / elles	connaissent

Je connais Michel. 나는 미셸을 안다.
Vous connaissez le restaurant ? 이 레스토랑을 아십니까?

Leçon 6 문법편 — 3군 동사

1군 동사와 2군 동사를 제외한 모든 동사들은 3군 동사입니다.

1 aller / venir

aller 동사는 er로 끝나지만 1군 동사가 아닌 유일한 예외적인 경우입니다.
1군 동사가 아닌 3군 동사이기 때문에 불규칙하게 변화합니다.

• **aller** 가다

je	vais	nous	allons
tu	vas	vous	allez
il / elle	va	ils / elles	vont

Je vais à l'école. 나는 학교에 간다.
Il ne va pas à l'école. 그는 학교에 가지 않는다.
Vous allez à la maison ? 당신은 집에 가십니까?
Nous allons à la mer. 우리는 바다로 간다.

★ '어디로 가다'라고 할 때는 aller 동사 다음에 전치사 à를 넣어줍니다.

aller 동사는 '가다'라는 의미 외에 안부를 물을 때도 사용합니다.
부사 bien을 이용해서 '잘'이라는 표현을 할 수 있습니다.

> Tu vas bien ? 너는 잘 가고 있니? = 잘 지내?
> Il va bien ? 그는 잘 가고 있어? = 그는 잘 지내?
> Elle ne va pas bien. 그녀는 잘 지내고 있지 않아.
> Je vais bien. 나는 잘 가고 있어. = 잘 지내.
> Ça va. 그것 잘 가고 있어. = 잘 지내. 잘 돼가.
> Vous allez bien ? 당신은 잘 지내고 계세요?

• **venir** 오다

je	viens	nous	venons
tu	viens	vous	venez
il / elle	vient	ils / elles	viennent

Je viens de Séoul. 나는 서울에서 왔다.
Vous venez ? 오시겠습니까?
Elle vient de l'école. 그녀는 학교에서 온다.
Ils viennent de Paris. 그들은 파리에서 왔다.

venir 동사 또한 ir로 끝나지만 2군 동사가 아니라 3군 동사입니다.
ir로 끝나는 동사는 사실 3군 동사가 많습니다.
★ '어디에서 오다'라고 할 때는 venir 동사 다음에 전치사 de를 넣어줍니다.

2. 괄호 안의 동사를 이용해서 빈칸을 채워 보세요.

① Est-ce que vous aimez le cinéma ? Oui, j'_____ le cinéma. (aimer)

② Pierre _____ la télévision et Sophie _____ la radio. (regarder / écouter)

③ Tu _____ japonais ? Non, je ne _____ pas japonais. (parler / parler)

④ Nous _____ à Séoul. Et vous, vous _____ à Paris. (habiter / habiter)

⑤ Il _____ à la maison et il _____ . (rentrer / déjeuner)

⑥ Vous _____ la voiture ou le vélo ? Je _____ la voiture. (préférer / préférer)

⑦ Vous _____ Anne ? Oui, je _____ Anne. (s'appeler / s'appeler)

⑧ Elle _____ ? Non, elle _____ (se reposer / travailler)

3. 다음 사람을 3인칭으로 바꾸어서 소개해 보세요.

① Je m'appelle Jean. Je suis français. Je suis étudiant. J'habite à Paris. Je parle français et anglais. J'aime la musique et le cinéma.

→ *Il s'appelle Jean. Il est français.* _____

② Je m'appelle Marie. Je suis américaine. Je suis étudiante. J'habite à New York. Je parle anglais, français et coréen. J'aime le sport.

→ *Elle s'appelle Marie.* _____

③ Je m'appelle Ludovic. Je suis belge. Je suis professeur. J'habite à Séoul. Je parle français, japonais et espagnol. J'aime la cuisine et la lecture.

→ _____

④ Je m'appelle Claire. Je suis française et je suis actrice. J'habite à Lyon. Je parle français et italien. J'aime le cinéma et le sport.

→ _____

1. 다음 동사의 현재 변화형을 써 보세요.

① parler

je	*parle*	nous	
tu		vous	
il / elle		ils / elles	

② aimer

j'	*aime*	nous	
tu		vous	
il / elle		ils / elles	

③ habiter

j'	*habite*	nous	
tu		vous	
il / elle		ils / elles	

④ commencer

je	*commence*	nous	
tu		vous	
il / elle		ils / elles	

⑤ manger

je	*mange*	nous	
tu		vous	
il / elle		ils / elles	

⑥ s'appeler

je	*m'appelle*	nous	
tu		vous	
il / elle		ils / elles	

3 대명 동사

대명 동사는 동사의 앞에 재귀대명사 se가 붙어 '자기 자신을 ~하다'라는 의미를 갖습니다. 이때 재귀대명사는 주어의 인칭과 수에 따라 변합니다.

reposer 쉬게 하다 se reposer 쉬다(자기 자신을 쉬게 하다)
appeler 부르다 s'appeler 자기 자신을 부르다
lever 일으키다 se lever 일어나다(자기 자신을 일으키다)
promener 산책하게 하다 se promener 산책하다(자기 자신을 산책하게 하다)
présenter 소개하다 se présenter 자기 자신을 소개하다

- se reposer 쉬다

주어	재귀대명사	동사	주어	재귀대명사	동사
je	me	repose	nous	nous	reposons
tu	te	reposes	vous	vous	reposez
il / elle	se	repose	ils / elles	se	reposent

Je me repose. 나는 쉬고 있다.   Vous vous reposez ? 당신은 쉬고 있습니까?

- s'appeler 자신을 부르다

주어	재귀대명사	동사	주어	재귀대명사	동사
je	m'	appelle	nous	nous	appelons
tu	t'	appelles	vous	vous	appelez
il / elle	s'	appelle	ils / elles	s'	appellent

Je m'appelle Natalie. 내 이름은 나탈리입니다.(나는 나를 나탈리라고 부릅니다.)

4 2군 동사

2군 동사는 ir로 끝나는 동사로 1군 동사에 비해 드물지만 규칙 동사이기 때문에 알아두면 편합니다. 현재 변화시 동사원형에서 ir 대신 주어에 따른 동사 어미 is, is, it, issons, issez, issent를 붙이며, 주요 2군 동사로는 choisir(선택하다), grossir(살찌다), maigrir(살을 빼다) 등이 있습니다.

- finir 끝내다

je	finis	nous	finissons
tu	finis	vous	finissez
il / elle	finit	ils / elles	finissent

Je finis l'école. 나는 학교를 마친다.   Vous finissez le devoir. 당신은 과제를 마칩니다.

Leçon 5 문법편 - 1군 동사와 2군 동사

• **manger** 먹다

1인칭 복수 nous에서만 발음상 g를 ge로 바꿔야 합니다. 바꾸지 않고 mangons으로 읽으면 '멍종'이 아닌 '멍공'으로 발음되기 때문입니다. (go=고 / geo=조)

Je mang**e** une pomme. 나는 사과를 먹는다.   Nous mang**eons** une pomme. 우리는 사과를 먹는다.

• **essayer** 시도하다

je, tu, il, ils에서만 y을 i로 바꿔 줍니다. 동일하게 변화하는 동사로는 payer(지불하다), appuyer(누르다)가 있습니다.

je	essaie	nous	essayons
tu	essaies	vous	essayez
il / elle	essaie	ils / elles	essaient

J'essai**e**. 나는 시도해 본다.   Nous essa**y**ons la voiture. 우리는 자동차를 타 본다.

• **préférer** 선호하다

je, tu, il, ils에서만 é를 è로 바꿔 줍니다. 동일하게 변화되는 동사로는 répéter(반복하다), acheter(구입하다)가 있습니다.

je	préfère	nous	préférons
tu	préfères	vous	préférez
il / elle	préfère	ils / elles	préfèrent

Je préf**è**re le voyage. 나는 여행이 더 좋다.   Vous préf**é**rez l'appartement ? 아파트를 선호하세요?

• **appeler** 부르다

je, tu, il, ils에서만 l을 ll로 바꿔 줍니다.

j'	appelle	nous	appelons
tu	appelles	vous	appelez
il / elle	appelle	ils / elles	appellent

J'appell**e** Natalie. 나는 나탈리를 부른다.   Nous appel**ons** le père. 우리는 아버지를 부른다.

La grammaire

- **habiter** 살다

j'	habit**e**	nous	habit**ons**
tu	habit**es**	vous	habit**ez**
il / elle	habit**e**	ils / elles	habit**ent**

J'habite à Séoul. 나는 서울에 산다.
Il habite à Busan. 그는 부산에 산다.
Vous habitez à Paris ? 당신은 파리에서 사십니까?
Tu habites à New York ? 너는 뉴욕에서 사니?

* habiter 동사를 이용해서 '어느 도시에 산다'라고 표현할 때는 도시 앞에 전치사 à를 넣습니다.

- **regarder** 보다

je	regard**e**	nous	regard**ons**
tu	regard**es**	vous	regard**ez**
il / elle	regard**e**	ils / elles	regard**ent**

Je regarde. 나는 본다.
Ils regardent la mer. 그들은 바다를 본다.
Je regarde la télévision. 나는 텔레비전을 본다.
Tu regardes la voiture ? 너는 저 자동차를 보고 있니?

〈주요 1군 동사〉

désirer 원하다	écouter 듣다	déjeuner 점심 식사하다	dîner 저녁 식사하다
jouer 놀다	passer 보내다	présenter 소개하다	arriver 도착하다
entrer 들어가다	rentrer 집으로 돌아가다	continuer 계속하다	visiter 방문하다
rester 남다	aider 도와주다	marcher 걷다	travailler 일하다, 공부하다

2 유의해야 할 1군 동사

- **commencer** 시작하다

1인칭 복수 nous에서만 발음상 c를 ç로 바꿔야 합니다. 바꾸지 않고 commencons으로 읽으면 '꼬멍쏭'이 아닌 '꼬멍꽁'으로 발음되기 때문입니다.(co=꼬 / ço=쏘)

Je commence le devoir. 나는 숙제를 시작한다.
Nous commençons le devoir. 우리는 숙제를 시작한다.

Leçon 5 문법편: 1군 동사와 2군 동사

프랑스어 동사는 1군 동사, 2군 동사, 3군 동사 이렇게 3가지 그룹으로 나누어집니다. 끝이 er로 끝나는 동사들은 1군 동사이고 ir로 끝나는 동사들은 2군 동사, 다른 모든 형태의 동사들은 3군 동사입니다. être 동사와 avoir 동사가 3군 동사에 해당되는데 변화가 매우 불규칙적입니다. 하지만 1군 동사와 2군 동사는 규칙적으로 변화하기 때문에 그 규칙만 알아두면 쉽게 이용할 수 있습니다.

1 1군 동사

er로 끝나는 1군 동사들의 변화는 모두 같습니다.
동사의 원형에서 er 대신 주어에 따른 1군 동사 어미를 붙여줍니다.
1군 동사 직설법 현재 시제의 어미는 다음과 같습니다.

je	~e	nous	~ons
tu	~es	vous	~ez
il / elle	~e	ils / elles	~ent

- **parler** 말하다

je	parle	nous	parlons
tu	parles	vous	parlez
il / elle	parle	ils / elles	parlent

Je parle. 나는 말한다.　　　　　　**Je parle coréen.** 나는 한국어를 한다.
Vous parlez. 당신은 말한다.　　　**Vous parlez français ?** 당신은 프랑스어를 하십니까?

* parler 동사 다음에 오는 언어에는 특별히 관사를 넣지 않습니다.

- **aimer** 좋아하다

j'	aime	nous	aimons
tu	aimes	vous	aimez
il / elle	aime	ils / elles	aiment

J'aime la musique. 나는 음악을 좋아한다.　　**Vous aimez le cinéma ?** 당신은 영화를 좋아하세요?
Tu aimes l'école ? 너는 학교를 좋아하니?　　　**Nous aimons la danse.** 우리는 춤을 좋아한다.

je 다음에 모음이나 h가 올 때 모음축약을 합니다.
je aime는 모음축약이 되어서 j'aime이라고 해야 합니다.

4. 다음 문장을 '주어 + être 동사 + 형용사'의 순서로 만들어 보세요.

① C'est un appartement cher. → *L'appartement est cher.*

② C'est une étudiante coréenne. → _____

③ Ce sont des voitures blanches. → _____

④ C'est une ville intéressante. → _____

⑤ Ce sont des amis français. → _____

⑥ C'est un film magnifique. → _____

⑦ C'est un grand appartement. → _____

⑧ Ce sont des livres intéressants. → _____

⑨ Ce sont des stylos bleus. → _____

⑩ Ce sont des voitures chères. → _____

⑪ C'est une belle femme. → _____

⑫ Ce sont de beaux garçons. → _____

5. 다음 질문에 oui 와 non 으로 답해 보세요.

① Est-ce que les exercices sont difficiles ? → *Oui, ils sont difficiles.*

→ *Non,* _____

② Ce sont des exercices faciles ? → Oui, _____

→ Non, _____

③ Vous avez des amis français ? → Oui, _____

→ Non, _____

④ Est-ce qu'il y a des étudiants coréens ? → Oui, _____

→ Non, _____

연습문제

1. 다음 우리말을 프랑스어로 써보세요.

① 초록색 공책 : *un cahier vert*   초록색 의자 : *une chaise verte*   초록색 공책들 : *des cahiers verts*

② 검정색 볼펜 : _____   검정색 자동차 : _____   검정색 자동차들 : _____

③ 파란색 가방 : _____   파란색 열쇠 : _____   파란색 가방들 : _____

④ 빨간색 책 : _____   빨간색 꽃 : _____   빨간색 꽃들 : _____

⑤ 회색 연필 : _____   회색 탁자 : _____   회색 연필들 : _____

⑥ 하얀색 전화기 : _____   하얀색 집 : _____   하얀색 집들 : _____

2. 빈칸에 알맞은 형용사의 남성형과 여성형, 단수형과 복수형을 써 보세요.

①
	남성	여성
단수	*intéressant*	
복수		

②
	남성	여성
단수		*française*
복수		

③
	남성	여성
단수		
복수		*magnifiques*

④
	남성	여성
단수		
복수	*chers*	

⑤
	남성	여성
단수	*neuf*	
복수		

⑥
	남성	여성
단수		*spéciale*
복수		

3. 괄호 안의 형용사를 성과 수에 알맞게 변화해 보세요.

① C'est une _____ ville. (grand)

② Ce n'est pas une _____ ville. (petit)

③ Les maisons sont _____. (joli)

④ C'est une clé _____. (spécial)

⑤ Les magasins sont _____. (magnifique)

⑥ Il y a des fleurs _____. (rouge)

⑦ Les appartements sont _____. (petit)

⑧ Les tables sont _____. (beau)

⑨ Ce sont des sacs _____. (rouge)

⑩ Il y a des livres _____. (intéressant)

⑪ Les stylos sont _____. (cher)

⑫ C'est une voiture _____. (français)

⑬ Ce sont de _____ motos. (petit)

⑭ Ce sont des clés _____. (important)

⑮ Vous avez une voiture _____. (coréen)

⑯ Il y a une école _____. (extraordinaire)

4 명사 앞에 오는 형용사

grand, petit, joli, beau와 같은 형용사들은 짧고 자주 쓰이는 형용사로서 명사의 앞에 위치합니다.

C'est un grand appartement. 이것은 큰 아파트입니다.
C'est une grande ville. 이것은 큰 도시입니다.
C'est un joli téléphone. 이것은 예쁜 전화기입니다.
C'est une jolie maison. 이것은 예쁜 집입니다.

C'est un petit sac. 이것은 작은 가방입니다.
C'est une petite clé. 이것은 작은 열쇠입니다.
C'est un beau garçon. 잘생긴 아이입니다.
C'est une belle femme. 아름다운 여자입니다.

또한 이런 형용사들을 복수형으로 쓸 때는 부정관사 des 대신 de를 넣습니다.

Ce sont de grands appartements. 이것은 큰 아파트들입니다.
Ce sont de petits sacs. 이것은 작은 가방들입니다.
Ce sont de jolies maisons. 이것은 예쁜 집들입니다.
Ce sont de belles femmes. 아름다운 여자들입니다.

grand, petit, joli, beau의 남성과 여성형, 단수형과 복수형은 다음과 같습니다.

• grand 큰

	남성	여성
단수	grand	grande
복수	grands	grandes

L'appartement est grand. 이 아파트는 크다.
La ville est grande. 이 도시는 크다.
Les appartements sont grands. 이 아파트들은 크다.
Les villes sont grandes. 이 도시들은 크다.

• petit 작은

	남성	여성
단수	petit	petite
복수	petits	petites

Le sac est petit. 이 가방은 작다.
La clé est petite. 이 열쇠는 작다.
Les sacs sont petits. 이 가방들은 작다.
Les clés sont petites. 이 열쇠들은 작다.

• joli 예쁜

	남성	여성
단수	joli	jolie
복수	jolis	jolies

Le téléphone est joli. 이 전화기는 예쁘다.
La maison est jolie. 이 집은 예쁘다.
Les téléphones sont jolis. 이 전화기들은 예쁘다.
Les maisons sont jolies. 이 집들은 예쁘다.

• beau 아름다운

	남성	여성
단수	beau	belle
복수	beaux	belles

Le garçon est beau. 이 소년은 잘생겼다.
La femme est belle. 이 여자는 아름답다.
Les garçons sont beaux. 이 소년들은 잘생겼다.
Les femmes sont belles. 이 여자들은 아름답다.

Leçon 4 문법편 형용사

3 주요 형용사

프랑스어에서 형용사는 극소수를 빼고는 대부분 명사의 뒤에 위치합니다.

un stylo neuf 새로운 볼펜
des stylos neufs 새로운 볼펜들

une ville neuve 새로운 도시
des villes neuves 새로운 도시들

un appartement cher 비싼 아파트
des appartements chers 비싼 아파트들

une voiture chère 비싼 자동차
des voitures chères 비싼 자동차들

un film magnifique 매우 아름다운 영화
des films magnifiques 매우 아름다운 영화들

une fleur magnifique 매우 아름다운 꽃
des fleurs magnifiques 매우 아름다운 꽃들

un livre intéressant 흥미로운 책
des livres intéressants 흥미로운 책들

une personne intéressante 흥미로운 사람
des personnes intéressantes 흥미로운 사람들

un ami français 프랑스인 남자 친구
des amis français 프랑스인 남자 친구들

une amie française 프랑스인 여자 친구
des amies françaises 프랑스인 여자 친구들

un étudiant coréen 한국인 남학생
des étudiants coréens 한국인 남학생들

une étudiante coréenne 한국인 여학생
des étudiantes coréennes 한국인 여학생들

français 와 coréen 같은 경우는 명사가 될 수도 형용사가 될 수도 있는 특별한 경우입니다.

다른 모든 형용사들 또한 마찬가지로 남성형과 여성형 그리고 단수형과 복수형으로 나누어집니다.

- facile 쉬운

	남성	여성
단수	facile	facile
복수	faciles	faciles

- difficile 어려운

	남성	여성
단수	difficile	difficile
복수	difficiles	difficiles

- extraordinaire 대단한

	남성	여성
단수	extraordinaire	extraordinaire
복수	extraordinaires	extraordinaires

- important 중요한

	남성	여성
단수	important	importante
복수	importants	importantes

- génial 좋은

	남성	여성
단수	génial	géniale
복수	géniaux	géniales

- spécial 특별한

	남성	여성
단수	spécial	spéciale
복수	spéciaux	spéciales

* al로 끝나는 형용사들은 복수일 때 aux가 되지만 여성형일 때는 다시 s만 붙입니다.

La grammaire

des stylos rouges 빨간색 볼펜들	des voitures rouges 빨간색 자동차들
des stylos jaunes 노란색 볼펜들	des voitures jaunes 노란색 자동차들
des stylos verts 초록색 볼펜들	des voitures vertes 초록색 자동차들

단수형이 s로 끝나는 형용사는 복수형에 s를 붙이지 않습니다. 하지만 여성형 복수일 때는 e로 끝나기 때문에 s를 추가로 넣어줍니다.

| des stylos gris 회색 볼펜들 | des voitures grises 회색 자동차들 |

이처럼 모든 형용사는 남성형과 여성형, 그리고 단수형과 복수형으로 나눌 수 있습니다. 색상을 나타내는 형용사들의 남성형, 여성형, 단수형, 복수형을 정리하면 다음과 같습니다.

	남성	여성		남성	여성
단수	bleu	bleue	단수	noir	noire
복수	bleus	bleues	복수	noirs	noires
단수	vert	verte	단수	rouge	rouge
복수	verts	vertes	복수	rouges	rouges
단수	gris	grise	단수	blanc	blanche
복수	gris	grises	복수	blancs	blanches

2 être 동사와 형용사

être 동사를 이용해서 형용사를 쓸 때는 '주어 + être 동사 + 형용사'의 순서로 문장이 만들어집니다. 'C'est + 관사 + 명사 + 형용사'의 순서로 문장을 만들 수도 있습니다.

Le stylo est noir. 이 볼펜은 검정색이다. ➔ C'est un stylo noir. 이것은 검정색 볼펜이다.
La voiture est blanche. 이 자동차는 하얀색이다. ➔ C'est une voiture blanche. 이것은 하얀색 자동차이다.
Les stylos sont rouges. 이 볼펜들은 빨간색이다. ➔ Ce sont des stylos rouges. 이것들은 빨간색 볼펜들이다.
Les voitures sont vertes. 이 자동차들은 초록색이다. ➔ Ce sont des voitures vertes. 이것들은 초록색 자동차들이다.

Leçon 4 문법편 — 형용사

1. 명사와 품질형용사

품질형용사는 명사를 묘사하는 데 사용됩니다.
프랑스어에서 형용사는 명사의 뒤에 위치하는 것이 규칙입니다.
또한 모든 형용사는 명사의 성과 수에 일치시켜야 합니다.

색상을 나타내는 형용사는 다음과 같습니다.

noir 검정색의	➡ un stylo noir 검정색 볼펜		jaune 노란색의	➡ un stylo jaune 노란색 볼펜
bleu 파란색의	➡ un stylo bleu 파란색 볼펜		vert 초록색의	➡ un stylo vert 초록색 볼펜
blanc 하얀색의	➡ un stylo blanc 하얀색 볼펜		gris 회색의	➡ un stylo gris 회색 볼펜
rouge 빨간색의	➡ un stylo rouge 빨간색 볼펜			

형용사가 여성 명사와 함께 쓰일 때는 성에 일치시켜 여성형을 써야 하며, 형용사의 여성형은 보통 남성형에 e를 붙입니다.

noir	➡ noire	un stylo noir	➡ une voiture noire	검정색 자동차
bleu	➡ bleue	un stylo bleu	➡ une voiture bleue	파란색 자동차
vert	➡ verte	un stylo vert	➡ une voiture verte	초록색 자동차
gris	➡ grise	un stylo gris	➡ une voiture grise	회색 자동차

e로 끝나는 형용사는 여성형에 e를 추가하지 않습니다.

rouge	➡ rouge	un stylo rouge	➡ une voiture rouge	빨간색 자동차
jaune	➡ jaune	un stylo jaune	➡ une voiture jaune	노란색 자동차

불규칙적으로 여성형이 만들어지는 형용사들도 있습니다.

blanc	➡ blanche	un stylo blanc	➡ une voiture blanche	하얀색 자동차

형용사의 복수형을 만들 때에는 s를 붙이면 됩니다.

des stylos noirs 검정색 볼펜들		des voitures noires 검정색 자동차들
des stylos bleus 파란색 볼펜들		des voitures bleues 파란색 자동차들
des stylos blancs 하얀색 볼펜들		des voitures blanches 하얀색 자동차

4. 다음 문장을 ne … pas 를 이용한 부정문으로 만들어 보세요. (부정의 de에 주의하세요.)

① C'est une maison.   → *Ce n'est pas une maison.*
② Vous êtes américain.   → _____
③ Tu es étudiant.   → _____
④ C'est la clé.   → _____
⑤ Tu as une gomme.   → _____
⑥ Vous avez un stylo.   → _____
⑦ Elles ont les sacs.   → _____
⑧ J'ai un cadeau.   → _____
⑨ Nous sommes étudiants.   → _____
⑩ Ce sont des appartements.   → _____
⑪ Elle est chinoise.   → _____
⑫ Vous avez un crayon.   → _____

5. 다음 질문에 oui 와 non 또는 si 로 대답해 보세요.

① Etes-vous étudiant ?
→ *Oui, je suis étudiant.*
→ *Non, je ____ suis ____ étudiant.*

② Est-ce que c'est un stylo ?
→ Oui, _____
→ Non, _____

③ Est-elle coréenne ?
→ Oui, _____
→ Non, _____

④ Est-ce qu'ils ont des cadeaux ?
→ Oui, _____
→ Non, _____

⑤ Nous avons le livre ?
→ Oui, _____
→ Non, _____

⑥ Tu n'as pas de stylo ?
→ Si, _____
→ Non, _____

⑦ Vous êtes coréenne ?
→ Oui, _____
→ Non, _____

⑧ Vous n'êtes pas coréenne ?
→ Si, _____
→ Non, _____

⑨ Tu as la clé ?
→ Oui, _____
→ Non, _____

⑩ Tu n'as pas la clé ?
→ Si, _____
→ Non, _____

연습문제

1. 다음 문장을 도치 의문문으로 만들어 보세요.

   ① C'est une maison. → *Est-ce une maison ?*
   ② Vous êtes américain. → _____
   ③ Tu es étudiant. → _____
   ④ C'est la clé. → _____
   ⑤ Tu as une gomme. → _____

2. 다음 문장을 Est-ce que로 시작하는 의문문으로 만들어 보세요.

   ① C'est un cadeau. → *Est-ce que c'est un cadeau ?*
   ② Ce sont des appartements. → _____
   ③ Vous êtes chinois. → _____
   ④ Tu as un crayon. → _____
   ⑤ Il y a des maisons. → _____

3. 다음 우리말을 3가지 방법으로 프랑스어로 바꿔보세요. (억양 / 도치 / Est-ce que)

   ① 이것은 볼펜입니까?
   → *C'est un stylo ?*
   → *Est-ce un stylo ?*
   → *Est-ce que c'est un stylo ?*

   ② 당신은 자동차를 가지고 있습니까?
   → _____
   → _____
   → _____

   ③ 당신은 한국 사람입니까?
   → _____
   → _____
   → _____

   ④ 너는 그 책을 가지고 있니?
   → _____
   → _____
   → _____

   ⑤ 그녀들은 학생들입니까?
   → _____
   → _____
   → _____

   ⑥ 그들은 가방들을 가지고 있습니까?
   → _____
   → _____
   → _____

La grammaire

4 부정 의문문

긍정 의문문과 부정 의문문을 살펴봅시다.

긍정 의문문에 대한 대답은 다음과 같습니다.

> C'est une maison ? 이것은 집입니까?
> - Oui, c'est une maison. 네, 이것은 집입니다.
> - Non, ce n'est pas une maison. C'est un magasin. 아니요, 이것은 집이 아닙니다. 이것은 가게입니다.

부정 의문문에 대한 대답은 다음과 같습니다.

> Ce n'est pas une maison ? 이것은 집이 아닙니까?
> - Si, c'est une maison. 아니요, 이것은 집입니다.
> - Non, ce n'est pas une maison. C'est un magasin. 네, 이것은 집이 아닙니다. 이것은 가게입니다.

'이것은 집이 아닙니까?' 라고 부정으로 질문하면 대답할 때 oui 또는 non 대신 si 또는 non을 사용합니다. 우리말의 '아니요' 는 si가 되고 '네' 는 non이 된다는 것에 주의하세요.

Ce sont des crayons ? 이것들은 연필들입니까?
- Oui, ce sont des crayons. 네, 이것들은 연필들입니다.
- Non, ce ne sont pas des crayons. Ce sont des stylos.
  아니요, 이것들은 연필들이 아닙니다. 이것들은 볼펜들입니다.

Ce ne sont pas des crayons ? 이것들은 연필들이 아닙니까?
- Si, ce sont des crayons. 아니요, 이것들은 연필들입니다.
- Non, ce ne sont pas des crayons. Ce sont des stylos.
  네, 이것들은 연필들이 아닙니다. 이것들은 볼펜들입니다.

Vous avez une voiture ? 당신은 자동차를 가지고 있습니까?
- Oui, j'ai une voiture. 네, 저는 자동차를 가지고 있습니다.
- Non, je n'ai pas de voiture. 아니요, 저는 자동차를 가지고 있지 않습니다.

Vous n'avez pas de voiture ? 당신은 자동차를 가지고 있지 않습니까?
- Si, j'ai une voiture. 아니요, 저는 자동차를 가지고 있습니다.
- Non, je n'ai pas de voiture. 네, 저는 자동차를 가지고 있지 않습니다.

Leçon 3 문법편
의문문과 부정문

3 부정의 de

être 동사가 아닌 avoir 동사로 부정문을 만들 때는 부정관사 un, une, des 대신 de를 씁니다. 앞으로 볼 다른 동사도 마찬가지로 이 부정의 de를 쓰는데, 다음의 3가지 조건에 포함되어야 부정의 de를 쓰게 됩니다.
① être 동사가 아닌 다른 동사를 쓸 경우(avoir 동사 등)
② 부정문인 경우(ne ... pas)
③ 부정관사인 경우(un, une, des 대신 de를 넣어줍니다.)

긍정문	부정문
J'ai une voiture. 나는 자동차가 있다.	Je n'ai pas de voiture. 나는 자동차가 없다.
Tu as une maison. 너는 집이 있다.	Tu n'as pas de maison. 너는 집이 없다.
Il a un sac. 그는 가방이 있다.	Il n'a pas de sac. 그는 가방이 없다.
Elle a des stylos. 그녀는 볼펜들을 가지고 있다.	Elle n'a pas de stylos. 그녀는 볼펜들이 없다.
Nous avons un problème. 우리는 문제가 있다.	Nous n'avons pas de problème. 우리는 문제가 없다.
Vous avez des cadeaux. 당신은 선물들을 가지고 있습니다.	Vous n'avez pas de cadeaux. 당신은 선물들을 가지고 있지 않습니다.
Ils ont des règles. 그들은 자(또는 규칙)를 가지고 있다.	Ils n'ont pas de règles. 그들에게는 자(또는 규칙)가 없다.
Elles ont une table. 그녀들은 테이블이 있다.	Elles n'ont pas de table. 그녀들은 테이블이 없다.

être 동사는 부정의 de를 넣지 않습니다.

C'est une maison. 이것은 집입니다.	➡ Ce n'est pas une maison. 이것은 집이 아닙니다.
Ce sont des crayons. 이것들은 연필들입니다.	➡ Ce ne sont pas des crayons. 이것들은 연필들이 아닙니다.

부정관사가 아닌 정관사인 경우 역시 부정의 de를 쓰지 않습니다.

J'ai la voiture. 나는 그 자동차를 가지고 있다.	➡ Je n'ai pas la voiture. 나는 그 자동차를 가지고 있지 않다.
Tu as la clé. 너는 그 열쇠를 가지고 있다.	➡ Tu n'as pas la clé. 너는 그 열쇠를 가지고 있지 않다.

Il y a 또한 avoir 동사이므로 부정의 de를 넣어줍니다.

Il y a une maison. 여기 / 저기 집 한 채가 있다.	➡ Il n'y a pas de maison. 여기 / 저기는 집이 없다.
Il y a des appartements. 그곳에는 아파트들이 있다.	➡ Il n'y a pas d'appartements. 그곳에는 아파트들이 없다.

La grammaire

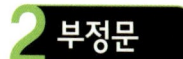 부정문

부정문을 만들 때는 동사의 앞과 뒤에 ne와 pas를 넣습니다.

> Ce n'est pas un stylo. 이것은 볼펜이 아닙니다.
> Vous n'êtes pas coréen. 당신은 한국 사람이 아닙니다.
> Ce n'est pas le stylo. 이것은 그 볼펜이 아닙니다.
> Ils ne sont pas étudiants. 그들은 학생이 아닙니다.

Je suis étudiant.의 부정문을 모든 인칭으로 만들면 다음과 같습니다.

남성	여성
Je ne suis pas étudiant. 나는 학생이 아니다.	Je ne suis pas étudiante. 나는 학생이 아니다.
Tu n'es pas étudiant. 너는 학생이 아니다.	Tu n'es pas étudiante. 너는 학생이 아니다.
Il n'est pas étudiant. 그는 학생이 아니다.	Elle n'est pas étudiante. 그녀는 학생이 아니다.
Nous ne sommes pas étudiants. 우리는 학생이 아니다.	Nous ne sommes pas étudiantes. 우리는 학생이 아니다.
Vous n'êtes pas étudiant. 당신은 학생이 아니다.	Vous n'êtes pas étudiante. 당신은 학생이 아니다.
Vous n'êtes pas étudiants. 당신들은 학생이 아니다.	Vous n'êtes pas étudiantes. 당신들은 학생이 아니다.
Ils ne sont pas étudiants. 그들은 학생이 아니다.	Elles ne sont pas étudiantes. 그녀들은 학생이 아니다.

질문 1

> Est-ce que c'est un stylo ? 이것은 볼펜입니까?

→ 긍정 대답 : Oui, c'est un stylo. 네, 이것은 볼펜입니다.
→ 부정 대답 : Non, ce n'est pas un stylo. 아니요, 이것은 볼펜이 아닙니다.
　　　　　　 C'est un crayon. 이것은 연필입니다.

질문 2

> Est-ce que vous êtes japonais ? 당신은 일본 사람입니까?

→ 긍정 대답 : Oui, je suis japonais. 네, 저는 일본 사람입니다.
→ 부정 대답 : Non, je ne suis pas japonais. 아니요, 저는 일본 사람이 아닙니다.
　　　　　　 Je suis coréen. 저는 한국 사람입니다.

Non, je ne suis pas japonaise. Je suis coréenne.

Leçon 3 문법편: 의문문과 부정문

1. 의문문

프랑스에서 의문사 없이 질문하는 방법에는 다음과 같은 3가지가 있습니다.

- **억양을 이용한 질문**

    긍정문에 물음표를 붙이는 방법으로 억양으로 질문을 합니다.
    문법적으로 정확하지 않아 말할 때만 이용되는 방법입니다.

    C'est un stylo. 이것은 볼펜입니다.
    C'est un stylo ? 이것은 볼펜입니까?
    Vous êtes coréen. 당신은 한국 사람입니다.
    Vous êtes coréen ? 당신은 한국 사람입니까?

    C'est le stylo. 이것이 그 볼펜입니다.
    C'est le stylo ? 이것이 그 볼펜입니까?
    Ils sont étudiants. 그들은 학생입니다.
    Ils sont étudiants ? 그들은 학생입니까?

- **도치를 이용한 질문**

    주어와 동사의 위치를 바꾸어 주는 것으로 동사와 주어 사이에 –을 넣어줍니다.

    Est-ce un stylo ? 이것은 볼펜입니까?
    Etes-vous coréen ? 당신은 한국 사람입니까?
    Est-ce le stylo ? 이것이 그 볼펜입니까?
    Sont-ils étudiants ? 그들은 학생입니까?

- **Est-ce que를 이용한 질문**

    도치를 하지 않고 문장 앞에 Est-ce que를 넣는 것입니다.
    문법적으로 틀리지도 않고 도치하는 것처럼 딱딱하게 느껴지지 않아서 아주 많이 쓰이는 방식입니다.

    Est-ce que c'est un stylo ? 이것은 볼펜입니까?
    Est-ce que c'est le stylo ? 이것이 그 볼펜입니까?
    Est-ce que vous êtes coréen ? 당신은 한국 사람입니까?
    Est-ce qu'ils sont étudiants ? 그들은 학생입니까?

5. J'ai une voiture. 를 모든 인칭으로 만들어 보세요.

J'ai une voiture. Tu as	나는 자동차를 가지고 있다. 너는 자동차를 가지고 있다. 그는 자동차를 가지고 있다. 그녀는 자동차를 가지고 있다. 우리는 자동차를 가지고 있다. 당신은 자동차를 가지고 있다. 그들은 자동차를 가지고 있다. 그녀들은 자동차를 가지고 있다.

6. C'est 와 Il y a 를 이용해서 문장을 만들어 보세요.

C'est	
C'est un stylo. C'est	이것은 볼펜입니다. 이것은 가방입니다. 이것은 자동차입니다.
Ce sont des stylos.	이것들은 볼펜들입니다. 이것들은 가방들입니다. 이것들은 자동차들입니다.
C'est le stylo.	이것이 그 볼펜입니다. 이것이 그 가방입니다. 이것이 그 자동차입니다.
Ce sont les stylos.	이것들이 그 볼펜들입니다. 이것들이 그 가방들입니다. 이것들이 그 자동차들입니다.

Il y a	
Il y a un stylo. Il y a	여기 하나의 볼펜이 있습니다. 여기 하나의 가방이 있습니다. 여기 한 대의 자동차가 있습니다.
Il y a des stylos.	여기 여러 개의 볼펜들이 있습니다. 여기 여러 개의 가방들이 있습니다. 여기 여러 대의 자동차들이 있습니다.
Il y a le stylo.	여기 그 볼펜이 있습니다. 여기 그 가방이 있습니다. 여기 그 자동차가 있습니다.
Il y a les stylos.	여기 그 볼펜들이 있습니다. 여기 그 가방들이 있습니다. 여기 그 자동차들이 있습니다.

연습문제

1. 빈칸에 알맞은 주어 인칭대명사를 써 보세요.

je	나는		우리는
	너는		당신은
	그는		그들은
	그녀는		그녀들은

2. être 동사의 변화형을 써 보세요.

je *suis*	nous
tu	vous
il elle	ils elles

3. avoir 동사의 변화형을 써 보세요.

j'*ai*	nous
tu	vous
il elle	ils elles

4. Je suis coréen. 을 모든 인칭으로 만들어 보세요.

남성		여성	
Je suis coréen. *Tu es*	나는 한국 사람이다. 너는 한국 사람이다. 그는 한국 사람이다. 우리는 한국 사람이다. 당신은 한국 사람이다. 당신들은 한국 사람들이다. 그들은 한국 사람이다.	*Je suis coréenne.*	나는 한국 사람이다. 너는 한국 사람이다. 그녀는 한국 사람이다. 우리는 한국 사람이다. 당신은 한국 사람이다. 당신들은 한국 사람들이다. 그녀들은 한국 사람이다.

4 C'est / Il y a

C'est

C'est에서 ce는 '이것' 이라는 뜻의 지시대명사이고 est는 être 동사의 3인칭 단수형입니다.
ce와 est가 모음축약되어 c'est가 되며 '이것은 ~ 이다'라는 의미입니다. 영어의 this is에 해당합니다.

C'est un stylo. 이것은 (하나의) 볼펜입니다.   **C'est le stylo.** 이것이 그 볼펜입니다.

'이것들은 ~ 들이다' 라고 할 때에는 ce sont을 씁니다.

Ce sont des stylos. 이것은 (여러 개의) 볼펜들입니다.   **Ce sont les stylos.** 이것이 그 볼펜들입니다.

C'est 다음에는 사람 이름이 오기도 합니다.

C'est Jean. (이 사람은) 장입니다.   **C'est Marie.** (이 사람은) 마리입니다.

C'est 다음에 형용사가 오기도 합니다.

C'est grand. 이것은 큽니다.   **C'est petit.** 이것은 작습니다.

Il y a

여기서 il은 비인칭이고 y는 장소를 받는 중성대명사, a는 avoir 동사의 3인칭 단수형입니다.
이 세 가지가 합쳐져서 il y a가 되며 '여기 / 저기 ~가 있다'라는 의미입니다. 영어의 there is / there are에 해당합니다.

Il y a un stylo. 여기 / 저기 (하나의) 볼펜이 있습니다.   **Il y a le stylo.** 여기 / 저기 그 볼펜이 있습니다.

복수형도 Il y a를 똑같이 씁니다.

Il y a des stylos. 여기 / 저기 볼펜들이 있습니다.
Il y a les stylos. 여기 / 저기 그 볼펜들이 있습니다.

'~에 ~가 있다' 라는 표현을 할 수 있습니다.

Il y a un stylo sur la table. (그) 테이블 위에 (하나의) 볼펜이 있다.
Il y a la clé dans le sac. (그) 가방 안에 (그) 열쇠가 있다.

주어와 동사

3 avoir 동사

avoir는 '~를 가지고 있다'라는 뜻의 동사로 영어의 have 동사에 해당합니다.

avoir 동사의 동사 변화를 살펴봅시다.

j'ai	나는 …를 가지고 있다	nous avons	우리는 …를 가지고 있다.
tu as	너는 …를 가지고 있다	vous avez	당신은 …를 가지고 있다
il a	그는 …를 가지고 있다	ils ont	그들은 …를 가지고 있다
elle a	그녀는 …를 가지고 있다	elles ont	그녀들은 …를 가지고 있다

avoir 동사 다음에는 관사를 포함한 명사가 옵니다.

J'ai une maison. 나는 (하나의) 집을 가지고 있다.   J'ai la maison. 내가 (그) 집을 가지고 있다.
J'ai des maisons. 나는 집들을 가지고 있다.   J'ai les maisons. 내가 (그) 집들을 가지고 있다.

J'ai une voiture. 나는 (하나의) 자동차를 가지고 있다.   J'ai la voiture. 내가 (그) 자동차를 가지고 있다.
J'ai des voitures. 나는 자동차 여러 대를 가지고 있다.   J'ai les voitures. 내가 (그) 자동차들을 가지고 있다.

'하나의 ~'를 쓸 수 있으면 부정관사라고 보면 됩니다.

J'ai une clé. 나는 하나의 열쇠를 가지고 있다.   Nous avons une clé. 우리는 하나의 열쇠를 가지고 있다.
Tu as une clé. 너는 하나의 열쇠를 가지고 있다.   Vous avez une clé. 당신은 하나의 열쇠를 가지고 있다.
Il a une clé. 그는 하나의 열쇠를 가지고 있다.   Ils ont une clé. 그들은 하나의 열쇠를 가지고 있다.
Elle a une clé. 그녀는 하나의 열쇠를 가지고 있다.   Elles ont une clé. 그녀들은 하나의 열쇠를 가지고 있다.

'그 ~'를 쓸 수 있으면 정관사라고 보면 됩니다.

J'ai la clé. 내가 그 열쇠를 가지고 있다.   Nous avons la clé. 우리가 그 열쇠를 가지고 있다.
Tu as la clé. 네가 그 열쇠를 가지고 있다.   Vous avez la clé. 당신이 그 열쇠를 가지고 있다.
Il a la clé. 그가 그 열쇠를 가지고 있다.   Ils ont la clé. 그들이 그 열쇠를 가지고 있다.
Elle a la clé. 그녀가 그 열쇠를 가지고 있다.   Elles ont la clé. 그녀들이 그 열쇠를 가지고 있다.

2 être 동사

être는 '~이다' 라는 뜻의 동사로 프랑스어의 기본이 되는 동사이며, 영어의 be 동사에 해당합니다.

être 동사의 현재 변화를 살펴봅시다.

je suis	나는 …이다	nous sommes	우리는 …이다
tu es	너는 …이다	vous êtes	당신은 …이다
il est	그는 …이다	ils sont	그들은 …이다
elle est	그녀는 …이다	elles sont	그녀들은 …이다

être 동사 다음에는 명사나 형용사가 올 수 있습니다.

관사를 포함한 명사가 오는 경우

Je suis un homme. 나는 남자이다.   **Je suis une femme.** 나는 여자이다.

형용사가 오는 경우

Je suis grand. 나는 크다.   **Je suis petit.** 나는 작다.

직업이나 국적을 나타낼 때는 être 동사 다음에 관사 없이 명사가 옵니다.

Je suis coréen. 나는 한국 사람이다.   **Je suis étudiant.** 나는 학생이다.

주어에 맞게 성을 일치시켜 주어야 합니다.

남성	여성
Je suis étudiant. 나는 학생이다.	**Je suis étudiante.** 나는 학생이다.
Tu es étudiant. 너는 학생이다.	**Tu es étudiante.** 너는 학생이다.
Il est étudiant. 그는 학생이다.	**Elle est étudiante.** 그녀는 학생이다.
Nous sommes étudiants. 우리는 학생들이다.	**Nous sommes étudiantes.** 우리는 학생들이다.
Vous êtes étudiant. 당신은 학생이다.	**Vous êtes étudiante.** 당신은 학생이다.
Vous êtes étudiants. 당신들은 학생들이다.	**Vous êtes étudiantes.** 당신들은 학생들이다.
Ils sont étudiants. 그들은 학생들이다.	**Elles sont étudiantes.** 그녀들은 학생들이다.

Leçon 2 문법편 주어와 동사

1. 주어 인칭대명사

주어로는 사람이나 도시, 사물 그리고 주어 인칭대명사가 올 수 있습니다. 사람과 도시 앞에는 관사가 붙지 않습니다.

사람 ➡ Jean   도시 ➡ Paris   사물 ➡ un livre

주어 인칭대명사

je	나는	1인칭 단수
tu	너는	2인칭 단수
il	그는, 그것은	3인칭 단수 - 남성
elle	그녀는, 그것은	3인칭 단수 - 여성
nous	우리는	1인칭 복수
vous	당신은, 당신들은, 너희들은	2인칭 복수
ils	그들은, 그것들은	3인칭 복수 - 남성
elles	그녀들은, 그것들은	3인칭 복수 - 여성

프랑스어에는 우리말처럼 존댓말이 있습니다.
tu의 존댓말이 vous이며, vous는 여러 명에게 말을 할 때 쓰이기도 합니다.

앞에서 보았듯이 사물의 성이 남성과 여성으로 구별되어 있기 때문에 il과 elle은 사람을 나타낼 수도 있고 남성 사물과 여성 사물을 나타낼 수도 있습니다.

그리고 3인칭 단수형에 속하는 ce와 on이 있습니다. ce는 '이것' 이라는 의미로 영어의 this에 해당합니다. on은 문법적으로는 3인칭 단수형이지만 '우리들(nous)'이나 '일반 사람들(les gens)'을 가리킬 때 쓰입니다.

3. 성과 수에 주의해서 알맞은 부정관사를 써 보세요.

un père	.... mère	.... ami	.... amie
.... garçon	.... sport	.... étudiant	.... étudiantes
.... école	.... voiture	.... coréen	.... coréenne
.... voyage	.... livre	.... acteurs	.... actrice
.... maison	.... sœur	.... château	.... châteaux
.... télévision	.... action	.... cadeau	.... cadeaux
.... homme	.... femme	.... hommes	.... femmes
.... garçons	.... filles	.... livres	.... maisons

4. 성과 수에 주의해서 알맞은 정관사를 써 보세요.

le père	.... mère	.... ami	.... amie
.... garçon	.... sport	.... étudiants	.... étudiante
.... école	.... voitures	.... coréen	.... coréenne
.... voyage	.... livre	.... acteur	.... actrices
.... maison	.... sœurs	.... château	.... châteaux
.... télévisions	.... action	.... cadeau	.... cadeaux
.... homme	.... femme	.... hommes	.... femmes
.... garçons	.... fille	.... livres	.... maisons

연습문제

1. 다음 단어들을 남성 명사와 여성 명사로 나누어 보세요.

homme 남자	femme 여자	garçon 소년	fille 소녀
père 아버지	mère 어머니	frère 남자 형제	sœur 여자 형제
sport 운동	musique 음악	ville 도시	campagne 시골
cuisine 요리	lecture 독서	stylo 펜	gomme 지우개
crayon 연필	règle 자, 규칙	sac 가방	clé 열쇠
voiture 자동차	fleur 꽃	cinéma 영화	voyage 여행
culture 문화	civilization 문명	tomate 토마토	pomme 사과
livre 책	table 테이블	ami 친구	amie 친구
château 성	cadeau 선물	maison 집	appartement 아파트

남성 명사	여성 명사
homme,	*femme,*

2. 명사의 성과 수에 맞게 빈칸을 채워 보세요.

	남성	여성
단수	*ami*	
복수		

	남성	여성
단수		
복수		*étudiantes*

4 정관사

정관사는 정해져 있는 특정한 명사 앞에 쓰입니다.
정관사의 형태는 다음과 같습니다.

	남성	여성
단수	le	la
복수	les	

정관사는 말하는 사람과 듣는 사람이 무엇인지 아는 명사 앞에 쓰입니다. 영어의 the에 해당합니다. l'homme는 누구인지 아는 특정한 남자라는 뜻이 됩니다.

l'homme 그 남자   la femme 그 여자
le livre 그 책   la maison 그 집

le 또는 la 다음에 모음이나 무음 h가 올 때는 모음축약을 하여 l'이라고 해야 합니다.

le homme (X) ➡ l'homme (O)   la école (X) ➡ l'école (O)

복수로 만들 때는 정관사를 복수 형태인 les를 쓰고 명사 뒤에 s를 꼭 붙입니다.

les hommes 그 남자들   les femmes 그 여자들
les livres 그 책들   les maisons 그 집들

les 다음에 모음이나 무음 h가 올 때 역시 z 발음으로 연음을 해야 합니다.

les hommes : 레 좀 (O) 레 옴 (X)

문법편 명사와 관사

3 부정관사

프랑스어의 모든 명사 앞에는 관사가 꼭 들어갑니다. 관사는 정관사와 부정관사로 나누어지는데 부정관사의 형태는 다음과 같습니다.

	남성	여성
단수	un	une
복수	des	

부정관사는 말 그대로 정해져 있지 않은 명사 앞에 쓰입니다. 영어의 a에 해당합니다.
un homme는 특정한 남자를 가리키는 것이 아니라 누구인지 모르는 한 남자라는 뜻입니다.

un homme 한 남자 　　　　　　　　　une femme 한 여자
un livre 하나의 책 　　　　　　　　　une maison 하나의 집

un 다음에 모음이나 무음 h가 올 때는 연음을 해야 합니다.

un homme : 어 놈 (O) 엉 옴 (X)

복수로 만들 때는 부정관사를 복수 형태인 des를 쓰고 명사 뒤에 s를 꼭 붙입니다.

des hommes 남자들 　　　　　　　des femmes 여자들
des livres 책들 　　　　　　　　　　des maisons 집들

des 다음에 모음이나 무음 h가 올 때는 z 발음으로 연음을 해야 합니다.

des hommes : 데 좀 (O) 데 옴 (X)

2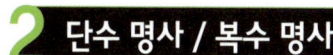

프랑스어에서는 명사의 성뿐만 아니라 명사의 수에도 주의해야 합니다.
명사의 복수형을 만들 때는 단어의 끝에 s를 넣어줍니다.

garçon 소년 ➡ garçons 소년들   livre 책 ➡ livres 책들
fille 소녀 ➡ filles 소녀들   maison 집 ➡ maisons 집들

étudiant(학생), coréen(한국 사람)을 남성형과 여성형, 그리고 단수형과 복수형으로 나누면 다음과 같습니다.

	남성	여성
단수	étudiant	étudiante
복수	étudiants	étudiantes
단수	coréen	coréenne
복수	coréens	coréennes

eau로 끝나는 명사는 복수형을 만들 때 s 대신 x를 넣어줍니다.

château 성 ➡ châteaux 성들   cadeau 선물 ➡ cadeaux 선물들

프랑스어에서 복수의 s는 전혀 발음되지 않기 때문에 앞에 관사 없이는 단수인지 복수인지 구별할 수가 없습니다. 그래서 프랑스어에서는 관사가 아주 중요합니다.

Leçon 1 문법편 : 명사와 관사

이 책 앞부분에 있는 준비과정을 학습한 후에 문법편을 학습하기 바랍니다.

1 남성 명사 / 여성 명사

프랑스어의 모든 명사는 남성형과 여성형으로 나누어집니다.
예를 들면 영화(cinéma)는 남성 명사이고 음악(musique)은 여성 명사입니다.
남성 명사와 여성 명사를 구별하는 방법은 아주 간단합니다.
e로 끝나는 명사는 거의 대부분 여성 명사이고, 그 나머지는 모두 남성 명사입니다.

> 남성 명사 : garçon 소년　　　　　　sport 운동
> 여성 명사 : école 학교　　　　　　 voiture 자동차

하지만 소수의 예외가 있습니다.

> e로 끝나지만 남성 명사인 경우 : père 아버지　voyage 여행　livre 책
> e로 끝나지 않지만 여성 명사인 경우 : maison 집　mer 바다　sœur 여자 형제

tion이나 sion으로 끝나는 명사 또한 여성 명사에 속합니다

> télévision 텔레비전　　　　　　　action 액션

문법 성이 아닌 자연 성으로 명사의 성을 구별할 수 있습니다.

> homme 남자　　femme 여자　　garçon 소년　　fille 소녀

남성 명사를 이용하여 여성 명사를 만들 수 있는 명사들이 있습니다.
보통 단어 끝에 e를 붙이면 여성형이 됩니다.

> ami 친구(남자) – amie 친구(여자)　　étudiant 학생(남자) – étudiante 학생(여자)

하지만 예외적으로 여성형이 만들어지는 경우도 있습니다.

> coréen 한국 사람(남자) – coréenne 한국 사람(여자)
> acteur 배우(남자) – actrice 배우(여자)

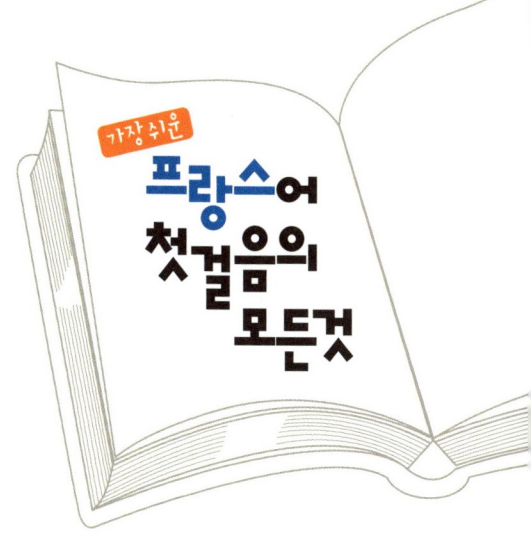

가장 쉬운
프랑스어
첫걸음의
모든것

새로운 도서, 다양한 자료 동양북스 홈페이지에서 만나보세요!

www.dongyangbooks.com
m.dongyangbooks.com

※ 학습자료 및 MP3 제공 여부는 도서마다 상이하므로 확인 후 이용 바랍니다.

홈페이지 도서 자료실에서 학습자료 및 MP3 무료 다운로드

PC

❶ 홈페이지 접속 후 도서 자료실 클릭
❷ 하단 검색 창에 검색어 입력
❸ MP3, 정답과 해설, 부가자료 등 첨부파일 다운로드
  * 원하는 자료가 없는 경우 '요청하기' 클릭!

MOBILE

* 반드시 '인터넷, Safari, Chrome' App을 이용하여 홈페이지에 접속해주세요. (네이버, 다음 App 이용 시 첨부파일의 확장자명이 변경되어 저장되는 오류가 발생할 수 있습니다.)

❶ 홈페이지 접속 후 ☰ 터치

❷ 도서 자료실 터치

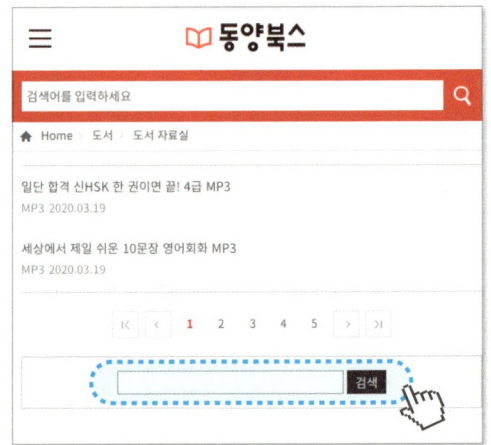

❸ 하단 검색창에 검색어 입력
❹ MP3, 정답과 해설, 부가자료 등 첨부파일 다운로드
  * 압축 해제 방법은 '다운로드 Tip' 참고

미래와 통하는 책

동양북스 외국어 베스트 도서

700만 독자의 선택!